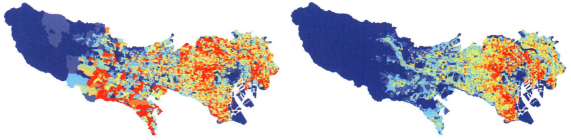

口絵1 東京都の町丁目別人口（2005年，等量分類）（p.5参照）　　**口絵2** 東京都の町丁目別人口密度（2005年，等量分類）（p.5参照）

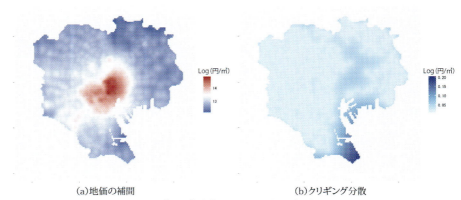

(a)地価の補間　　　　　　　　　　　(b)クリギング分散

口絵3 普遍型クリギング（p.50参照）

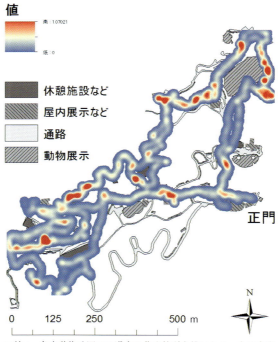

口絵4 多摩動物公園での滞在の集中箇所を描いたカーネル密度図（川瀬純也氏提供）（p.147参照）

口絵5 多摩動物公園夜間開館時の人々の移動を描いた時空間パス図（矢部ほか，2010より一部改変）(p.148参照)

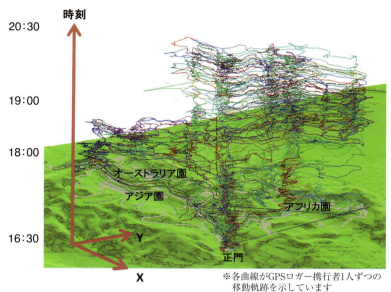

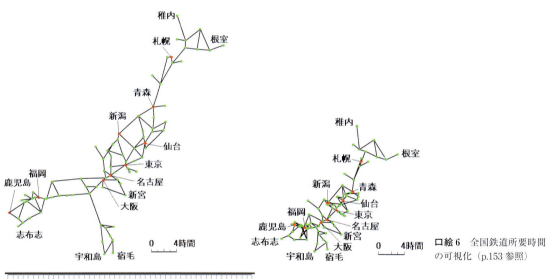

口絵6 全国鉄道所要時間の可視化（p.153参照）

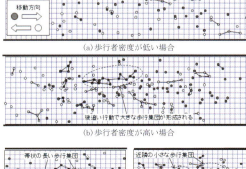

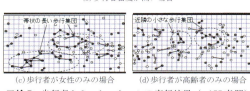

口絵7 歩行者シミュレーションの実行結果（p.155参照）

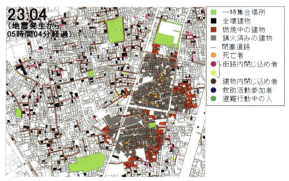

口絵8 広域避難シミュレーションの実行画面（p.157参照）

空間解析入門

都市を測る・都市がわかる

貞広幸雄・山田育穂・石井儀光 編集

INTRODUCTION TO SPATIAL ANALYSIS

朝倉書店

編 集 者

さだひろ　ゆき　お
貞広　幸雄　　東京大学空間情報科学研究センター

やま　だ　いく　ほ
山田　育穂　　中央大学理工学部

いし　い　のりみつ
石井　儀光　　国土交通省国土技術政策総合研究所

執 筆 者

あい　　ひさとし
相　　尚寿　　東京大学空間情報科学研究センター（1.3 節）

あめみや　まもる
雨宮　　護　　筑波大学システム情報系（2.5 節）

いし　い　のりみつ
石井　儀光　　国土交通省国土技術政策総合研究所（1.2 節）

い　とう　か　おり
伊藤　香織　　東京理科大学理工学部（4.2 節）

いのうえ　りょう
井上　　亮　　東北大学大学院情報科学研究科（4.4 節）

う　かい　たかもり
鵜飼　孝盛　　防衛大学校電気情報学群（3.5 節）

おいかわ　きよあき
及川　清昭　　立命館大学理工学部（4.1 節）

おくぬき　けいいち
奥貫　圭一　　名古屋大学大学院環境学研究科（3.2 節）

おさらぎ　としひろ
大佛　俊泰　　東京工業大学環境・社会理工学院（4.5 節）

くら　た　ようへい
倉田　陽平　　首都大学東京大学院都市環境科学研究科（4.3 節）

こ　とう　ひろし
古藤　　浩　　東北芸術工科大学基盤教育研究センター（2.2 節）

こ　ばやし　かずひろ
小林　和博　　東京理科大学理工学部（3.6 節・コラム）

さだひろ　ゆき　お
貞広　幸雄　　東京大学空間情報科学研究センター（1.1 節）

せ　や　はじめ
瀬谷　　創　　神戸大学大学院工学研究科（2.3 節）

た　なか　けんいち
田中　健一　　慶應義塾大学理工学部（2.7 節）

つつみ　もり　と
堤　　盛人　　筑波大学システム情報系（2.4 節）

とりうみ　しげ　き
鳥海　重喜　　中央大学理工学部（3.4 節）

ほん　ま　ゆうだい
本間　裕大　　東京大学生産技術研究所（2.6 節）

み　うら　ひでとし
三浦　英俊　　南山大学理工学部（3.1 節）

やま　だ　いく　ほ
山田　育穂　　中央大学理工学部（1.4 節）

よしかわ　とおる
吉川　　徹　　首都大学東京大学院都市環境科学研究科（2.1 節）

わたなべ　だいすけ
渡部　大輔　　東京海洋大学学術研究院（3.3 節）

（五十音順）

まえがき

　本書では，空間に存在する様々な事象を解析するときによく用いられる手法について，主として都市空間を想定しながら，その概略を平易に解説しています．都市の土地利用パターンの分析，道路ネットワーク上の最短経路探索，将来人口の予測，観光地での周遊行動の分析など，都市空間の様々な事物や現象について，私たちは分析や予測を行います．そこでは手作業に近い簡易なものから，高度な数学を駆使する難解なものまで，実に多様な手法が用いられますが，それらは必ずしも都市空間だけではなく，より一般的な空間でも使うことができます．こうした手法の集合体が空間解析，英語では Spatial Analysis と呼ばれるものです．

　空間を扱う学問分野は数多く，空間解析も広範な学問分野で研究されてきました．地理学，統計学，生態学，疫学，建築学，情報工学，都市工学，交通工学などにおいてそれぞれ独自の研究が進み，空間解析はそれらの総体として成り立っています．空間解析の全貌を記述しようとすると膨大な分量になるため，本書では基本的かつ重要な内容に焦点を絞って説明しています．さらに進んだ内容を知りたいという読者の方は，巻末の文献リストにある本や論文をご参照ください．

　本書は 4 つの章で構成されており，各章ともいくつかの節に分かれています．各節は独立していますので，一応，どこから読むことも可能です．第 1 章では，空間解析の最も基礎的な手法を説明しています．はじめて空間解析に接する読者の方は，第 1 章から読むことをお勧めします．第 2 章では，やや進んだ分析・予測手法を扱います．平易な説明を心がけていますが，ときには数式などがやや難解に感じられるかもしれません．その場合には，数式の理解は後回しにして全体の概要を先に掴むか，あるいは文献リストの中から参考書を選び，そちらを参照しながら読み進めるとよいでしょう．第 3 章ではネットワーク空間の解析を取り上げます．ネットワークとは，道路網や通信網など，文字通り網状に構成されたものの総称です．このネットワーク空間自体，および，空間上で展開する事象を分析する手法を第 3 章で説明します．第 4 章は，さらに多様な空間解析の事例を 5 つ，取り上げます．この章を読んで，空間解析の幅広さを実感して頂きたいと思います．

　分析や予測にはそれぞれ目的があり，それに合った適切な手法を選ぶ必要があります．そこで本書では，最初に目的となる問題を提示し，次に，それを解決するための手法を説明するという構成をとっています．読者の皆さんが何か具体的な問題をお持ちであれば，最初に問題だけをざっと眺めてみるのもよいでしょう．

　本書は，空間解析への入り口となることを意図しています．読者の皆さんが空間解析に興味を持ち，実際に手法を使ってみたいと思って頂ければ望外の喜びです．

2018 年 7 月 　　　　　　　　　　　　　　　　　　　　編者を代表して

　　　　　　　　　　　　　　　　　　　　　　　　　　　貞 広 幸 雄

目　　　次

1. **解析の第一歩** ……………………………………………………………………… 1
　1.1　データの可視化 ……………………………………………… [貞広幸雄] … 2
　　　1.1.1　点分布の分析　2
　　　1.1.2　空間集計データの分析　4
　1.2　集計単位変換 ………………………………………………… [石井儀光] … 6
　　　1.2.1　町丁目からメッシュデータへ　6
　　　1.2.2　可変単位地区問題　8
　1.3　基礎的分析 …………………………………………………… [相　尚寿] … 10
　　　1.3.1　バッファリング　10
　　　1.3.2　ボロノイ分割　11
　　　1.3.3　空間的重ね合わせ　13
　1.4　点データ分析 ………………………………………………… [山田育穂] … 16
　　　1.4.1　点分布の空間パターン　16
　　　1.4.2　区画法　16
　　　1.4.3　最近隣距離法　18
　　　1.4.4　K 関数法　19

2. **解析から計画へ** …………………………………………………………………… 23
　2.1　ラスターモデルと空間解析 ………………………………… [吉川　徹] … 24
　　　2.1.1　ラスターモデルとは何か　24
　　　2.1.2　メッシュデータの代表例　27
　　　2.1.3　ラスターモデルの分析手法　29
　2.2　人口推計 ……………………………………………………… [古藤　浩] … 33
　　　2.2.1　人口推計の必要性　33
　　　2.2.2　トレンド推計　33
　　　2.2.3　推計のためのモデル（1）指数モデル　34
　　　2.2.4　推計のためのモデル（2）ロジスティックモデル　35
　　　2.2.5　ロジスティックモデルの応用　36
　　　2.2.6　推計のためのモデル（3）その他の収束型関数　37
　　　2.2.7　コーホート法　38
　　　2.2.8　推計例　41
　　　2.2.9　推計方法の選択　42
　2.3　空間補間 ……………………………………………………… [瀬谷　創] … 43
　　　2.3.1　空間補間とは？　43
　　　2.3.2　最近隣補間法　43
　　　2.3.3　逆距離加重法　44

2.3.4　クリギング　45

　2.4　空間的自己相関 ……………………………………………………［堤　盛人］… 51

　　　2.4.1　相関　51

　　　2.4.2　空間データの特質　52

　　　2.4.3　自己相関を測る指標　53

　　　2.4.4　空間的自己相関の程度を測る指標―モランの I 統計量　54

　　　2.4.5　空間的自己相関の程度を測るその他の方法　57

　2.5　空間回帰モデル ………………………………………………………［雨宮　護］… 59

　　　2.5.1　散布図と相関係数　59

　　　2.5.2　線形回帰モデル　60

　　　2.5.3　空間データに通常の線形回帰モデルを適用することの問題　61

　　　2.5.4　空間回帰モデル　63

　　　2.5.5　地理的加重回帰モデル　64

　　　2.5.6　どのモデルを使うべきか？　66

　　　2.5.7　分析に役立つソフトウェア　66

　2.6　空間相互作用モデル …………………………………………………［本間裕大］… 67

　　　2.6.1　社会の流れを予測する　67

　　　2.6.2　重力モデル　67

　　　2.6.3　ハフ・モデル　68

　　　2.6.4　ウィルソンのエントロピー・モデル　69

　　　2.6.5　ホテリングの立地モデル　70

　　　2.6.6　非集計行動モデル　70

　2.7　施設配置問題 …………………………………………………………［田中健一］… 72

　　　2.7.1　平面上の単一施設の配置問題　72

　　　2.7.2　最大カバー問題　76

　　　2.7.3　フロー捕捉型配置問題　79

　　　2.7.4　施設配置問題の広がり　81

3. ネットワークの世界 ………………………………………………………………… 83

　3.1　ネットワーク分析 ……………………………………………………［三浦英俊］… 84

　　　3.1.1　ネットワークとは　84

　　　3.1.2　ネットワークの性質を調べる　86

　　　3.1.3　ノードの中心性　89

　　　3.1.4　リンクの性質を調べる―リンクの最短経路数え上げ問題 SPCP　90

　　　3.1.5　ネットワークを使って問題を考えるには　90

　コラム　計算量のはなし …………………………………………………［小林和博］… 91

　3.2　ネットワーク空間解析 ………………………………………………［奥貫圭一］… 92

　　　3.2.1　身近なネットワーク空間　92

　　　3.2.2　ネットワーク空間の最短距離木　92

　　　3.2.3　ネットワーク空間の点データ分析　94

　　　3.2.4　ネットワーク空間の領域分析　97

3.2.5　ネットワーク空間解析のためのツール　98
　3.3　幾何ネットワーク …………………………………………………[渡部大輔] … 100
　　　3.3.1　最小木とシュタイナー木　100
　　　3.3.2　近接グラフ　102
　3.4　最短経路問題 ………………………………………………………[鳥海重喜] … 106
　　　3.4.1　最短経路の探索方法　106
　　　3.4.2　道路ネットワーク上の最短経路　109
　　　3.4.3　時空間ネットワークに対する最短経路探索　111
　3.5　ネットワークと最適化 ……………………………………………[鵜飼孝盛] … 114
　　　3.5.1　最大流問題　114
　　　3.5.2　最小費用流問題　117
　　　3.5.3　輸送問題　120
　　　3.5.4　ネットワークと最適化　124
　3.6　配送計画 ……………………………………………………………[小林和博] … 125
　　　3.6.1　配送計画問題とは　125
　　　3.6.2　配送計画問題の難しさ　126
　　　3.6.3　巡回セールスマン問題　126
　　　3.6.4　配送計画問題　129
　　　3.6.5　応用例と，より詳しく学ぶために　132

4. さらに広い世界へ ………………………………………………………………… 133
　4.1　スペースシンタックス ……………………………………………[及川清昭] … 134
　　　4.1.1　スペースシンタックス理論とは　134
　　　4.1.2　解析のプロセス—グラフの作成と指標の計量　134
　　　4.1.3　コンベックス分析　137
　　　4.1.4　アクシャル分析　137
　　　4.1.5　セグメント分析　138
　　　4.1.6　可視グラフ分析　139
　4.2　形態解析 ……………………………………………………………[伊藤香織] … 141
　　　4.2.1　特徴量　141
　　　4.2.2　分類　142
　　　4.2.3　形態間距離の選び方　145
　4.3　観光行動分析と空間解析 …………………………………………[倉田陽平] … 146
　　　4.3.1　移動履歴データの取得　146
　　　4.3.2　分析の前処理　147
　　　4.3.3　移動履歴データの単純な分析　147
　　　4.3.4　エリアデータを使った分析　148
　　　4.3.5　行動内容の推定　149
　4.4　カルトグラム ………………………………………………………[井上　亮] … 150
　　　4.4.1　カルトグラムとは？　150
　　　4.4.2　面積カルトグラム　150

4.4.3 距離カルトグラム　151
4.5 マルチエージェントシミュレーション ……………………………［大佛俊泰］… 154
4.5.1 マルチエージェントとは何か？　154
4.5.2 歩行者エージェントを例に考えてみよう　154
4.5.3 シミュレーションとは何か？　155
4.5.4 マルチエージェントシミュレーションで何が分かるか？　155

文　献　159
索　引　165

1
解析の第一歩

1.1 データの可視化

1.2 集計単位変換

1.3 基礎的分析

1.4 点データ分析

1.1 データの可視化

■ 1.1.1 点分布の分析

問題 1.1

下は P 県 Q 市に住む全ての人々の住所です．Q 市の中での人々の分布状況，例えば，どの地域に多く，どの地域に少ないのか，といった特徴はどうすれば分かるでしょうか？

P 県 Q 市中央町 1 丁目 15-8
P 県 Q 市中央町 2 丁目 19-12
P 県 Q 市中央町 2 丁目 5-10
P 県 Q 市中央町 3 丁目 28-9
P 県 Q 市中央町 3 丁目 30-11
P 県 Q 市中央町 3 丁目 5-4
P 県 Q 市中央町 5 丁目 10-15
⋮

地域ごとの様子を知るには，この情報を地図上で表示するのがよいでしょう．もっとも，これらの住所を紙の地図上で探し，1 人ずつ場所を書き込むのは大変な作業です．そこでまず，ジオコーディングという操作を用いて住所情報を緯度と経度の組合せに変換します．インターネット上では Google などがジオコーディングの機能を提供しています．上の住所データは，**ジオコーディング**によって以下の緯経度情報に変換されます．

北緯 35 度 41 分 12.340 秒　東経 139 度 42 分 47.916 秒
北緯 35 度 41 分 18.586 秒　東経 139 度 42 分 39.179 秒
北緯 35 度 41 分 11.119 秒　東経 139 度 42 分 37.382 秒
北緯 35 度 41 分 16.510 秒　東経 139 度 42 分 20.607 秒
北緯 35 度 41 分 16.788 秒　東経 139 度 42 分 24.805 秒
北緯 35 度 41 分 17.196 秒　東経 139 度 42 分 30.833 秒
北緯 35 度 41 分 24.601 秒　東経 139 度 42 分 41.524 秒
⋮

このデータの図化には，**GIS**（Geographical Information System；地理情報システム）を用います．GIS はコンピュータ上で地図や画像を扱うシステムの総称ですが，空間解析では大変便利な道具として広く用いられています．図 1.1 は，緯経度をそのまま XY 座標の値として表示したものです．

全体的に見ると，中央に人が多く，周辺には少ないことが分かります．特に地域 A では狭い範囲に人が集中しており，地域 B にも比較的多くの人が集まっています．ほかにも何箇所か，人の集中が見られます．このような地図は，点分布の最も簡単な可視化の方法の 1 つですが，これを見るだけでも分布の様子や特徴はよく分かります．GIS 上では縮尺も自由に変更できますので，一部の地域を詳細に観察し，さらに詳しい分布状況を見ることもできます．

さて，それでは図 1.1 は人口分布の特徴を全て表現しているといえるでしょうか？ 図 1.2 は同じデータを**区画法**という方法を用いて可視化した

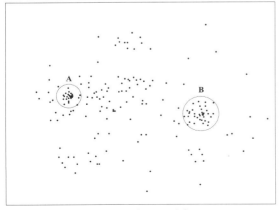

図 1.1 Q 市の人口分布

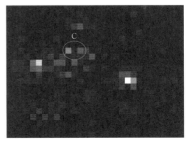

図 1.2 区画法に基づく点分布の可視化
明るい色ほど人が多いことを表す．

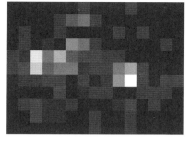 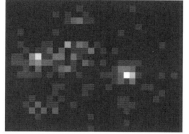 

(a) 大区画　　　　　　　　　(b) 中区画　　　　　　　　　(c) 小区画

図 1.3　区画の大きさによる分布図の変化

ものです．区画法とは，合同な図形の集合（通常は正方形の格子網）を点分布に重ね，各区画内の点（GIS ではよく**メッシュ**と呼ばれます．詳しくは 2.1 節をご参照ください）の個数を数える方法です．図 1.2 では，色が明るいほど人が集まっていることを表しています．

図 1.1 と比べていかがでしょうか？　図 1.2 では地域 A，B のほかに地域 C でも人の集中が見られます．また地域 A と B では後者の方が人が多いようですが，これは図 1.1 の印象とはやや異なっていませんか？　このような不一致は，点が同一箇所に重なっている場合に発生します．マンションや団地など，1 つの建物に多くの人が住んでいると，ジオコーディングでは全ての人が同一の緯度経度に変換されてしまい，実際の人数が図 1.1 のような表現では分かりません．区画法を用いると，全ての人の数を数えて可視化しますので，このような問題は発生しません．

区画法では，区画の大きさが可視化の結果に大きく影響します．図 1.3 は，大きさの異なる 3 つの区画を用いた例です．大きい区画を用いると広域的な，小さいと局所的な分布の特徴を捉えることができます．GIS では区画法を簡単に実行できる場合も少なくないので，区画の大きさを変えながら，様々なスケールで点分布を観察することをお勧めします．

区画法の結果は，3 次元の棒グラフとして表示することもできます．図 1.4 は図 1.2 を 3 次元化したものですが，各区画の値が色の濃淡だけでなく高さでも表されるので，分布の様子はさらに分かりやすくなります．ただし，視点の位置によって

図 1.4　Q 市の人口分布の 3 次元表現

は隠れて見えなくなる場所も出てきますので，視点を移動しながら分布を見る必要があります．

区画法の問題点の 1 つは，各区画が整数値しかとらず，隣接する区画同士で値が不連続になることです．このため，区画ごとの値のばらつきが大きいと，全体的な分布傾向が捉えにくくなります．この問題は 3 次元表現で特に顕著であり，また，見栄えもあまりよくありません．区画を大きくすれば状況は多少改善されますが，それでも不連続性を完全に解消することはできません．

これを解決する方法の 1 つが**平滑化**です．平滑化とは，分布全体を滑らかにすることで，細部を捨象し全体傾向を析出させる方法です．平滑化には様々な方法がありますが，ここでは代表的なものの例として，**カーネル平滑化**をご紹介します．

カーネル平滑化では，各点の位置にカーネルと呼ばれる小さな山を置き，全ての山を合わせて可視化します．**カーネル**の形によって分布全体の形も変わり，傾斜の緩やかなカーネルでは平坦な分布に，傾斜の急なカーネルでは急峻な分布になります．図 1.5 は傾斜の異なる 3 種類のカーネルを

(a) 緩やか　　　　　　　　　(b) 中間　　　　　　　　　(c) 急

図 1.5 カーネル平滑化による可視化（カーネルの傾斜がそれぞれ (a) 緩やか，(b) 中間，(c) 急，な場合の 3 次元表現）

(a) 緩やか　　　　　　　　　(b) 中間　　　　　　　　　(c) 急

図 1.6 カーネル平滑化の結果を 2 次元の地図上に表示したもの（カーネルの傾斜がそれぞれ (a) 緩やか，(b) 中間，(c) 急，な場合）

用いて Q 市の人口分布を可視化したものです．

図 1.5 (a) では広域的な，図 1.5 (c) は局所的な分布傾向がよく分かります．格子法と同様，様々な傾斜のカーネルを試みることが重要です．

なお，平滑化の結果は 2 次元の地図上に表示することも可能です．図 1.6 は図 1.5 の結果を地図上に表示したものですが，図 1.3 の各図と比べて点の分布傾向がより分かりやすいのではないでしょうか．値の連続性の効用が感じられます．

■ 1.1.2 空間集計データの分析

> **問題 1.2**
> P 県 Q 市の人口が大字（町丁目）単位で得られている場合，分布の様子はどのように可視化，分析すればよいでしょうか？

国勢調査や住宅・土地統計調査の結果には，個人の住所などプライバシーにかかわる情報が含まれています．そのため，情報を公表する際には，個人を特定できないように都道府県，市区町村，町丁目などの行政単位ごとに集計します．この種の集計データは通常，**空間集計データ**と呼ばれ，その可視化には**コロプレス地図**がよく用いられます．コロプレス地図とは，集計地区の数値（例えば人口）を何段階かに分類し，色の濃淡や色合いなどの違いによって地図上に表現したものです．コロプレス地図作成は GIS の基本的機能の 1 つであり，空間的な分布状況を容易に可視化，把握できます．図 1.7 は東京都の町丁目別人口を表すコロプレス地図です．色の濃いところほど，人口が多いことを表しています．

ところでこの地図，東京をよく知らない人が見ると，東京では中南部（町田市周辺）で最も人口が多いという印象を受けるかもしれません．あるいは，郊外の都市化が急速に進んだ結果，この地域では山の手以上に人口が集中していると考えるかもしれません．もちろん実際には，区部の方がはるかに人口が多いのですが，図 1.7 からそれを読みとるのは難しいように思われます．

これは，各町丁目の大きさが異なることによる現象です．郊外部には大きな町丁目が多く，そのため各町丁目の人口も多くなります．大きな町丁

図 1.7 東京都の町丁目別人口（2005 年，等量分類；口絵 1 参照）

図 1.8 東京都の町丁目別人口密度（2005 年，等量分類；口絵 2 参照）

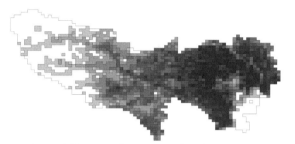

図 1.9 東京都の 1 km² あたり人口（2005 年，等量分類）

図 1.10 東京都の町丁目別人口密度（2005 年，等間隔分類）

目の値はどうしても目立ちますので，現実とは異なる印象を与えてしまいます．これを解消する 1 つの方法は，人口を単位面積あたりの数値に変換，つまり，人口密度にすることです．図 1.8 は人口密度のコロプレス地図ですが，図 1.7 とは違い，人口が区部に集中していることがよく分かります．ただしこの方法は，集計地区の面積に応じて大きくなる値には有効ですが，面積によらない値，例えば町丁目ごとの平均年齢や住宅地の割合などには適用できません．そのような場合には，区画法のように合同な図形を用いて値を再集計します（再集計の方法については，次節を参照してください）．図 1.9 は 1 km メッシュで再集計した人口分布ですが，この方法でも図 1.7 に見られた不自然な分布の偏りが解消されているのが確認できます．

コロプレス地図では，数値の分類方法に注意が必要です．以上の図ではいずれも **等量分類** という方法を用いています．等量分類とは，各階級に含まれる集計地区（町丁目）数が等しくなるように分類する方法です．等量分類と並んで一般的なのは **等間隔分類** であり，これは，階級の境界値が等間隔になるように分類する方法です．図 1.10 は図 1.8 を等間隔分類で可視化したものですが，図 1.8 とは随分と印象が異なります．都心の一部地域で人口密度が極端に高く，高密度地域を表す濃い色が非常に少なくなるために，このようなコロプレス地図になります．極端な値が含まれる場合には，等量分類などほかの分類法を用いた方がよいでしょう．

数値の分類方法にはほかにも **等比分類**，**Jenks の自然分類** など様々なものがあります．また，分類に利用する色や階級数も，コロプレス地図を決定付ける重要な要素であり，同色のグラデーションを用いて値の大小を分かりやすく表現する，人間の視覚で区別できる階級数を選ぶなどの工夫が考えられます．GIS を用いて様々なコロプレス地図を対話的に作成しながら，視覚的分析を並行して進めるとよいでしょう．

視覚的分析 は，空間解析の第一歩です．手法自体は簡単ですが，可視化したデータをよく観察すると，様々な空間パターンが見えてきます．パターンを決定付ける要因は何か，仮説を組み立て，それを検証する **定量的分析** へと進んでいきます．人間の視覚は非常に優秀なパターン抽出機構ですから，視覚的分析でその能力を十分に生かすべきでしょう．

［貞広幸雄］

1.2 集計単位変換

■ 1.2.1 町丁目からメッシュデータへ

> **問題 1.3**
> 表 1.1 は P 県 Q 市に住む人々の人口が町丁目単位で集計されたものです．これを 1 km メッシュ単位のデータに変換するには，どうすればよいでしょうか？
>
> 表 1.1　P 県 Q 市の人口
>
> | 町丁目名 | 人口（人） |
> |---|---|
> | 中央町 1 丁目 | 500 |
> | 中央町 2 丁目 | 700 |
> | 中央町 3 丁目 | 900 |
> | ⋮ | ⋮ |

1.1 節では町丁目単位のデータをメッシュ単位に変換することで，視覚的な印象が変わることを示しました．それでは，どうすれば町丁目単位のデータをメッシュ単位に変換できるのか，その具体的な方法について考えたいと思います．

はじめに，そもそもなぜ変換が必要なのか考えてみます．Q 市の住民 1 人 1 人の住所データが詳細に得られていて，経緯度情報に変換することができるのであれば，単純にメッシュ単位で住民の数を集計すればよいのです．しかし，統計調査などでは，個人の住所情報が記載された個票が利用できる状況は極めて限られており，1.1 節で述べたように，一定の空間集計単位でしかデータが得られないことが普通です．例えば国勢調査の場合，一般には，最小でも基本単位区と呼ばれる空間集計単位でしか情報を得ることができません．総務省統計局によると，基本単位区の区画は「街区方式による住居表示を実施している地域では，原則として一つの街区としており，それ以外の地域では，街区方式の場合に準じ，道路，河川，鉄道，水路など地理的に明瞭で恒久的な施設等によっています」と示されています．このように，基本単位区は地理的な境界に基づいて区割りされているため，基本的にはこれらを合算することで，町丁目に相当する単位で集計した結果（小地域集計，あるいは町丁・字等別集計と呼ばれるもの）が得られます．そして，それらを合算して，市区町村，都道府県単位で集計した結果などが公表されています．それに対して，**メッシュデータ**は経緯度で分割されていますから（メッシュデータについては 2.1 節でさらに詳しく説明します），基本単位区の単純な合算では得ることができません．そのため，これから説明するような，**空間集計単位の変換**が必要となるのです．

それでは，町丁目単位で集計されたデータをメッシュ単位に変換する具体的な方法について考えましょう．

図 1.11 の実線は町丁目の境界を示しています．破線が 1 km メッシュの境界線です．薄いグレーで塗られた町丁目 A に着目すると，4 つのメッシュに跨がっていることが分かります．そこで，4 つのメッシュに町丁目 A の全人口 100 人を何らかの方法で割りあてる（**按分**する）のですが，その方法はいくつか考えられます．

a. 代表点による按分

まず，図 1.11 に示すように，町丁目 A における何らかの代表点が与えられている場合，町丁目 A の全人口 100 人がその代表点にいるものと仮定

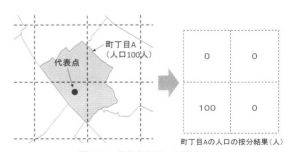

図 1.11　代表点を用いた按分の例

すると，図 1.11 の右側に示すように左下のメッシュのみに全人口が按分され，それ以外のメッシュに含まれる町丁目 A の人口は 0 人となります．例えば，町丁目 A には代表点の位置に集合住宅が 1 棟だけあり，そこに 100 人が居住しているという場合には図 1.11 右側の按分結果が正しいのですが，かなりまれな状況でしょう．

なお，代表点が複数ある場合には，各代表点に均等に配分されるように按分します．

b. 面積による按分

次に，町丁目 A の中で居住地が均等に分布している状況を仮定します．すると，各メッシュに含まれる町丁目 A の面積の比率を全人口に乗じることで，各メッシュの人口を算出できます．そのように算出した結果が，図 1.12 です．右側に示した人口の按分結果をみると，図 1.11 とはかなり違った印象を受けると思います．例えば，計画的に開発された住宅地など，住宅がほぼ均等に分布していると考えられる町丁目の場合には，実際の値に近い按分となることが予想されます．

住宅の配置に関する情報や，明らかに居住地が含まれないような海面や水面の情報などが得られていない場合には，このように面積で按分する方法をとるとよいでしょう．

c. 棟数による按分

次に，図 1.13 に示すように，住宅の位置に関する情報が得られている場合について考えてみましょう．面積を用いた按分では，各メッシュに含まれる町丁目 A の面積に比例するように人口を按分しましたが，住宅の位置が分かっている場合には，各メッシュに含まれる住宅棟数をカウントし，住宅棟数に比例するように人口を按分する方法が考えられます．そのように計算した結果が図 1.13 の右側の値です．住宅棟数が左下のメッシュに偏っているため，図 1.12 の右側の値に比べて，左下のメッシュの人口が多くなっていることが分かります．

この例では，建築面積や延べ床面積など，建物の大きさに関する情報や，集合住宅と戸建て住宅の区別などについての情報は得られていないため，建物 1 棟あたりの居住者数が均等であるという仮定の下で人口を按分しています．もしも，それら住宅に関する情報が得られれば，情報に応じた按分を行うことが可能です．

例えば，延べ床面積に比例した按分を行う場合，延べ床面積あたりの居住者数が均一であるという仮定を置くことになります．しかし実際には，農家住宅とマンションでは延べ床面積あたりの平均的な居住者数は異なります．このように，按分には限界があり，住民 1 人 1 人の居住地の経緯度情報が分かっていない限り，集計単位を正確に変換することはできません．

按分によって集計単位を変換する場合には，その按分の拠り所としてどんなデータが利用可能であるのか，そしてそのデータを用いる上でどんな仮定を置いているのか，よく考えて変換する必要があります．そして，変換後のデータを用いる場合には，その按分方法を明記すべきでしょう．

このように，按分によって集計単位を変換することには課題もありますが，恩恵が得られることも多々あります．例えば，NTT ドコモが販売している「モバイル空間統計」は，ドコモの携帯電話の各基地局のエリアごとに携帯電話の台数を集計し，ドコモの普及率で補正することで，ある時

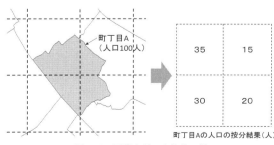

図 1.12　面積を用いた按分の例

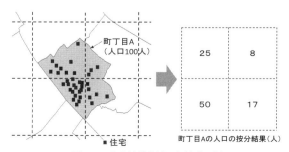

図 1.13　住宅棟数を用いた按分の例

間帯の人口を推計したものです．基地局のエリアごとに集計された結果では，ほかの統計データとの関連を分析するには不便ですので，メッシュデータなどに集計単位を変換して販売されています．GPS 付きの携帯電話では位置情報も取得できますが，モバイル空間統計では GPS 情報は使わず，携帯電話がどの基地局のエリアにあるかという情報を使って集計されています．そのため，按分によって集計単位の変換が行われています．

また，2.1 節で説明するように，メッシュデータの測地系が日本測地系から世界測地系に変更になったことでメッシュの位置が変わったのですが，古い日本測地系のメッシュデータしか存在しない場合に，世界測地系のメッシュデータへと変換したいときにも按分が役に立ちます．按分の精度には限界がありますから，もちろん，注意して使わなければなりません．

なお，国勢調査や経済センサスなど，総務省統計局が公表している地域メッシュ統計の作成方法について詳しく知りたい方は，総務省統計局が公開している資料などをご参照ください．

■ 1.2.2 可変単位地区問題

> **問題 1.4**
> 図 1.14 は 9 つのメッシュに人口と店舗数を記載したものです（上段が人口で，下段が店舗数です）．人口と店舗数との間にはどのような関係があるでしょうか？
>
> | 25
0 | 25
0 | 50
15 |
> |---|---|---|
> | 25
0 | 75
10 | 100
0 |
> | 50
5 | 100
0 | 150
0 |
>
> 図 1.14　メッシュごとの人口と店舗数

1.1 節では集計するメッシュの大きさによって，データの分布の見え方が変化すること，つまり，空間集計単位を変換することで視覚的な印象が変わることを示しました．ここでは，集計単位が異なると視覚的印象だけではなく，人口と店舗数という 2 つのデータの関係についても結果が異なってしまう場合があることを示します．

図 1.15 は，図 1.14 のメッシュデータを異なる 2 つの集計単位地区で集計した結果を表しています．図 1.15 (a) は縦方向のメッシュを集計し，図 1.15 (b) は横方向のメッシュを集計したもので，全ての集計単位地区の面積は等しくなるようにしています．

このように集計されたデータを用いて，人口と店舗数の関係を調べてみましょう．図 1.16 は，人口と店舗数の関係をプロットしたものです．横軸が人口で，縦軸が店舗数を表しています．グラフ上の点が図 1.15 の集計単位ごとのデータを表しています．図 1.16 (a) のグラフが集計方法 1 で，図 1.16 (b) のグラフが集計方法 2 に対応しています．図 1.16 (a) のグラフでは，人口が増えると店舗数も増加する関係が読み取れます．一方，図 1.16 (b) のグラフでは，人口が増えると店舗数が減少する関係が読み取れます．人口が増えると店舗が増えるという関係は受け入れやすいと思いますが，人口が増えると店舗が減少するという関係は直感を裏切るもので，直ちには受け入れにくいものだと思います．図 1.16 (c) のグラフがもとの 9 メッシュの場合で，この場合には人口と店舗数との間に明確な関係性を見出すことは難しいのですが，先ほどのような集計を行うと，全く異なる関係性が見えてくるのです．

このように，集計する単位地区が異なると，データの視覚的な印象や分析結果が異なってしまう現象を **可変単位地区問題** と呼びます．今回の例では，図 1.14 に示したように元データが分かっているので，元データに遡って再度分析を行うことが

(a)集計方法1　　　　(b)集計方法2

図 1.15　集計方法による人口と店舗数の違い

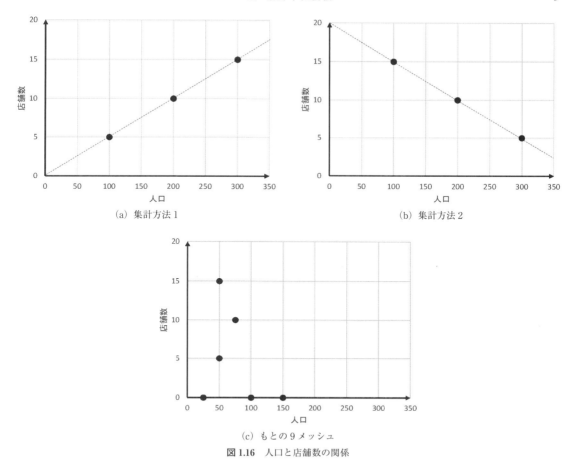

図 1.16 人口と店舗数の関係

可能です．しかしながら，集計データしか得られていない場合には，それがどのような地区単位で集計されたものかによって，分析結果が異なってしまいます．

この問題は古くから知られていますが，難しい問題であり，残念なことに一般的な解決方法はありません．集計データから非集計データを推計する手法などを用いてデータの復元を行い，異なる集計単位に変換して分析を行い，目的に適した集計単位を見出すことなどの対策が考えられます．

難しい内容となるため，それらの対策についてここでは詳しく説明しません．もっと詳しく知りたい方は参考文献（貞広，2003；中谷，2015）をご参照ください．

本節で例示したように，集計単位によって分析結果が変わるものであるということを念頭に置いて，分析しようとする集計単位のスケールや集計方法が目的に合致したものとなっているかを常に意識することが大切です．　　　　　　［石井儀光］

1.3 基礎的分析

■ 1.3.1 バッファリング

問題 1.5
　ある市内の鉄道とバス路線図（図 1.17）が与えられているとき，市内で鉄道駅からもバス停からも遠い交通不便地域を見付け出すにはどのようにすればよいでしょうか？

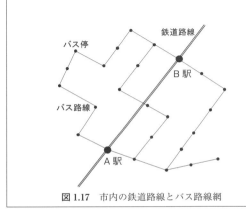

図 1.17　市内の鉄道路線とバス路線網

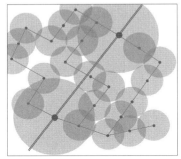

図 1.18　鉄道駅とバス停から発生させたバッファ

　例えば，皆さんは住宅を探すとき，交通利便性を考慮して，最寄りの鉄道駅から一定の距離内の地域で選びたいと考えるのではないでしょうか．このように，特定の施設から一定の距離内に含まれる地域を可視化したいときは，その施設を中心にして地図上に「一定の距離」を半径とする円を描けばよいでしょう．このような円を**バッファ**（buffer; 英語で緩衝となるものの意）と呼び，その中心にある施設をバッファの**母点**と呼びます．また，このように母点からバッファを発生させる操作を GIS では**バッファリング**と呼びます．

　冒頭の問題 1.5 の場合，分析者が鉄道駅やバス停から何 m 以上離れた地域を**交通不便地域**とするかを決めれば，その距離を半径とするバッファを鉄道駅とバス停を母点として発生させ，いずれのバッファにも含まれない領域を交通不便地域であると考えることができます．図 1.18 では図 1.17 に

ある鉄道駅から半径 500 m のバッファ，バス停から半径 200 m のバッファをそれぞれ発生させています．いずれのバッファにも含まれていない白い領域は，いずれの鉄道駅からも 500 m 以上離れていて，いずれのバス停からも 200 m 以上離れていることになりますから，この白い領域が求めたい交通不便地域であるといえます．このように交通不便地域を地図上で可視化することによって，バス路線が通じていない市の周縁部だけではなく，市の中心に近い地域であっても，ちょうどバス路線の運行経路が曲がって逸れてしまうような領域に交通不便地域が存在していることが分かります．

　このようなバッファリングを行うとき，A 駅から 500 m 以内の範囲と B 駅から 500 m 以内の範囲を別々の領域であると考えたい場合と，いずれかの駅から 500 m 以内の範囲であれば 1 つの領域であると考えたい場合があります．

　例えば，各駅に対する指標として，駅から 500 m 以内に住んでいる人数を求めるときには，A 駅からも B 駅からも 500 m 以内に住んでいる人を，それぞれの駅に対して重複して数えることになります．この場合は，前者のように別々の領域としての各駅のバッファを求め，それぞれのバッファの中に住む人数を求めますから，発生させたバッファに特別な処理は必要ありません．しかし，市全

体としていずれかの駅から500 m以内に住んでいる人数を求めたい場合，複数のバッファが重なり合っている部分に住む人を重複して数えては困ります．そのため，バッファが重なっている内側で境界線を削除して，異なる駅を母点とするバッファを1つの領域にまとめる作業が必要になります．GISではバッファリング操作を行う際に，どちらの出力を得たいか選択できる場合が多く，**ディゾルブ**（dissolve; 英語で溶かすの意）あるいは境界線の削除などと呼ばれるオプションで選択することができます．ディゾルブあるいは境界線の削除をした場合，異なる駅を母点とするバッファが互いに重なっていれば，それらは1つの領域にまとめられます．

図1.19の例では，(a) がディゾルブをしていない状態です．濃い色で塗られている部分が複数のバッファが重なり合っているところです．一方で(b) はディゾルブを行っているので，重なり合っているバッファは1つの領域にまとめられています．なお，多くの点が近傍に密集しているような点データから発生させたバッファを1つの領域にまとめる場合，境界線を削除するための交差判定の組合せ数が莫大になって複雑化するため，GISでの処理時間が非常に大きくなったり，処理が途中で中断してしまったりする可能性があるため，注意が必要です．

上記のような交通利便性を考えるとき，急行が停まる大きな駅ならば少し遠くても交通不便地域に含めなくてよいと考えることもできます．つまり，鉄道駅という同じ種類の施設であっても，乗降客数や停車する列車の本数などの特性によって，発生させるバッファの半径を変えた方が適切な場合もあるということです．使用する駅データが，そうした数的特性を駅ごとの情報として持っていれば，GISでは，その値をもとに母点ごとにバッファの半径を変化させることができます．

また，鉄道駅から100 m未満の地域を駅前，100 m以上500 m未満の地域を徒歩圏，500 m以上2000 m未満の地域を自転車での利用圏と定めるなど，同じ母点から複数の半径を持った同心円状のバッファを発生させたい場合もあります．このようなバッファを**多重リングバッファ**と呼びます．多重リングバッファはバッファリングの作業を複数回繰り返すことで作成できますが，GISソフトによっては，バッファの半径が複数入力できるようなメニューが用意されていることもあります．バッファリングの作業を複数回繰り返して多重リングバッファを作成すると，例えば鉄道駅から100 m以上500 m未満の地域のようにドーナツ状の領域を求めたいとき，鉄道駅から500 m未満というバッファの領域から100 m未満というバッファの領域を取り除かなければなりませんが，バッファの半径を複数入力できるメニューを利用できれば，このようなドーナツ状の領域を1回の操作で求めることができて便利です．

GISでは，鉄道駅のように点（ポイント）で表される事物だけではなく，道路や鉄道などの線（ライン），公園や湖沼などの面（ポリゴン）で表される事物もデータとして扱います．バッファリングも同様に，ラインデータやポリゴンデータから発生させることもできます．例えば，主要幹線道路から一定距離内の範囲という条件で沿道地域を抜き出したり，児童公園から一定距離内の範囲という条件で**誘致圏**を求めたりする際には，それぞれライン，ポリゴンからのバッファを使用すればよいのです．

■ 1.3.2 ボロノイ分割

問題 1.6

ある市内に図1.20のように小学校が立地しているとき，全ての児童が自宅から最も近い小学校に通えるよう小学校区を設定するためにはどうすればよいでしょうか？

(a) ディゾルブなし　　(b) ディゾルブあり
図1.19 バッファのディゾルブ（境界線の削除）

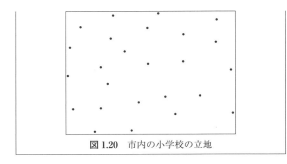

図 1.20 市内の小学校の立地

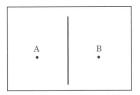
(a) 母点が2つの場合

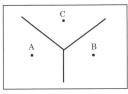
(b) 母点が3つの場合

図 1.21 母点が2つまたは3つの場合のボロノイ分割

小学校区を設定する場合，学校ごとの児童数をできるだけ同数とする，あるいは各学校の建物規模に合わせた児童数が通うようにするという制約も考えられますが，1つの理想として，全ての児童が自宅から**最寄り**の小学校に通えるような小学校区を設定するという考え方があるでしょう．このように，空間上に同種とみなすことができる点が複数分布しているとき，それぞれを最寄りの点とする領域として空間を分割したいという問題はしばしば見られます．コンビニエンスストアの商圏や鉄道駅の駅勢圏なども同様の考え方です．このようなときに**ボロノイ分割**（Voronoi tessellation）という手法が用いられます．ボロノイ分割とは，空間上に点分布が与えられているとき，それぞれの点が必ず最寄りの点となるように空間を分割する操作のことです．ボロノイ分割によって得られた図形全体を**ボロノイ図**（Voronoi diagram），個々の小領域をボロノイ領域または**ボロノイポリゴン**（Voronoi polygon）と呼びます．ボロノイ領域には，**ティーセンポリゴン**（Thiessen polygon），**ディリクレポリゴン**（Dirichlet polygon）などの呼称もあります．

ボロノイ分割は，具体的にはどのような手順で行うのでしょうか．まず，最も単純な場合で，図 1.21（a）のように，空間上に2つの点しかない場合を考えてみましょう．このとき，点Aと点Bを結ぶ線分の**垂直二等分線**を考えます．この垂直二等分線を境に，左側の領域であればどこであっても最寄りの点はAであり，右側の領域であればどこであっても最寄りの点がBであることに気付くでしょうか．このように，ボロノイ分割において，2点間の垂直二等分線は非常に重要な役割を担っています．3つ目の点Cを追加した場合（図 1.21（b）），AB，AC，BCそれぞれの2点間の垂直二等分線を求め，それらが交差する場所でつなぎあわせることでY字型の分割が得られます．これがABCの3点を母点とするボロノイ図です．このとき3本の垂直二等分線が交差する場所は，ABCいずれの点へも等距離であることから，この点を中心としてABCの3点を通る円が存在します．点の数が増えていっても垂直二等分線を用いる考え方は同じで，組合せを変えながら2点間の垂直二等分線を次々に求め，それをつなぎあわせていくことでボロノイ図を求めることができます．

図 1.22 を見ても分かるように，ボロノイ分割では平面上の全ての点が最も近い母点に割りあてられますから，ボロノイ領域は互いに重複することなく平面全体を隙間なく覆います．このように，平面を隙間も重複もない領域に分割することを空間分割と呼び，ボロノイ分割はその1つの手法です．

ここでボロノイ図における隣接関係を考えてみましょう．ある点Aが含まれているボロノイポリゴンが別の点Bが含まれるボロノイポリゴンと接しているとき，点Aから見て，ある一定の方角については点Bが隣の点であるといえます．その方角においては，点Bよりも点Aに近い点がないからです．つまりボロノイ図は母点どうしの**隣接関係**を表していると考えることができます．ボロ

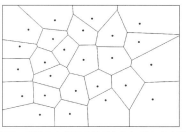

図 1.22 市内の小学校を母点としたボロノイ分割

ノイポリゴンが接している母点どうしを全て結ぶと，図1.23の点線が示すような新たな空間分割が得られます．これを**ドロネー三角形分割**（Delaunay triangulation）といいます．

ドロネー三角形分割は，与えられた母点を頂点とする三角形による空間分割で，三角形を構成するどの辺も交差しておらず，まだ結ばれていないどの頂点間に辺を追加しようとしても既存の辺と交差してしまうという特徴を持っています．また，ドロネー三角形分割では，全ての三角形において，その外接円の内側には三角形の頂点を構成している別の点が存在しません．これは，ドロネー三角形分割は各点と近隣の点どうしを結んだものであるという前述の特徴と同義です．

少し視点を変えて，それぞれの母点が標高や気温などの観測地点を表しているとしましょう．通常こうした観測は限られた地点でしか行われないため，その他の点での値を知るには何らかの推定が必要となり，空間解析の分野ではそうした推定を空間補間と呼んでいます．空間補間については2.3節で詳細に説明していますから，ここではドロネー三角形分割を使った方法を簡単に紹介しておきます．ドロネー三角形分割は，2次元空間を隙間・重複のない母点を頂点とする三角形に分割していますから，それぞれの母点にその地点における観測値（例えば標高）を高さとして与えると，ドロネー三角形分割はその値の空間的な分布を，三角形の組合せにより3次元的に近似していると捉えることができます．三角形の3つの頂点の高さが分かっていれば，内部の任意の点の高さはその線形和として求められるので，ドロネー三角形分割が定める三角形の領域ごとに，任意の点の値を推定することができるのです．

これまでの説明において，最寄りの点を考えるための距離は平面上の直線距離を用いていました．これに対して距離を時間距離や道路距離で定義することも可能です．小学校区の例で考えてみると，平面上の距離としては最寄りであっても，実際には橋がなくて川を渡れない状況や，山を挟むのでまっすぐ小学校に向かえる道路がない状況などが考えられます．このような場合，道路距離をもとに最寄りを定義したボロノイ図が描ければ，より実態に近いものとなるでしょう．このようなボロノイ図を，道路ネットワークを考慮している，あるいは道路ネットワーク上に定義されているという意味で，ネットワークボロノイ図と呼びます（詳しくは，3.2節をご参照ください）．道路上の移動可能速度を考慮して，実質的な時間距離をもとにネットワークボロノイ図を描くこともできます．小学校区のように徒歩移動を前提とする場合には道路距離と時間距離の違いは小さいかもしれませんが，自動車を使う荷物の配送などを考えるときには有効な手法です．ネットワークボロノイ図では，通常のボロノイ図のように2次元平面が分割されるのではなく，ネットワークが領域に分割されるので，領域ごとにネットワークを異なる色で塗り分ける表現手法がよく用いられます．

■ 1.3.3 空間的重ね合わせ

問題 1.7

ある市において，図1.24のように鉄道駅のデータと駅周辺の駅前町1～4丁目の人口データがあるとき，鉄道駅から500m以内の人口を求めるにはどのようにすればよいでしょうか？

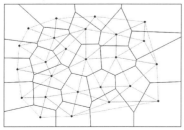

図1.23 同一の母点におけるボロノイ分割とドロネー三角形分割の関係

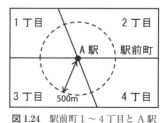

図1.24 駅前町1～4丁目とA駅

鉄道駅から 500 m 以内の範囲は 1.3.1 項で説明したバッファリングの操作により，図 1.24 に破線で示した円のように求められますから，問題は，どのようにしてその中の人口を求めるかという点になります．実はここで，1.2.1 項で扱った面積による按分の考え方を利用することができます．町丁目単位で与えられた人口を，バッファという単位に集計し直すと考えればいいのです．

具体的に方法を見てみましょう．図 1.24 にあるように，鉄道駅から発生させたバッファと町丁目の境界は一致しておらず，駅前町 1〜4 丁目のそれぞれに住む人の一部が鉄道駅から 500 m 以内の範囲に含まれています．面積による按分の考え方を適用して，人口が各町丁目内に均一に分布していると仮定すると，バッファに含まれる各町丁目の面積が分かればその中の人口も求められることになります．

まず，駅前町 1〜4 丁目それぞれについて単位面積あたりの人口，つまり人口密度を求めましょう．GIS ではポリゴン（面領域）の面積は比較的簡単に求められますから，各町丁目の人口をポリゴンすなわち町丁目の面積で除すれば人口密度を求めることができます．次に，各町丁目のうち鉄道駅から 500 m 以内の範囲に該当する部分の面積を求めましょう．これは換言すれば「駅前町 1 丁目」かつ「鉄道駅から 500 m 以内」というように，町丁目ポリゴンとバッファを重ね合わせ，その共通部分を求める操作です．数学における集合の概念で，集合を表す 2 つの円が重なっている部分が共通部分であったことを思い出してください．GIS でこのような共通部分を求める処理を**インターセクト**（intersect）または交差と呼びます．町丁目ポリゴンとバッファとでインターセクトを行うと，表 1.2 のインターセクト欄の右側の図のように，バッファが町丁目の境界線で分割された 4 つの新しいポリゴンが得られます．GIS を用いてこれら 4 つのポリゴンの面積を求め，町丁目ごとの人口密度との積を算出すれば，それぞれのポリゴンの中に住む人数を推計することができます．4 つのポリゴンの推計人口の和を取れば，駅から 500 m 以内に住む人口を推計できます．

さて，GIS では，このように 2 つの空間データを重ね合わせて新しい空間データを作成する操作が多様に用意されています．以下では，表 1.2 に示したその代表的なものを説明していきます．

まずは**クリップ**です．これはインターセクトと似ていますが，A を B でくり抜く操作のことをいいます．クッキーの生地に金型を押し込んで，円形や星形のクッキーをくり抜くことに似ています．インターセクトは「かつ」でしたので，重ねるもとのデータ双方が持っている人口などの情報を継承しますが，クリップはあくまでくり抜く操作なので，A を B でクリップした結果のデータは A がもともと持っている情報のみで B の情報は含まれません．つまり，表 1.2 のクリップ欄の右側に示されている 4 つのポリゴンは，それぞれもとの町丁目の情報を持っていますが，A 駅から 500 m 以内であるという情報は付加されていないのです．これは，金型でくり抜いてもクッキーの生地の中身は変わらず，自分をくり抜いた型が金属製だったのか木製だったのかは関係ないことに似ています．

空間データの重ね合わせにおいて，「かつ」があるのならば「または」もあります．「または」に相当する処理にはいくつかの種類があります．1 つ目は**ユニオン**（union）と呼ばれる処理です．統合とも呼ばれます．先のインターセクトが共通部分つまり積集合ならば，このユニオンは和集合にあたります．バッファの例でいえば「鉄道駅から 500 m 以内」または「バス停から 200 m 以内」の領域は，両者のバッファリングの結果をユニオンすることで求めることができます．図 1.18 でいうと白くない領域に相当します．ユニオンの場合，インターセクトと同様にもとの 2 つのデータが持つ情報をともに継承するので，例えば「鉄道駅から 500 m 以内かつバス停から 200 m 以内」の地域と「鉄道駅から 500 m 以内ながらバス停から 200 m 以内ではない」地域を区別することができます．

2 つ以上の図形またはデータを 1 つに結合する操作のことを**マージ**（merge）と呼びます．結合されるデータはポイントどうし，ラインどうし，

1.3 基礎的分析

表 1.2 空間データに対して行う主な操作の概要

	入力する空間データ	出力される空間データ
インターセクト	3丁目 ＋ A駅	A駅，3丁目
クリップ	3丁目 ＋ A駅	3丁目
ユニオン	A駅 500m ＋ バス停B 200m	A駅 500m／バス停B 200m A駅から500mでバス停Bから200m
マージ		
ディゾルブ	1 2 1 2／駅前町 中央町／3 4 3 4	駅前町 中央町

ポリゴンどうしでなければなりません．問題 1.7 を解く際に求めた駅前町 1 〜 4 丁目のうち鉄道駅から 500 m 以内の範囲に入っている 4 つのポリゴンをマージすると，鉄道駅から 500 m のバッファに戻ります．マージをしたとき，一般にはマージされる各領域が同一の特性を持っていればマージ後の図形にもそれが引き継がれますが，各領域の特性が同一でない場合はマージ後の図形には特性を引き継いでも意味がありません．先の例でいうと，マージ前の各領域はいずれも鉄道駅から 500 m 以内という特性を持っているので，マージ後も鉄道駅から 500 m 以内という特性は正しい意味を持ちます．しかし，マージ前のいずれかの領域から駅前町 1 丁目という名称やその人口といった特性を継承しても，マージ後の図形が指す領域は変わってしまっていますので，名称や人口は正しい意味を持たないことがほとんどです．

マージに対して，ある特性が同じものだけを結合する操作のことを，**ディゾルブ**または融合と呼びます．このディゾルブは，バッファリングのオプションとして登場したディゾルブと同じ概念で

す．例えば，先程の駅前町 1 〜 4 丁目の 4 つのポリゴンでは，駅前町という丁目部分を含まない町名が共通ですから，これをもとにディゾルブを行うと駅前町全体を表す 1 つのポリゴンにまとめることができます．マージでは出力結果が 1 つの図形に集約されますが，ディゾルブの場合は共通の特性を持つことを条件に図形を集約するので，出力結果が複数の図形になる場合もあります．例えば，表 1.2 では，駅前町 1 〜 4 丁目と中央町 1 〜 4 丁目がそれぞれ，駅前町と中央町という別々のポリゴンに集約されています．

なお，マージやディゾルブを行うとき，それらの図形が必ずしも空間的につながっていなくてもよいため，いわゆる「飛地」状の図形が生成されることがあります．このような図形を**マルチパートポリゴン**（multipart polygon）と呼びます．ポリゴンを選択したとき，それがマルチパートポリゴンだと気付いていないと，面積計算やポリゴン内の空間データ検索などで，予期せぬ結果が起こる可能性があるので注意が必要です．

［相　尚寿］

1.4 点データ分析

■ 1.4.1 点分布の空間パターン

問題 1.8
図 1.25 の点分布中に，クラスター（点が集中している部分）はあるでしょうか？あると思う場合は，それを囲んで示してください．

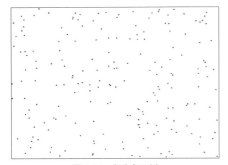

図 1.25 点分布の例

実は，この点分布は完全空間ランダムという性質を持つように作られており，統計的に有意なクラスターは含まれていません．ですが，上の問題に対して，点分布の一部をクラスターとして囲んだ方も少なくないと思います．1.1 節で説明されているように，空間データを地図化してそれを視覚的に分析することは，空間解析の大切な第一歩なのですが，ときとして人間の目は上手にパターンを見付けすぎてしまいます．ですから，実際の解析の場面では，視覚的分析の次のステップとして統計的な解析を行い，視覚的に見付けたパターンが本当に意味のあるものかを判断して行くことになります．本節では，点分布の空間的な分布パターンを解析する 3 つの手法を学びます．

個々の手法の説明に入る前に，**完全空間ランダム**について見ておきましょう．まず，統計の教科書によく登場するランダム事象である「サイコロの目」を考えます．サイコロを投げるとき 1～6 までの数値の出る確率は一様でそれぞれ 1/6，連続して投げるときには最初に出た目の値は次に出る目の値に影響しません．つまり，確率が一様で互いに独立であることが，ランダムの条件なのです．

この類推から，点が発生する確率は空間上のどこでも等しく，ある点の位置はほかの点の位置に影響しないという状況を，点分布の完全空間ランダムと定義できます．完全空間ランダムは，点分布の発生に空間的な要素が全く関連しない状況を示しており，ここからの乖離を調査することにより，与えられた分布に何らかの空間パターンが存在しているかを判断することができます．

例えば，交通事故や病気が特定の地域で起こりやすいのであれば，確率が一様という条件が崩れます．インフルエンザなどの感染症であれば，既存の患者の周辺に次の感染が発生すると考えられ，互いに独立という条件が崩れます．樹木や同種の店舗の分布のように，互いに縄張りを持ち相手と一定の距離をとろうとするような場合も同様です．

このように，点分布に対して何らかの空間的要素が影響しているのであれば，その点分布は完全空間ランダムから離れ，集中（クラスタリングとも呼びます）または分散の傾向を持つことになります（図 1.26）．完全空間ランダムは空間分布がこうしたパターン・規則性を持っているかを判断するためのベンチマークなのです．対象とするデータが空間的なパターンを持っているときこそ，本書で紹介しているような様々な空間解析を行う意義があるといえます．

■ 1.4.2 区画法

点分布の完全空間ランダムからの乖離を解析する最もシンプルな手法の 1 つは，1.1 節でも見た区画法（Thomas, 1977）です．区画法では，n 個の点からなる与えられた点分布に対して，格子を

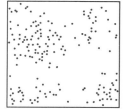
(a) 集中，クラスタリング
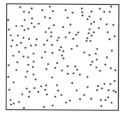
(b) 完全空間ランダム
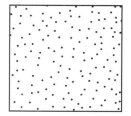
(c) 分散

図 1.26　3 種類の点分布パターン

重ね合わせて同じ大きさ・形状の m 個のセルに分割し，各セル内の点の個数 O_i $(i=1, ..., m)$ を数えます．完全空間ランダムであれば，1 つのセルに入る点の数は平均的に n/m 個となるはずです．つまり，O_i の期待値 E_i は n/m であり，O_i と E_i の差が大きいほど点分布は完全空間ランダムから乖離しているといえます．

問題 1.9

図 1.27 に完全空間ランダムとなるように，24 個の点を配置してください．

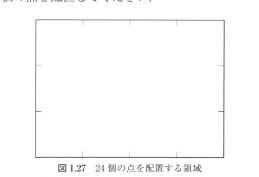

図 1.27　24 個の点を配置する領域

配置が済んだら，上下の目盛りを使って，地図を 3×4 のセルに分割してみましょう．完全空間ランダムであれば，それぞれのセルに入る点の個数は平均的に $E_i = n/m = 24/12 = 2$ 個となります．あなたの作成した点分布はどうでしょうか？　各セルの中の点の個数 O_i を数えてみて，この期待値からずれているものが多い，あるいは期待値から大きくずれているものがある場合，あなたの点分布は完全空間ランダムではないといえそうです．

ですが，点分布が完全空間ランダムなプロセスで作られていたとしても，各セルに入る点がいつも 2 個になるとは限りません．偶然セルに入る点が 0 個や 3 個，あるいは 4 個になることは，十分

に起こりえます．あなたの点分布が偶然ではなく本当に，完全空間ランダムとは異なることを確認するには，統計学では**仮説検定**という手続きを行います．仮説検定では，対象としている事象に関する仮説を立てて，それが正しいかどうかを与えられたデータに基づき検証します．この問題 1.9 の場合には，「あなたの作成した点分布は完全空間ランダムである」という仮説を，実際に観測された各セルの中の点の個数 O_i と，仮説が正しかったときの期待値 E_i（つまり 2 個）とを比較し，その乖離が偶然ではなく統計的に意味のある（これを「統計的に有意な」といいます）ものであるかを検証することになります．このとき，観測された期待値からの乖離がどのくらい起こりにくい場合に，統計的に有意と判断するかの基準を**有意水準**と呼び，例えば，仮定が正しかったとき起こる確率が 5%，10% というように定めます．あなたの点分布が持つ完全空間ランダムからの乖離が起こる確率が，この有意水準よりも小さかったとき，統計学ではあなたの点分布は完全空間ランダムとはいえないと結論付けるのです．

区画法では，カイ 2 乗（χ^2）適合度検定という手法により仮説検定を行います．先ほど求めた O_i を用いて，次式[1] で χ^2 統計量を計算してください．

$$\chi^2 = \sum_{i=1}^{m} \frac{(O_i - E_i)^2}{E_i} \quad (1)$$

この χ^2 統計量は，自由度 $(m-1)$ の χ^2 分布に従うことが知られています．完全空間ランダムか

---

[1] $\sum_{i=1}^{m} X_i$ は，i を 1 から m まで変化させたときの X_i の総和，つまり，$\sum_{i=1}^{m} X_i = X_1 + X_2 + \cdots + X_m$ を示します．

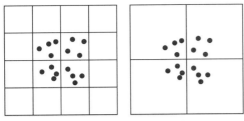
(a) 格子の掛け方により正反対の結果が得られる

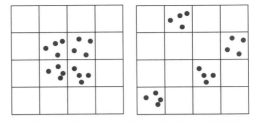
(b) 視覚的には異なる2つの点分布を区別することができない

図 1.28 区画法の問題点の例

ら分散・集中両方向への乖離をみる有意水準5%の両側検定を考えると，下側・上側の2.5%に対応する値（これを**棄却限界値**と呼びます）は，統計表や統計ソフトを用いてそれぞれ，$\chi_L^2(0.025) = 3.82$, $\chi_U^2(0.025) = 21.92$ と分かります（ここで L と U はそれぞれ lower と upper の頭文字を示しています）。あなたの点分布の χ^2 値が 3.82〜21.92 の間に収まっていれば，完全空間ランダムをうまく作成できていたということになります。逆に，χ^2 値が 3.82 未満であればあなたの点分布は分散の傾向，21.92 より大きければ集中の傾向を持つといえます。

注意してほしいのは，O_i が全て期待値に等しい2であった場合，$\chi^2 = 0$ となり，点分布は分散パターンと判定されます。完全空間ランダムはあくまでもランダムなパターンですから，あまりにもぴったりと平均に合致しすぎるのは逆に不自然ということになるのです。

区画法はシンプルで分かりやすい方法ではありますが，結果が格子の掛け方（大きさや位置）に依存する，空間内でのセルどうしの相対的な位置関係が考慮されていないなどの欠点もあります。例えば，図 1.28（a）の2つの点分布はどちらも同じものですが，格子の大きさが異なると解析の結果は集中・分散のいずれにもなりえます。この例では左の図は集中，右の図は分散という結果になります。図 1.28（b）の空間分布は視覚的には明らかに異なりますが，χ^2 値はどちらも同じ値で，区画法により区別することはできません。

こうした欠点を踏まえ，次節では，点分布を空間単位で集計せず，点どうしの相対的な位置関係に着目した方法を紹介します。

■ **1.4.3 最近隣距離法**

最近隣距離法（Clark and Evans, 1954）では，点分布内の各点から最も近いほかの点までの距離（これを最近隣距離と呼びます）に着目して点分布の特徴を分析します。点分布が集中傾向を持っている場合には最近隣距離は平均して短くなり，逆に分散傾向を持っている場合には最近隣距離は長くなりますから，この性質を利用して，与えられた点分布が完全空間ランダムと比較して集中しているのか分散しているのかを評価するのです。図 1.29 に最近隣距離の例を示します。点3，点4 のペアのように最も近いほかの点が反射的になることもありますが，必ずしもそうではないことを確認しておきましょう。

点分布が完全空間ランダムであるとき，任意の点からほかの点への最短距離 d の期待値と分散は，点の密度（単位面積あたりの点の数）λ を用いて，

$$E(d) = \frac{1}{2\sqrt{\lambda}}, \quad V(d) = \frac{4-\pi}{4\lambda\pi} \qquad (2)$$

として求められることが理論的に知られています。点密度 λ は強度とも呼ばれ，対象地域の面積を R として，$\lambda = n/R$ で推定されます。

n 個の点からなる点分布に対して，全ての点からの最近隣距離を求め，平均値 $\bar{d}$ をとると，中心極限定理により $\bar{d}$ は期待値 $E(\bar{d}) = 1/2\sqrt{\lambda}$，分散 $V(\bar{d}) = (4-\pi)/(4\lambda\pi n)$ の正規分布に従います。ですから，平均値 $\bar{d}$ を次式で標準化すれば，得られた z の値を標準正規分布と比較することによって，与えられた点分布が完全空間ランダムであるかどうか，統計的な検定を行うことができます。

$$z = \frac{\bar{d} - (1/2\sqrt{\lambda})}{\sqrt{(4-\pi)/4\lambda\pi n}} = \frac{(2\sqrt{\lambda}\,\bar{d} - 1)\sqrt{\pi n}}{\sqrt{4-\pi}} \qquad (3)$$

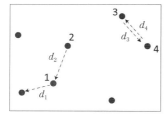

図 1.29　各点からの最近隣距離

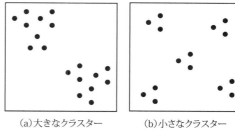

(a) 大きなクラスター　　(b) 小さなクラスター

図 1.30　最近隣距離法の問題点の例

最近隣距離法も区画法と同じく，直感的に分かりやすい手法ですが，点分布を平均最近隣距離という1つの指標に要約してしまうため，情報のロスが大きいという欠点があります．また，最近隣の点しか見ていないために，小さな空間スケールのパターンしか検出できないことも制約の1つです．例えば，図1.30の2つの点分布では，クラスターの大きさは異なりますが，平均の最近隣距離はほぼ同じです．そのため，最近隣距離法ではこれらの分布を区別することができないのです．

■ 1.4.4　K関数法

K関数法（Ripley, 1976）も最近隣距離法と同様に，点どうしの距離に基づいて点分布の特徴を捉えます．最近隣距離法が最も近い点のみに着目しているのに対し，K関数は距離hの関数として，以下のように定義されます．

$$K(h) = \frac{1}{\lambda} \mathrm{E}$$
（任意の点から距離h以内にある点の個数）
(4)

直感的に，点が集中傾向を持っている場合には，K関数は小さなhに対して大きくなり，逆に分散傾向を持っている場合には，K関数は小さなhで小さくなります．

図1.31は，観測された点分布に対してK関数を求める方法を示したものです．まず，点分布内のそれぞれの点から一定の間隔で半径hを広げた同心円を描き，その中に入るほかの点の個数を数えます．そして，特定のhに対して，全ての点から描いた円の中の点の個数の平均をとると，「任意の点から距離h以内にある点の個数」の期待値の推定値となります．これを点密度λで除すること

で，式（4）の定義に対応した値を得ることができます．つまり，n個の点からなる観測された点分布に対するK関数$\widehat{K}(h)$は，

$$\widehat{K}(h) = \frac{1}{\lambda} \frac{1}{n} \sum_{i=1}^{n} (\text{点}i\text{から距離}h\text{以内にあるほかの点の個数})$$

$$= \frac{1}{\lambda^2 R} \sum_{i=1}^{n} (\text{点}i\text{から距離}h\text{以内にあるほかの点の個数}) \quad (5)$$

として推定することができるのです．

K関数は任意のユニット距離（例えば5 km）ごとに，複数の距離h（ユニット距離の倍数として定められる5 km, 10 km, 15 kmなど）に対して算出され，結果は図1.32のようなグラフで表現されるのが一般的です．実際に観測された点分布では，点iと点jの全ての組合せについてその間の距離を求め，hごとに集計することになります．最近隣距離法が最も近い点までの距離のみを利用しているのに対し，K関数法では全ての点の組合せに関する情報を利用していますから，K関数法は最近隣距離法に比べて情報のロスが少ない手法であるといえます．

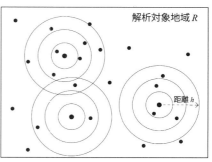

図 1.31　K関数法の概念

図 1.32 に示されている点線は，πh^2 に対応しており，点分布が完全空間ランダムのときの K 関数の期待値を示しています．K 関数の定義（式(4)）や図 1.31 から分かるように，距離 h における K 関数は基本的に，任意の点を中心に描いた半径 h の円の中に入るほかの点の数を，点密度 λ で除したものですから，その期待値 $\mathrm{E}(K(h))$ は

$$\mathrm{E}(K(h)) = \frac{\lambda \pi h^2}{\lambda} = \pi h^2 \tag{6}$$

となるのです．この期待値と比較して，観測された点分布の K 関数の値（図 1.32 の実線）が上にあれば，完全空間ランダムに比べて多くの点が各点の近隣に存在しているということになりますから，点分布は集中傾向を持つと判定できます．逆に，算出した K 関数の値が期待値の下にあれば，完全空間ランダムに比べて近隣にあるほかの点が少ないということになり，点分布は分散傾向を持つといえます．

図 1.32 のように，算出した K 関数の値が，ある一定の h までは完全空間ランダムの期待値の上にあり，その後，期待値と同程度か期待値より下になる場合には，点分布の持つ集中傾向の空間スケールが概ねその h 程度までであるということを示唆しています．最近隣距離法では点分布が集中または分散の傾向を持つかどうかしか知ることができませんが，K 関数法では空間分布パターンの空間スケールについても有意義な情報を得ることができます．この点でも K 関数法は，最近隣距離法に比べて優れた解析手法です．

一方，K 関数法ではその分散の理論式が明らかになっていないため，統計的な検定をするためには，シミュレーションを行う必要があります．具体的には，対象地域の中に n 個の点を完全空間ランダムに従ってランダムに発生させ K 関数を算出するという手順を繰り返し，点分布が完全空間ランダムであった場合の K 関数のばらつきの範囲を求め，これと実際に観測された点分布に対する K 関数を比較するということになります．このように偶発的に起こる不確定な要素を取り入れたシミュレーションは，**モンテカルロ・シミュレーション**（Monte Carlo simulation）と呼ばれます．モンテカルロはカジノで有名なモナコ公国にある地区の名称で，カジノでサイコロを振るように乱数を使って不確定な要素をシミュレートするところからこの名が付いています．K 関数法で行うシミュレーションでは，n 個の点の xy 座標を乱数として発生させて，完全空間ランダムな点分布を作っています．

図 1.33 は，モンテカルロ・シミュレーションによって推定された上下の棄却限界値を図 1.32 に追記したものです．棄却限界値は，シミュレーションの繰り返しごとに得られた K 関数を降順に並べ，有意水準に対応する値を上下から選ぶことで推定されます．例えば，シミュレーションの繰り返し回数が 1000 回，有意水準が両側 5% であれば，降順に並べた上下から，それぞれ 25 番目の値を上側・下側の棄却限界値とします．実際に観測された点分布に対する K 関数の値が，これらの棄却限界値よりも外側にあれば，観測された集中あるいは分散の傾向は統計的に有意なものであると判断することができます．

本節では，最も単純な空間構造を持つ点データについて，その分布がランダムなのか，あるいは何らかの空間的なパターン・規則性を持つのかと

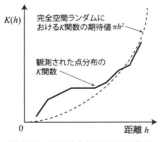

図 1.32 K 関数分析の結果の表示

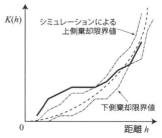

図 1.33 モンテカルロ・シミュレーションを利用した K 関数による点分布の空間パターンの検定

いう問いに答えるための手法を紹介しました．これは 1.1 節で説明されている視覚的分析に続く基礎的な解析です．空間的なパターンが存在することが明らかになれば，次のステップでは，例えば，どこにどんな大きさのクラスターが存在するのか，なぜそこにクラスターが発生するのかを解析していくことになります．このような疑問に答えるための解析手法も多々開発されていますが，そうした発展的な手法についてはほかの専門書を参照してください．

また，ここでは，点が平面上のどこにでも自由に立地できる場合を想定していましたが，都市で起こる空間事象の中には，交通事故や商業施設など実際にはその発生・立地が道路ネットワークによって規定されるものもあります．こうした事象の解析についての研究も近年大きく発展しており，3.2 節で詳しく説明しています．　　　［山田育穂］

2
解析から計画へ

2.1　ラスターモデルと空間解析

2.2　人口推計

2.3　空間補間

2.4　空間的自己相関

2.5　空間回帰モデル

2.6　空間相互作用モデル

2.7　施設配置問題

2.1
ラスターモデルと空間解析

■ 2.1.1 ラスターモデルとは何か

問題 2.1
　天気予報や Google Maps などのウェブサイトでは，GIS を使って様々な地図やレーダー画像などを表示しています．GIS の中では，地図や画像はどのように保存・管理されているのでしょうか．

　GIS で地図や画像を扱うには，それらをデジタルデータとして保存する必要があります．地図などのデータを管理する枠組みは空間モデルと呼ばれており，代表的なモデルとして**ラスターモデル**と**ベクターモデル**の 2 種類があります．

　ラスターモデルとは，地理空間に規則正しく点，または空間に隙間なく敷き詰められる同じ形の図形を配置して，その各点に空間に関する情報を記録する空間モデルです．配置された点あるいは図形を**メッシュ**と呼びます．また，特に点を配置した場合には，それを**格子点**と呼ぶこともあります．これに対して，地理空間に任意の形の図形を配置して，その各図形に情報を記録する空間モデルをベクターモデルと呼びます．図 2.1 にこれらのモデルの姿を示します．なお，ベクターモデルには，点，線，ネットワーク，面，**領域分割**という代表的類型がありますので，それらの姿を図 2.2 に示します．ベクターモデルの解説は，矢野（1999），高橋ほか（2005）などに掲載されています．

　もちろん，地理空間を 2 次元でなく 3 次元で捉えて，そこに図形を配置することもできます．しかし，普遍性を持たせた 3 次元のモデルはとても取り扱いが難しいのです．そこで，建築物などを CAD で取り扱う場合などを除けば，空間解析では 2 次元，あるいは後述の数値標高モデルのように水平面に置かれた図形に情報として標高を記録す

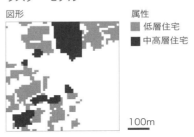

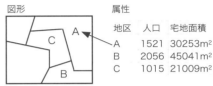

図 2.1　ラスターモデルとベクターモデルの例

図 2.2　ベクターモデルの代表的類型

ることが多いのです．

　ラスターモデルには非常に多くの実例がありますので，代表例を挙げることにします．

a. 紙地図の画像データ

　紙地図をスキャナーで読み込む，あるいは画面表示したものをキャプチャするなどして画像データにしたものは，ラスターモデルに含まれます．図 2.3 に例を示します．これは，地理空間に平面を置いて地図を描き，それに格子点を置いて，各格子点の紙地図での「色」を情報として記録したモデルです．このような画像については，格子点を**ピクセル**とも呼びます．

　ただし，このような地図画像は，そのままでは分析には使用しにくいため，背景画像や，より空間の事物を直接的に表したモデルを作るための材

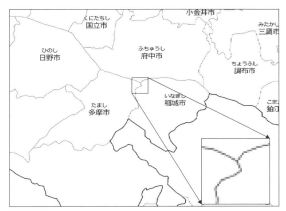

図 2.3 地図の画像データ（国土地理院白地図の例）

料として使用することが多いのです．例えば，等高線を描いた地図画像から黒色に近いピクセルだけを抽出して，これを繋いでベクターモデルに変換することがよく行われます．このような操作を**ベクトル化**，あるいは**ベクタライズ**と呼びます．また土地利用の種類別に色分けをした地図，すなわち土地利用図の地図画像から，ピクセルごとにどの土地利用になっているのかを情報として取得すれば，図 2.1 に示したようなラスターモデルとしての土地利用メッシュデータが得られます．

b. 航空写真の画像データ，リモートセンシングデータ

これらは，地理空間に方眼の格子点を置いて，実際の観測で得られた広い意味での「色」を情報として記録したモデルです．その情報としての姿は図 2.3 の画像データに似ていますが，紙地図の画像データは我々の解釈を経ているのに対して，これらは地理空間の事物の直接的画像であるという違いがあります．このため，画像処理手法を用いて何らかの解釈を行って，「色」の情報を空間に関する情報に変換する必要がよく生じるのです．

c. メッシュデータ

これは，メッシュに対して，その中に含まれる事物などの集約的情報を記録したものです（1.1 節で触れた区画法はその一例です）．例えば，正方形を地理空間に敷き詰めて，各正方形に含まれる土地利用の面積比率あるいは代表的な土地利用を記録したものは，土地利用メッシュデータと呼ばれます．あるいは居住者数を集計して記録すれば人口メッシュデータとなります．図 2.4 に例を示します．

メッシュデータにおいて問題になるのは，メッシュとしてどのような図形を用いるのかです．形としては正方形が一見してよさそうで，実際にも正方形に近い図形が用いられることが多いのですが，次の問題があります．まず，実際の地理空間は広域では地球の丸みのために平面にはなりませんから，例えば日本全体などの広域に正方形を敷き詰めることはできません．このため，後述のように，広域では緯線，経線に沿って地理空間を分割してメッシュを作成することが少なくありません．この場合，図形は厳密には正方形ではありません．さらに，正方形以外にも空間に隙間なく敷き詰められる同じ形の図形があり，中でも正六角形は都市モデルに用いられることがあります．

このメッシュデータは，代表的なラスターモデルによるデータといえますので，別の問題で詳しく取り上げることにします（2.1.2 項）．なお，コンピュータグラフィックスの世界では，3 次元多面体の事物の形を表すために三角形などの 2 次元図形の集合を用いることがあり，それを**ポリゴンメッシュ**と呼ぶことがあります．このポリゴンメッシュはベクターモデルに分類されるものです．

d. 数値標高モデル（DEM）

これは，メッシュに対して，その標高を情報として紐づけたモデルです．図 2.5 に例を示します．一般的に Digital Elevation Model を略して DEM

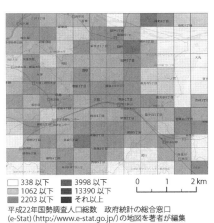

平成22年国勢調査人口総数　政府統計の総合窓口
(e-Stat) (http://www.e-stat.go.jp/) の地図を著者が編集

図 2.4　人口メッシュデータの例

と称されます．国土地理院は，基盤地図情報数値標高モデルという名称でDEMを提供しています．これは，全国については経緯度0.4秒（約10m），重要な地域については経緯度0.2秒（約5m）のメッシュの中心点の標高を記録したものです．

> **問題 2.2**
>
> ラスターモデルとベクターモデル，どちらがよいのでしょうか．ある分析を行うときに，どのようにモデルを選んだらよいのでしょうか．ベクターモデルの方が地理的空間の事物の形に近いのですから，ラスターモデルよりベクターモデルを選ぶべきではないでしょうか．

ラスターモデルの利点は，その処理のしやすさにあります．ラスターモデルは，メッシュが規則正しく並んでいるので，空間におけるメッシュの位置やメッシュ相互の関係を算出するのが簡単です．とりわけ，図形として正方形や縦横方向に等間隔で並ぶ格子点（以下では正方形格子点と呼びます）を用いれば，多方向に対称性があるので，取り扱いがとても簡単になります．このことは，問題2.4で取り上げる土地利用遷移モデルなどの数理モデルを適用しやすくなることも意味します．さらに，2つ以上の地図を重ねて分析を行いたいときに，同じメッシュを用いれば，事物のずれを気にする必要はありません．

一方で欠点としては，以下の点が挙げられます．まず，地理空間にある事物は不規則な形をしているので，メッシュで厳密に表現することはできません．メッシュを細かくすれば不一致は減少しますが，いくら細かくしても0にすることはできません（図2.6）．このことはまた，事物との不一致を減らそうとしてメッシュを細かくすると，同じ空間を表すために必要なメッシュ数が増加して，処理の手間がかかることを意味します．さらに，メッシュには，実際の空間にはない方向別の違いが生じます．例えば正方形格子点を用いると，縦横に隣接する格子点間の距離dに対して，斜め45度方向に隣接する格子点間の距離は$\sqrt{2}\,d$になります（図2.7）．これは，どのような形の図形を選んでメッシュを構成しても避けられない問題です．

これに対するベクターモデルの利点としては，空間にある事物の不規則な形をラスターモデルに比べて正確に表せるということが挙げられます．例えば，ある地域の形を表すときに，ラスターモデルであれば正方形の集合として表さなければならないところを，直接的に形を表すことができます（図2.6）．

一方でベクターモデルは，計算が複雑になるという欠点を持っています．ベクターモデルのうち，点，線，面は，相互関係に関する情報を持っていないので，データ構造は単純ですが，複雑な処理

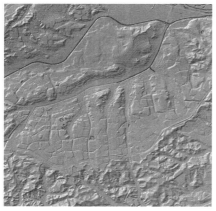

図 2.5 数値標高モデルの例
国土地理院の基盤地図情報数値標高モデル5mメッシュDEMを株式会社エコリス基盤地図情報標高DEMデータ変換ツールにて加工．

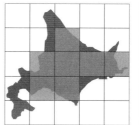 

図 2.6 メッシュの細かさと地理空間の事物との不一致

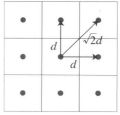

図 2.7 縦横と斜め45度の方向と格子点間距離

には向きません．例えば，メッシュでは隣接する2つのメッシュが同じ土地利用を持っている場合には1つの領域にするといった処理が簡単にできますが，ベクターモデルの面では，隣接する面を検索する必要があり，そのときには計算誤差によって判断が難しくなることが起こります．これに対して，ネットワークや**領域分割**では隣接関係を処理することができるようにあらかじめデータ構造に工夫が凝らされていますが（図2.8，表2.1），これによりデータ処理のためのソフトウェアの自作が難しくなります．このデータ構造の詳細は伊理ほか（1993）に述べられています．

さらにベクターモデルの欠点として，レイヤーの重ね合わせの処理が難しい点が挙げられます．形の異なる事物が重なると，図形の数が爆発的に増加します．特に，例えば市の境界線など，本来は同じ図形であるにもかかわらず地図ごとに微妙に形が違っている場合には，処理は非常に難しくなります（図2.9）．

以上を踏まえると，モデルの選択の目安は次のようになります．新たな数理モデルを開発しないなど，既存のソフトウェアで分析を済ませることができて，レイヤーの重ね合わせをそれほど多数にわたって行わない場合には，ベクターモデルの方が厳密な分析が可能です．新たな数理モデルを開発してソフトウェアを自作する場合や，レイヤーの重ね合わせが多重に及ぶ場合には，ラスターモデルの使用を検討すべきでしょう．なお，この場合，GISの空間解析機能では，ベクターモデルについて内部的にラスターモデルに変換できるものもありますから，そのような機能の活用も有効です．

ところで，「データ」と「モデル」という言葉はしばしば同義語として用いられますが，原則としては，ラスターモデルの形で作られたデータのことを**ラスター（型）データ**，ベクターモデルの形で作られたデータのことを**ベクター（型）データ**と呼びます．ただし，ラスター（型）データといった場合，紙地図の画像データ，航空写真の画像データ，リモートセンシングデータといった，画像データを意味していることが多いようです．それに比べてメッシュデータは，ラスター（型）データとは呼ばれることは少ないと思われますが，メッシュデータを含めてラスター（型）データと呼んでいる例もあります（小方，1994）．

■ **2.1.2 メッシュデータの代表例**

我が国においては政府が積極的にメッシュデータの整備を進めてきました．歴史を遡ると，都市計画や国土計画の立案や民間における地域分析におけるデータ需要の高まりを受けて，1960〜1970年代に国土を覆うメッシュデータの開発が行われました．その経緯は奥平（1982）に活写され

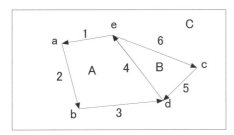

図2.8 領域分割におけるデータ構造（図形）

表2.1 領域分割におけるデータ構造（データ）

番号	データ
点	座標
a	(x_a, y_a)
⋮	⋮
e	(x_e, y_e)
面	周囲の1辺
	（反時計回りが正）
A	1
B	−6
C	−1
辺	始点　終点　左面　右面　始点前辺　終点次辺
	（反時計回りが次．出発辺が正）
1	e　a　A　C　6　2
⋮	
6	e　c　C　B　−4　5

図2.9 微妙に違う形の境界の重ね合わせ

ています．

我が国の政府が整備するメッシュデータは，原則として **標準地域メッシュ** を図形として採用しています．これは座標系として緯度・経度を使用して，下記の方法で緯線・経線に沿って全国を分割したものです．その概要を図2.10に示します．

① **第1次地域区画**（緯度40分，経度1度幅）

緯度方向は北緯24度を南端として40分ごと，経度方向は東経122度を西端として1度ごとに境界線を引きます．南西隅の緯度を1.5倍した値（2桁）と経度から100を引いた値（2桁）をつなげたものをメッシュコードとします．例えば，東京都が含まれる第1次地域区画は南西端が緯度35度20分，経度139度ですから，35度20分×1.5 = 53，139度 − 100 = 39 となって，5339となります．

② **第2次地域区画**（緯度5分，経度7分30秒幅）

第1次地域区画を緯度，経度方向にそれぞれ8等分します．1/25000地形図に一致します．メッシュコードとして緯度，経度方向にそれぞれ0〜7を振ります．例えば緯度方向に南から4番目，経度方向に西から6番目のメッシュは，35が振られます．これは **統合地域メッシュ** とも呼ばれます．

③ **第3次地域区画**（緯度30秒，経度45秒幅）

第2次地域区画をさらに緯度，経度方向にそれぞれ10等分します．ほぼ1km四方です．メッシュコードとして緯度，経度方向にそれぞれ0〜9を振ります．例えば緯度方向に南から2番目，経度方向に西から8番目のメッシュには17が振られます．これは **基準地域メッシュ** とも呼ばれ，様々な統計データが利用できるので，都市計画のための分析でよく用いられます．

④ **細分方眼**

第3次地域区画を必要に応じて緯度方向，経度方向にそれぞれn等分したものを$1/n$細分方眼と呼びます．例えば1/2細分方眼はほぼ500m四方に対応します．都市計画の分析では，第3次地域区画より詳細な分析単位を必要とする際に，1/2，1/4，1/10細分方眼がよく用いられますが，第3次地域区画に比べると利用できる統計データの項目が限定されます．

注意すべき点として，標準地域メッシュは緯度・経度を境界線としているため，厳密な正方形ではなく，かつ北に行くほど東西方向が小さくなることが挙げられます．第3次地域区画はほぼ1km四方とされていますが，札幌市では東西方向は1018m，南北方向は926mであるのに対して，那覇市では東西方向は1249m，南北方向は923mとなります（総務省統計局，1996）．また，2002年に我が国の緯度，経度の基準が明治時代に定められたもの（**日本測地系**と呼びます）から最新の世界共通に使えるもの（**世界測地系**と呼びます）に変更されたことにも留意すべきです．これにより，日本測地系に基づく古い標準地域メッシュと，世界測地系に基づく新しい標準地域メッシュは，例えば東京においては北西方向へ約450mずれます．このため，古いデータと新しいデータを単純には比較できません．

標準地域メッシュを集計単位として整備されたデータは多岐にわたります．その中でも，総務省統計局が提供する **国勢調査** と **経済センサス**（かつての **事業所統計**，**事業所・企業統計**）はよく利用されます．ほかに，国土交通省が提供している **国**

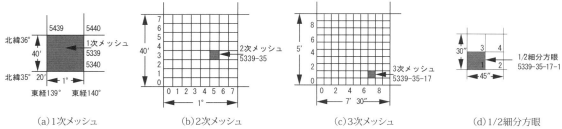

図 2.10　標準地域メッシュ

土数値情報においては，多彩なデータが提供されています．

■ 2.1.3　ラスターモデルの分析手法

ラスターモデルは，例えばネットワークを用いた交通の分析などには不向きです．このような分析にはベクターモデルを用いる必要があります．一方で，ラスターモデルでは，確率モデルなどの数理モデルを適用することがやさしいことと，メッシュ相互の位置関係が規則正しく繰り返しになっていることを生かした分析手法が利用できます．

ラスターモデルのうちでも画像データは，いわゆる画像処理と呼ばれる分析手法が適用可能です．ただし，これらの手法の多くは空間解析に固有のものではなく，地理的空間の特徴に着目した手法ではないため，空間解析の観点からは補助的な手法であるともいえます．

これに対して，地理的空間の特徴に適合した分析手法としては，メッシュ間の隣接関係に着目した分析手法があります．また，実際の都市計画や地域計画にかかわる分析においては，例えば地域施設への距離分布を計算するときに，人口分布をメッシュデータで表し，格子点から最寄りの道路上の点を経由して施設までの道路距離を算出するといった，いわばハイブリッドの分析手法も用いられます（図2.11）．

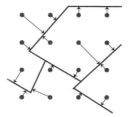

図2.11　人口メッシュデータと道路ネットワークのハイブリッド

> **問題2.3**
> 都市における土地利用の混在は，環境問題などの様々な軋轢を引き起こすことがあります．土地利用メッシュデータを用いて異なる**土地利用の隣接・混在**を分析するには，どうすればよいでしょうか．

工場が住居に与える騒音，振動，悪臭など，異種土地利用の隣接は外部不経済の問題を生ずると，都市計画では伝統的に考えられてきました．一方で，東京首都圏の住工混在地域については，**マクロ混在・ミクロ純化**の方向を目指すべきであるとされてきました（大方，1994）．この考え方において，住居と工場の隣接はなるべく避けることをよしとしています．近年は混在をよしとする論調が見られる一方で，低層住宅地への高層マンションの建設による軋轢など，土地利用の隣接関係が引き起こす問題はいまだ多いのが実状です．

以上の例で見られるように，土地利用の隣接を定量化することは，都市計画や地域計画にかかわる空間解析で重要であると考えられてきました．このため，多様な手法が提案されました．この分析を行うためには，確率モデルなどの数理モデルを適用することが必要になるので，ラスターモデルにふさわしい問題であるといえます．そこでここではラスターモデルの分析手法の例として，土地利用の隣接関係の分析手法を紹介します．

a.　同種土地利用の集塊性の分析

土地利用の隣接関係の分析の基本は，同種の土地利用の集まりやすさ（集塊性と呼びます）を分析することです．このための代表的な手法には，次のものがあります．

（1）　クランプ数とクランプ規模

図2.12に示すように，土地利用メッシュデータで連担した同種土地利用の塊（クランプと呼ばれます）の数（玉川，1982），規模（恒川ほか，1991）を指標とします．直感的には分かりやすいのですが，その値が持っている意味を確率モデルによって示すことがとても難しいため，用いられる機会は多くありません．

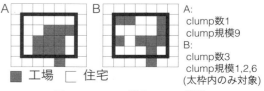

図2.12　クランプ数とクランプ規模

(2) ジョイン分析

これは同種の土地利用の集塊性の分析手法として，メッシュ土地利用データによるものの代表例です．

ジョイン分析とは，メッシュの辺のうち，対象地域内部にありかつ土地利用 α と β が接しているもの（$\alpha\beta$ ジョインと呼びます）の数を指標とします（小出，1977；奥野，1996；玉川，1982）．例えば図 2.13 では，A と B の黒メッシュ数は同じであり，そのうち黒黒ジョインの数が多い A は B より黒の集塊性が高いと判断されます．

この手法で問題になるのが，黒黒ジョインの数の大小の判断基準であり，代表的なものは下記の**クラス値**です．これは，黒メッシュが発生する確率がこの図と同じで，かつどのメッシュも独立ランダムに対象地域全体の黒メッシュの比率 p と同じ確率で黒メッシュになると仮定した場合の土地利用図での黒黒ジョインの確率分布を基準として，次式で計算します（玉川，1982）．

$$c = \frac{b - (2N - M)p^2}{\sqrt{V}} \quad (1)$$

ただし，b は黒黒ジョイン数，c はクラス値，N はメッシュの総数，M はメッシュの縦横の長さの和です．V は黒黒ジョイン数の分散であり，次式で得られます．

$$V = (2N - M)p^2 + 4(3N - 3M + 2)p^3 \\ - (14N - 13M + 8)p^4 \quad (2)$$

この値はメッシュ総数が増加すれば標準正規分布に近い値になります．したがって，統計的検定などの分析手法を適用できます．この値が 0 に近ければ，実際の土地利用図がランダムな土地利用図と近いということになり，正の値になれば集塊しやすく，逆に負の値になれば集塊しにくいということになります．

一方，黒メッシュの周囲の 4 辺の中で黒メッシュに接している辺の比率の平均値は**同辺率**（吉川，1997；吉川・田中，2002）と呼ばれ，これも指標とすることができます．これが 1 に近いほど同種土地利用が集まりやすいと判断されます．同辺率を算出するには，黒黒ジョインの数を，対象地域境界は 1 倍，内部は 2 倍して合算し，黒メッシュ数×4 で割ればよいのです（図 2.14）．また，上記のランダムな土地利用図での同辺率の期待値は，対象地域の規模が 50×50 メッシュ程度あれば，p で近似できることが証明されています（吉川・田中，2002）．

実例として，東京都足立区西保木間 2・3 丁目（保木間と略します）と，東京都墨田区業平橋駅北東（現東京スカイツリー駅北東，業平橋と略します）で，500 m 四方の地域を対象とします（吉川，1997）．国土地理院細密数値情報 10 m メッシュ土地利用データを使用し，総メッシュ数は 50×50＝2500 個とします．1984 年と 89 年の低層住宅（細密数値情報の土地利用区分のうち一般低層住宅と密集低層住宅を統合），中高層住宅を取り上げます．

対象地域に外接するメッシュを含む土地利用図を図 2.15 に示します．保木間では中高層住宅が増加し，業平橋では中央右の一団の中高層住宅（市街地再開発事業の対象になった中ノ郷アパート）が消滅しています．この図から同辺率を求めます（表 2.2）．ジョイン数のクラス値も示してあります．この表から次のことが分かります．

まず，全て同辺率が 0.7 を超えています．これは，10 m メッシュ単位に地域を分割した場合，低層住宅，中高層住宅ではその周囲の 7 割以上が同種の土地利用で覆われていることを意味しています．また，1984，1989 年とも，同辺率が最も大きいのは保木間の中高層住宅です．住宅が工場などの他種の土地利用に接する，あるいは高さが異な

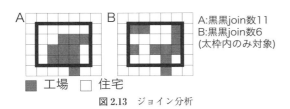

図 2.13 ジョイン分析

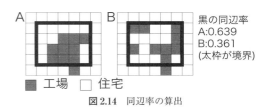

図 2.14 同辺率の算出

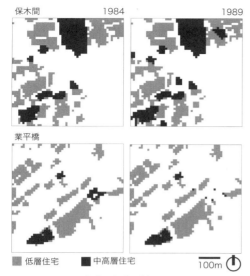

図 2.15 保木間と業平橋の土地利用図

表 2.2 保木間と業平橋の同辺率とジョイン数のクラス値

地域	土地利用	年	構成比	同辺率	クラス値
保木間	低層住宅	1984	0.2372	0.7761	26.58
		1989	0.2292	0.7565	26.12
	中高層住宅	1984	0.1288	0.8595	40.30
		1989	0.1500	0.8353	36.65
業平橋	低層住宅	1984	0.1956	0.7265	26.99
		1989	0.1976	0.7232	26.68
	中高層住宅	1984	0.0380	0.7368	45.36
		1989	0.0292	0.7055	44.77

る住宅に接することによって，摩擦を生じることが望ましくないとすれば，この地域の中高層住宅はこの表の中では最も良い状態にあります．一方，低層住宅のジョイン数のクラス値はほぼ26から27と地域を越えて安定しています．これに比べ中高層住宅のジョイン数のクラス値は36から45と大きい値を示します．

経年変化に着目すると，各地域，各土地利用とも1984年より1989年は同辺率とジョイン数クラス値が小さくなり，同種土地利用の隣接が少なくなったことが分かります．

例えば保木間の1984年の低層住宅と業平橋の1989年の中高層住宅など，ジョイン数のクラス値と同辺率の間では必ずしも大小関係が一致しません．これは，ランダムな土地利用図からの乖離を表すクラス値と，同種の土地利用に覆われている比率を示す同辺率の情報の違いを示唆しています．

b. 異種の土地利用の集塊性の分析

土地利用の隣接関係を分析するには，異種の土地利用の関係も把握する必要があります．このための手法の例を挙げます．

(1) カラージョイン分析

ジョイン分析を多種土地利用に拡張したもの（奥野，1996）です．指標としてはジョイン分析と同様に，$\alpha\beta$ジョインのクラス値が使用できます．

(2) 辺率

同辺率の拡張として，辺率が次のように定義できます（吉川，1999）．例えば，低層住宅から見た中高層住宅の集塊性を分析するとします．低層住宅のメッシュを1個任意に取り出したときに，その周囲4辺のうち中高層住宅に接している辺の比率の平均値を，低層住宅メッシュから見た中高層住宅メッシュの辺率（低層住宅-中高層住宅辺率と略します）と定義します．

この値は，低層住宅-中高層住宅ジョインの数を，対象地域境界は1倍，内部は2倍して合算し，低層住宅のメッシュ数の4倍で割ることで得られます．

実例として表2.3の上部に東京都八王子市明神町付近（明神町と呼びます）の500m四方の地域の1989年の辺率を示します．ここでも，細密数値情報10mメッシュを用い，メッシュ数は50×

表 2.3 明神町と愛宕の辺率

辺率（明神町）

区分	空地	工業用地	低層住宅	辺率高層住宅	商業業務	道路	公共施設
空	0.549	0.016	0.165	0.033	0.102	0.114	0.022
工	0.011	0.584	0.213	0.034	0.097	0.046	0.014
低	0.025	0.055	0.724	0.033	0.089	0.047	0.027
高	0.027	0.046	0.168	0.401	0.115	0.239	0.003
商	0.023	0.040	0.138	0.035	0.616	0.128	0.021
道	0.036	0.027	0.101	0.097	0.185	0.499	0.056
公	0.011	0.008	0.077	0.003	0.037	0.076	0.787
比	0.049	0.087	0.326	0.062	0.214	0.151	0.110

辺率（愛宕：一部）

区分	空地	工業用地	低層住宅	辺率高層住宅	商業業務	道路	公共施設
低	0.172	0.000	0.646	0.011	0.011	0.143	0.018
高	0.072	0.000	0.017	0.851	0.001	0.055	0.005
比	0.366	0.006	0.205	0.131	0.030	0.200	0.061

50としています．この表の低層住宅と中高層住宅の関係に着目します．低層住宅の周囲のうち中高層住宅はおよそ3％を占めています．一方で中高層住宅の周囲のうち低層住宅の占める割合はおよそ17％と高い値を示します．これとの比較のため，東京都多摩市愛宕（愛宕と呼びます）で，同様に500m四方の対象地域で低層住宅と中高層住宅に関する辺率を計算します（表2.3下部）．この結果から，愛宕では低層住宅-中高層住宅辺率は約1％，中高層住宅-低層住宅辺率は約2％と，明神町に比べて低いことが分かります．

そこで両地域の低層住宅，中高層住宅の分布図を描いてみます（図2.16）．これを見ると，既成市街地である明神町では，小規模な中高層住宅が散在しています．これに対して，多摩ニュータウンを含む愛宕では，中高層住宅が集中して立地している部分があります．この両地域の成り立ちの違いが辺率の違いに反映しています．

> **問題 2.4**
> 将来のまちづくりを考えるために，20年後の土地利用を予測したいと思います．土地利用の移り変わりを数理モデルとして表現する必要がありますが，どうすればよいでしょうか．

土地利用の移り変わり（**土地利用遷移**と呼びます）は，土地利用データがベクターモデルで表されていても，ラスターモデルで表されていても分析可能です．ただし複数年の土地利用図を重ねた場合，レイヤーを多数重ね合わせるため，ベクターモデルでは前記の通り多数の図形の重ね合わせが発生し，計算が非常に複雑になります．このた

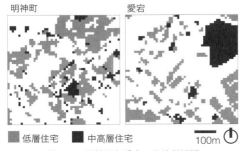

図2.16 明神町と愛宕の土地利用図

表2.4 土地利用遷移行列の例

(a) 土地利用遷移

年	土地利用区分		1995				
			住居	商業	工業	道路	ほか
	面積（ha）		58.9	26.5	30.4	26.9	17.1
1990	住居	59.2	48.2	3.5	1.1	2.6	3.8
	商業	26.1	2.9	19.5	1.2	1.4	1.1
	工業	33.9	2.8	1.3	26.5	1.8	1.5
	道路	19.3	0.2	0.1	0.1	18.7	0.2
	ほか	21.3	4.8	2.1	1.5	2.4	10.5

(b) 土地利用遷移行列

年	土地利用区分		1995				
			住居	商業	工業	道路	ほか
	構成比		0.37	0.17	0.19	0.17	0.11
1990	住居	0.37	0.81	0.06	0.02	0.04	0.06
	商業	0.16	0.11	0.75	0.05	0.05	0.04
	工業	0.21	0.08	0.04	0.78	0.05	0.04
	道路	0.12	0.01	0.01	0.01	0.97	0.01
	ほか	0.13	0.23	0.10	0.07	0.11	0.49

め，ラスターモデルを用いた方が実用的でしょう．

分析にあたっては，時点1に土地利用がiであり，時点2に土地利用がjである領域の面積（a_{ij}と書きます）を要素とする行列が基本となります（吉川ほか，1990）．表2.4（a）に例を示します．これは，土地利用図のラスターモデルを用いれば簡単に求めることができます．この行列は，そのままでは面積の異なる地域間の比較などには使えません．そこで，要素a_{ij}を時点1での土地利用iの総面積で割って比率とした行列を作ります．これは表2.4（b）になります．

これは，時点1に土地利用がiであった領域のうち，時点2に土地利用がjになった部分の比率を要素r_{ij}とする行列となります．例えば，表2.4（b）では1990年の住居（土地利用区分1）のうち1995年に道路（土地利用区分4）になったものの比率は0.04です．したがって$r_{14} = 0.04$となります．この行列は**土地利用遷移行列**と呼ばれます．これを確率の行列と見なせば，土地利用遷移を**マルコフ連鎖**として定式化し，将来の土地利用予測などにも役立てることができます（石坂，1994；金ほか，1991；大佛ほか，1995）． ［吉川　徹］

2.2 人口推計

■ 2.2.1 人口推計の必要性

問題 2.5
東京都には 2016 年 11 月 1 日現在,約 1360 万人が暮らしています.この数は 1995 年以降緩やかに増え続けていますが,このままいくと 2050 年の総人口は何人になるのでしょうか.

空間解析は,適切な都市・地域計画のために行われます.ここでの計画とは何を指すでしょうか.それは,道路や店舗などの施設を建設すること,様々な行政サービスや企業の施設展開,すなわち支所・支店の配置計画を立てること,施設のサービス範囲やサービスのやり方を決めることなどを指しています.

これらは当然ながら,計画が実現したときの社会の状況に対応したものである必要があります.社会の状況の要素には,そのとき実現している人口分布,交通網,居住などに関する技術,産業構成など様々あります.そして,空間解析のために最も基本となる社会の状況の要素は人口です.

人口は需要に直結します.計画が実現したときに,施設やサービスへの需要がどれだけあるか把握することは大変重要です.需要は施設の配置やサービス内容によって変わりますし,ある程度は創出も可能です.しかし,最も基本となるのは施設・サービスの対象者,周辺人口です.それは,どこに何人がいて,ある位置の施設によるサービスを何人が受けることができるかということです.

また近年の日本では,人口減少に対応するために施設数を減らし,少なくなる税収に対応しながらサービスレベルの低下を極力抑える問題も重要となっています.

以上を踏まえ,本節では人口推計の基本的な技術について説明します.なお,技術は大きく 2 種類に分けることができます.1 つは全体の概数を推計するモデルを用いた手法,もう 1 つは性年齢別に細かく推計する手法です.

■ 2.2.2 トレンド推計

最も単純な人口推計は,これまでのペースで人口が変化し続けるという考え方です.過去 10 年間,毎年 5 人ずつ増えてきたならば,来年も 5 人増えるのではないかという考え方はしごくもっともです.この考え方による人口推計はトレンド推計と呼ばれます.そして,直線の予測式による推計ともいえます.

図 2.17 は 1970 年以降の世界の人口推移を示します.黒丸で示された 1970〜2000 年のデータを用いて 2020 年までの人口推計をした結果が実線で示され,2001〜2014 年の実際の人口の変化を示したのが白丸です.直線による推計がほぼ正確と分かります.

なおこのような推計を行う最もやさしい方法は,

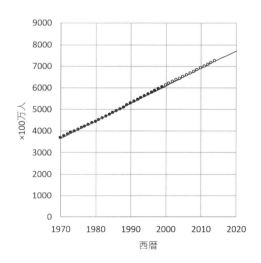

● 人口(推計に利用) ── 人口推計結果
○ 実際の人口の推移

図 2.17 世界人口の変化(1960 年以降)と推計結果(国際連合のUNdataより作成)

予測式による値と実際の値の差（ずれ）の2乗の和が最小になるように数式の係数の値を決める最小2乗法です（2.3節で詳しく説明します）．近年の表計算ソフトなどでは，関数（数式）の最小値を自動的に求める機能（ソルバーと呼ばれます）が準備されているものが多いので活用するとよいでしょう．

■ 2.2.3 推計のためのモデル（1）指数モデル

さて，次に西暦1500〜1900年の推計人口を用いて1900〜2000年を推計したものと，実際の値を図2.18で比較してみましょう．この図を見ると1500〜1900年のデータを用いて1950〜2000年をトレンド推計すると大間違いになることが分かります．どうすれば，大間違いを避けることができるでしょうか．人口に限らず，推計のためにはそのメカニズムを考え，人口推計のための「モデル」を構築することが望まれます．

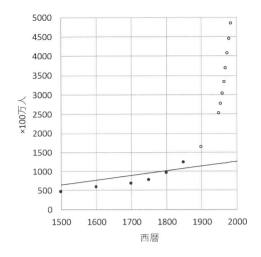

● 人口（推計に利用） ── 人口推計結果
○ 実際の人口の推移

図2.18 世界人口の変化（1500年以降）と推計結果（国際連合のUNdataおよびリヴィ−バッチ（2014）より作成）

問題2.6

紀元0年，ある大きな孤島に様々な年齢・性別の1000人が住んでいました．紀元1年に何人になっているでしょうか．また，紀元1000年に何人になっているでしょうか（一般には「0年」という年号表記はありませんが，天文学の世界では計算の便宜のため「西暦0年」という表記をするそうです．ここでも計算の便宜のため「紀元0年」から考えます）．

問題2.6は，次のように仮定しながら考えることが可能でしょう．まず，概ね男女半々，また，男女合計で0歳から99歳まで各齢10人ずついると仮定します．

次に，女性の20%が子供を産むことが可能として，そのうちの20%の人が出産すると考えましょう．すると紀元1年の乳児数は

$$500 \times 0.2 \times 0.2 = 20 （人）$$

となります．一方，年1%の人が亡くなるとすれば死亡者数は10人です．合わせると，紀元1年の人口は1010人と推計され，紀元1年は紀元0年に比べ1%人口が増加すると考えることができ

るでしょう．これが正しいかは分かりませんが，1つの妥当な可能性としては納得できると思います．

次に紀元x年にどうなっているかを考えます．人口が増えれば，生まれる人も亡くなる人も増えると考えられます．そこで，紀元0年と紀元1年の間で計算できた1%の人口増加がx年続くと考えます．すると，x年の人口y_xは

$$y_x = 1000 \times 1.01^x \qquad (1)$$

と書けます．式(1)のxに100を代入すれば，紀元1000年の人口は約220万人と推計できます．

人口が多いと，時々刻々，人口が変化すると考える方が妥当です．そのような考え方に対応するのが**微分方程式**です．微分方程式は，任意の瞬間の人口増加のペース（その瞬間の人口増加のペースが1年間続いたら何人増えるか）を考え，そこから任意の日時の人口を推計することを可能にします．式(1)に対応する微分方程式は，時刻tの人口を$y(t)$と置いて，

$$\frac{dy(t)}{dt} = 1.01 y(t) \qquad (2)$$

と書くことができます．ここで$dy(t)/dt$はtがわずかに変化したときの$y(t)$の変化量，すなわち微分を意味します．また，1%の増加というのは仮定なので，より汎用的に書くならば，aを全人口に対する**出生率**（生まれる人の全人口に対する比

率），m を**死亡率**として，

$$\frac{dy(t)}{dt} = ay(t) - my(t) = (a-m)y(t) \quad (3)$$

と書けます．式 (3) を解けば，

$$y(t) = c\exp((a-m)t) \quad (4)$$

となります．c は任意定数（データに合わせて決める変数）です．式 (4) に従って問題 2.6 に対応した人口増加のグラフを描けば図 2.19 になります．図 2.19 では $a=0.02$，$m=0.01$，$c=1000$ として作成しています．

微分方程式 (3) によるモデルは指数モデルと呼ばれ，19 世紀初頭にイギリスの経済学者**マルサス** (T. R. Malthus) が提示しました．マルサスは「人口は指数的に増加するが，生活資源（食料等）の生産量は直線的（トレンド推計のよう）にしか増加しない．そのため不足など不均衡が生じ，貧困が必然的に発生する」と論じました．実際には 19，20 世紀を通して，生活資源も指数的かあるいはそれ以上の増加を示したようで，指数モデル以上の人口増加が起きてきました．その理由には生活資源の増産だけでなく，医学等の進歩による死亡率の低下も挙げられると考えられます．

ところで，平成 25（2013）年現在の日本の人口は減少局面にあります．平成 25 年の人口増加率は全国で -0.2%，最も低い秋田県の人口増加率は約 -1.2% です．1000 人の島の人口が -1.2% で推移した場合の 100 年間の人口は図 2.20 のように変化し，最初は急激に，時間が経つにつれてゆっくりと人口が減少していきます．これも指数モデルで

す．この場合，紀元 58 年に人口が半分の 500 人を切ることになります．

■ 2.2.4 推計のためのモデル (2) ロジスティックモデル

> **問題 2.7**
> 紀元 0 年，ある小さな孤島に様々な年齢・性別の 1000 人が住んでいました．紀元 1 年に何人になっているでしょうか．また，紀元 1000 年に何人になっているでしょうか．

地球は有限なので，図 2.18 の世界人口の増加傾向は，どこかでおさまると考えられます．おさまり方はいろいろ考えられますが，資源総量の限界という理由が，1 つの妥当な可能性として考えられます．この限界を考えやすくするために「小さな」孤島としたわけです．とりあえず伊豆大島サイズ，$90\,\mathrm{km}^2$ の孤島ということにしましょう．

鈴木ほか（1990）では，水稲栽培を行っている地域は最高 $500\,\text{人}/\mathrm{km}^2$ 程度の人口密度が実現されていると述べています．もちろんこの値は，地形，気候など地理条件によって異なると思われます．しかし，仮にこの値を $90\,\mathrm{km}^2$ にあてはめると，島が養える最大人口は約 4 万 5000 人となります．これを**限界人口**と呼びましょう．

人口が少ないときは限界を考える必要はあまりないでしょう．限界人口に近づいてきたときはその影響が出てくると思います．養っていけるか心

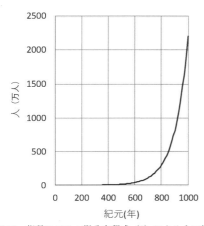

図 2.19 指数モデル：微分方程式 (3) による人口増加

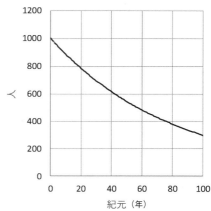

図 2.20 人口増加率が負の場合の指数モデル

配だから，これ以上の子供はやめておこう，といった考えを個々の家族が持つことを想定します．

このような考え方を数式にしたのが，やはり微分方程式を利用したロジスティックモデルです．限界人口を S とすると，それは式 (5) のように書けます．

$$\frac{dy(t)}{dt} = \left(1 - \frac{y(t)}{S}\right)ay(t) - my(t) \quad (5)$$

式 (5) では出生率が

$$\left(1 - \frac{y(t)}{S}\right)a$$

となっており，人口が少ないときは a に近い値で，S に近づくにつれて 0 に近づいていくように変化していきます．この式は書き換えれば，

$$\frac{dy(t)}{dt} = \frac{a}{S} y(t)\left(\frac{a-m}{a}S - y(t)\right) \quad (6)$$

となります．式 (6) から人口 $y(t)$ が $(a-m)S/a$ 人と等しくなると，増加人数は 0 と分かります．式 (5) を解くと，人口の関数

$$y(t) = \left(\frac{a-m}{a}S\right) / (1 + c\exp(-(a-m)t)) \quad (7)$$

を得ます．c は任意定数（データに合わせて決める変数）です．これは**ロジスティック関数**，そのグラフは**ロジスティック曲線**と呼ばれます．問題 2.6 で使ったパラメータ $a=0.02$，$m=0.01$ に加え，$S=45000$ とし，さらに $t=0$ のときに人口が 1000 人になるような調整によって $c=21.5$ とした場合，ロジスティック曲線は図 2.21 のような形状となり，2 万 2500 人で安定した人口となります．ロジスティック曲線は，**成長曲線**とも呼ばれます．また形状から **S 字曲線**と呼ばれることもあります．人口増加が最も早いのは $y(t) = (a-m)S/2a$ のとき，すなわち最終的な人口の半分になった時点となります．

日本の国勢調査による総人口は図 2.22 の点列のように推移してきました．これをロジスティック曲線で近似すれば，図 2.22 の実線のようになります．2010 年以降の日本の人口は減少局面にありますが，ロジスティック曲線では横ばいとなります．なお，図 2.22 内に示した数式の時間 t は 2000 年を $t=0$ としています．

■ **2.2.5 ロジスティックモデルの応用**

ロジスティックモデルは，人口だけでなく様々な成長現象の説明・近似に使われます．例えば，日本における携帯電話の**普及率**は図 2.23 のように推移してきました．これは $a-m=0.37$，$S=0.9$，$c=110.5$ としたロジスティック関数で近似できます．最終的に誰もが所有するようになるような物品の普及率の推計には，ロジスティック関数での近似がよく用いられます．

なお，携帯電話・PHS 普及率は平成 15 (2003) 年以降直線的な上昇が続き，平成 27 (2015) 年には 1.23 に達し，ロジスティック曲線通りの動きにはなりませんでした．業務用会社契約の回線など，

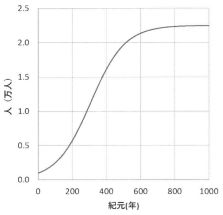

図 2.21　ロジスティック曲線

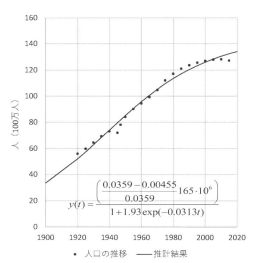

図 2.22　日本の国勢調査人口とロジスティック曲線による推計

1人で複数台持つ傾向が進んだ結果と思われます．将来的には落ち着くだろうと考えられ，落ち着きだしたところで再度ロジスティック曲線をあてはめることで，最終的な普及率（平均的な1人あたり所有台数）が推計できると考えられます．

ところで，ロジスティック関数の微分方程式を**差分方程式**に変形して再考すると，別種の知見を得ることができます．差分方程式で近似するというのは，例えば1年を一期間と考え，「t年に来年のことを考慮して行動した結果が$t+1$年に現れる」というように変化していく状況と解釈できます．微分方程式は瞬間ごとの状況に応じて変化率が決まるのに対し，差分方程式では1期分の時差が入ります．ロジスティックモデルに対応するロジスティック差分方程式は式（8）のように書けます．式（8）では，y_tをt年の人口とし，係数p，Sによって記述しています．

$$y_{t+1} - y_t = py_t(S - y_t) \quad (8)$$

ロジスティック差分方程式による変化は一般的な係数値ではロジスティック曲線とほとんど同じなのですが，ある局面で異なるものとなります．例えば，$p=0.0016$，$S=1000$として，紀元0年の人口を10人として変化を見ると，図2.24のような振幅が見られます．これは，行きすぎと，そこからの修正によるゆり戻しの繰り返し，そして収束していく様子といえます．

パラメータを変えることで図2.25のように2種類の人口を往復する傾向が永遠に続く状況や，4種類，8種類，任意の数の種類の値が循環する状態を導出できます．2周期の例は特殊な実験環境のもとでの虫の個体数の変化などで現実に見ることができるそうです．これは**カオス理論**とつながる状況です．興味のある方は山口（2010）などを参照してください．

■ **2.2.6 推計のためのモデル**
（3）その他の収束型関数

ロジスティックモデルでは人口増加が最終的に止まります．すなわち，サステナブルな状況を実現する，計画を考える上で望ましいモデルです．ただ，ロジスティック関数で人口が最も急速に増

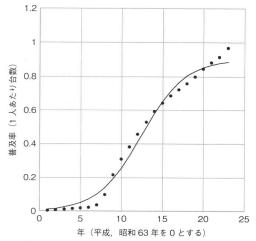

図2.23 日本での携帯電話・PHS普及率の推移
点列，実線は近似させたロジスティック曲線（総務省，2015）

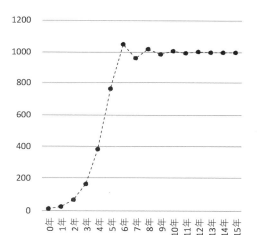

図2.24 ロジスティック差分方程式での変化傾向例（1）
（$p=0.0016$, $S=1000$）

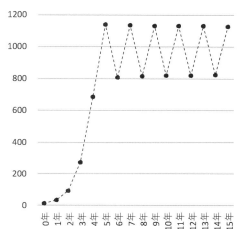

図2.25 ロジスティック差分方程式での変化傾向例（2）
（$p=0.0021$, $S=1000$）

加するのが，限界人口のちょうど半分の時点というのは，少し不自然に感じられます．実際には限界人口の半分ではない時点で人口増が最多であることが一般的です．また，人口増が頭打ちになってきた頃にデータにあてはめる必要が出てくる場合が多いので，それにあわせてよりシンプルな扱いやすい関数を用いる方がいいという考えもあります．このようなことに対応した2種類の微分方程式モデルを紹介します．

a. 定数項付き指数モデル

微分方程式は，適当な係数 p と限界人口 S によって，式（9）のようになります．

$$\frac{dy(t)}{dt} = p(S - y(t)) \quad (9)$$

式（9）の意味は，限界人口と時点 t の人口の差，人口の増加の余裕数がカッコ内に表現され，その余裕に比例して増加率が決定するというモデルです．私たちが扱う人口データでは，ある程度の人数が最初に存在する場合が普通ですので，初期に効果を発揮する人口に比例する項がなくてもデータを十分説明できることが多く，このモデルで十分な場合が大半です．

式（9）を解けば定数項付き指数関数

$$y(t) = S - c \exp(-pt) \quad (10)$$

を得ます．c は任意定数（データに合わせて決める変数）です．定数項付き指数曲線の場合，早い時点ほど人口増加数が多いという傾向になります．区画整理地区のデータなどでは，転入者が最も多いのはごく初期であることが多いため，このモデルでよく説明できるように思われます．

b. ゴンペルツ関数モデル

微分方程式は，適当な係数 p, $q > 0$ によって，式（11）のようになります．

$$\frac{dy(t)}{dt} = py(t)\exp(-qt) \quad (11)$$

指数モデルの式（3）で $a - d = p$ と置けば，式（11）は指数モデルに指数の減衰項が付いたものと説明できます．つまり時間経過によって人口の人口増加への寄与の度合いが小さくなっていくモデルです．このような，人口の人口増加への寄与の減少は社会状況の変化の中で実際に起こりえます．

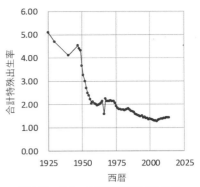

図 2.26 日本の合計特殊出生率の推移

日本でも**合計特殊出生率**，すなわち女性一人の生涯に平均的に生む子供の人数は，この90年の間に紆余曲折を経ながら図2.26のように小さくなってきました．

式（11）を解けばゴンペルツ曲線の関数

$$y(t) = c \exp\left(-\frac{p}{q} e^{-qt}\right) \quad (12)$$

を得ます．c は任意定数（データに合わせて決める変数）です．式（12）において，t が無限になると人口は c 人に収束します．つまり任意定数 c が限界人口ということになります．また人口増加が最も多いのは $t = \ln(p/q)$（$\ln$ は自然対数の意味）のときとなります．

日本の人口の変化を定数項付き指数モデルとゴンペルツ曲線モデルで近似すると図2.27のようになります．どの曲線も日本の人口の変化傾向を，ぴったりではありませんが，ある程度説明できるものとなることが分かります．

■ 2.2.7 コーホート法

問題 2.8

紀元0年，ある孤島に60歳以上の男女合計1000人が住んでいました．紀元1000年に何人になっているでしょうか．

問題 2.9

紀元0年，ある孤島に30歳以下の男女合計1000人が住んでいました．紀元1000年に何人になっているでしょうか．

問題 2.8 の解はすぐ分かるでしょう．子供を産める年齢の人がいないわけですから，紀元 1000 年には 0 人になっていると思われます．また，問題 2.9 は問題 2.6 の結果以上の人口が予想されます．しかし，問題 2.8 を見た後だと，「赤ちゃん 1000 人の場合だと生きていけるのか」「全部男性ならば子孫は生まれない」とかいろいろ考えてしまいます．性・年齢別の人口・生存率，女性の年齢別出生率があれば，このような疑問に対応した人口推計ができます．前項までの説明は全人口の概数を推計するモデルだったのに対し，性・年齢別に見積もる手法がこのような問題に対応するコーホート法です．詳しくは石川 (1993) をご覧ください．

1920 年以降 5 年間隔で実施されている日本の国勢調査では，男女別・年齢別の統計データが市区町村別に整理されています．1965 年以降はメッシュデータでも性・年齢別人口が集計されています．また，**住民基本台帳人口**では毎年の年齢別人口が集計されています．国勢調査は 5 年間隔なのに合わせ，**5 歳階級人口**別推計をする場合や，住民基本台帳人口を中心に使って年齢別人口推計をする場合があります．「5 歳階級人口」というのは，0〜4 歳，5〜9 歳といったように 5 つの年齢をひとまとめにした人口という意味です．どちらを行うかは推計での必要によります．

総人口を大まかな年齢別に，ただし精密に予測したい場合は国勢調査人口を用い 5 歳階級で求めるのが 1 つの方法でしょう．また，小学校の学年別児童数の推計などでは年齢別の推計が必要となります．住民基本台帳人口を用いる場合は，そこに載ってない人口（住民票を移動させていない大学生や単身赴任者など）があるので，補正する必要があります．そのため，国勢調査人口と住民基本台帳人口を組み合わせて年齢別人口を推計することもあります．

このような年齢別集団での人口推計法は**コーホート要因法**（コーホート法）と呼ばれます．コーホートとは古代ローマ帝国の一部隊の単位で，ここでは同期間に生まれた同じ性別の集団を意味します．コーホート法の推計には，人口，各コーホートの死亡率，出生率，移動率のデータが必要と

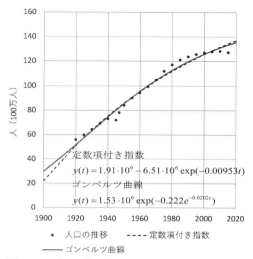

図 2.27 日本の国勢調査人口と 2 種類の曲線による推計

なります．

以下では，5 歳階級別人口の推計の手順を説明します．日本の 2010 年の 5 歳階級別の死亡率と出生率は表 2.5 のようになります．表 2.5 のデータに性比 r（100 人の女性新生児に対する男性新生児の数，2010 年値で $r = 105.8$）を加え，対象地域（都市）の 5 歳階級別人口を利用して次の手順によって推計の第 1 段階がなされます．

まず表 2.5 のデータから計算して表 2.6 のような 5 年間の生存（**生残**）率・出生率を求めます．対象地域の t 年の性別 s ($s = $ 男，女) の $k \sim k+4$ 歳人口を $x_k^s(t)$, **生存率**を $p_k^s(t)$, 出生率を $b_k(t)$, 人口の推計値を $y_k^s(t)$ と書けば，$k = 5, 10, \ldots, 95$ の推計人口は

$$y_{k+5}^s(t+5) = p_k^s(t) x_k^s(t) \tag{13}$$

となります．ただし，$k = 100$ の場合は

$$y_{100}^S(t+5) = p_{95}^S(t) x_{95}^S(t) + p_{100}^S(t) x_{100}^S(t) \tag{14}$$

です．また $k = 0$ の場合は新生児人口なので，式 (15) のようになります．

$$\begin{aligned}
y_0^{男}(t+5) &= \frac{r}{100+r}\bigl(b_{15}(t)x_{15}^{女}(t) + b_{20}(t)x_{20}^{女}(t) \\
&\quad + \cdots + b_{45}(t)x_{45}^{女}(t)\bigr) \\
y_0^{女}(t+5) &= \frac{100}{100+r}\bigl(b_{15}(t)x_{15}^{女}(t) + b_{20}(t)x_{20}^{女}(t) \\
&\quad + \cdots + b_{45}(t)x_{45}^{女}(t)\bigr)
\end{aligned} \tag{15}$$

なお，式 (15) は簡便法の式です．なぜならば t

年の 15 ～ 19 歳のうち，例えば，t 年の 19 歳の人は 1 年後には 20 歳になるので，15 ～ 19 歳の出生率より大きな出生率に従うと考えられます．そのため，より確度の高い推計を目指すときは $t+5$ 年に 15 ～ 19 歳の出生率に従って生まれる人口の母となる人口を，t 年の 10 ～ 14 歳人口と，15 ～ 19 歳人口の平均値で与えるなどの補正がなされます．また，出生率・死亡率について年齢別の値も推計されているのでその値を使って 5 年間の値を計算することもなされます．

式（13）～式（15）で求められる人口は封鎖人口と呼ばれます．封鎖人口には転居など，生死以外の人口にかかわる事項の影響が含まれていません．

問題 2.10

紀元 0 年，ある群島の 1 つの島に 30 歳以下の男女合計 1000 人が住んでいました．紀元 1000 年に何人になっているでしょうか．

孤島ではなく群島の場合，ほかの島に移動する人がいるかもしれません．またほかの島から入っ

てくる人がいるかもしれません．コーホート要因法では，このような出産・死亡以外の理由による人口の変動（**社会移動**，**移動率**と呼びます）を仮定・推定して推計します．移動率は，**転出率**と**転入率**に分けて考えることができます．そして，「転入率−転出率」は「**純移動率**」と呼ばれます．

年齢別の t 年の人口 $x_k^q(t)$ の 5 年後への純移動率を考えます．純移動率は正ならば転入超過，負ならば転出超過です．純移動率を $q_k^s(t)$ と書けば，式（13）は式（16）のようになります．同様に式（14），式（15）も純移動率を加味した形に修正します．

$$y_{k+5}^s(t+5) = (p_k^s(t) + q_k^s(t)) x_k^s(t) \qquad (16)$$

移動率は過去の値を参考に決めますが，単純に過去の値を用いると，明らかに極端な人口の増減などが現れる場合があるので，地域に関する調査・分析によって設定することになります．特に小地区推計の場合，区画整理や宅地開発，大型マンションの建築などに移動率が影響されるので，よく吟味して決める必要があります．数十年の長期推計では「徐々に移動率が 0 に近づいていく」と仮定して移動率を与え推計することが多いように思います．

表2.5 2014 年の 5 歳階級別死亡率・出生率（1000 人に対する値）
（国立社会保障・人口問題研究所の人口統計資料集より作成）

年齢	死亡率		出生率
	男	女	
0 ～ 4	0.6	0.5	—
5 ～ 9	0.1	0.1	—
10 ～ 14	0.1	0.1	—
15 ～ 19	0.3	0.1	4.5
20 ～ 24	0.5	0.2	29.7
25 ～ 29	0.6	0.3	84.8
30 ～ 34	0.7	0.4	100.5
35 ～ 39	0.9	0.5	54.0
40 ～ 44	1.3	0.8	10.5
45 ～ 49	2.0	1.2	0.3
50 ～ 54	3.4	1.8	—
55 ～ 59	5.4	2.6	—
60 ～ 64	9.0	3.9	—
65 ～ 69	13.5	5.5	—
70 ～ 74	21.1	8.9	—
75 ～ 79	35.9	16.6	—
80 ～ 84	64.8	32.7	—
85 ～ 89	114.0	65.5	—
90 ～ 94	188.7	128.8	—
95 ～ 99	307.0	225.3	—
100 歳以上	424.0	392.6	—

表2.6 5 年間での 5 歳階級別生存率・出生率

年齢	生存率		出生率
	男	女	
0 ～ 4	99.7%	99.8%	—
5 ～ 9	100.0%	100.0%	—
10 ～ 14	100.0%	100.0%	—
15 ～ 19	99.9%	100.0%	22.3
20 ～ 24	99.8%	99.9%	148.5
25 ～ 29	99.7%	99.9%	424.0
30 ～ 34	99.7%	99.8%	502.5
35 ～ 39	99.6%	99.8%	270.0
40 ～ 44	99.4%	99.6%	52.5
45 ～ 49	99.0%	99.4%	1.5
50 ～ 54	98.3%	99.1%	—
55 ～ 59	97.3%	98.7%	—
60 ～ 64	95.6%	98.1%	—
65 ～ 69	93.4%	97.3%	—
70 ～ 74	89.9%	95.6%	—
75 ～ 79	83.3%	92.0%	—
80 ～ 84	71.5%	84.7%	—
85 ～ 89	54.6%	71.3%	—
90 ～ 94	35.1%	50.2%	—
95 ～ 99	16.0%	27.9%	—
100 歳以上	6.3%	8.3%	—

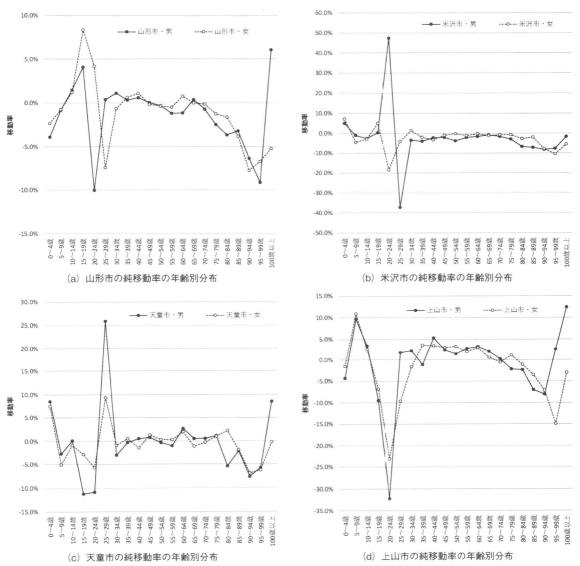

図 2.28 2000 年,2005 年のデータから求めた市別純移動率
(国立社会保障・人口問題研究所の人口統計資料集,総務省統計局の平成 12 年,17 年,22 年国勢調査結果より作成)

なお,移動率を考えずに,過去のコーホートの変化率を直接用いて人口推計を行う方法も,簡便法として用いられることがあります.これは**コーホート変化率法**と呼ばれます.コーホート変化率法による場合の推計人口の式は,直近 5 年間の変化率を使う場合,

$$y_{k+5}^s(t+5) = \frac{x_k^s(t) x_{k+5}^s(t)}{x_k^s(t-5)}$$

となります.なお,新生児数や最高齢層の人口推計や,直近 5 年のデータを用いない場合は異なった式となります.

■ 2.2.8 推計例

推計に必要なデータのうち,生存率・出生率は,国立社会保障・人口問題研究所の資料から手に入れることができます.都道府県によって少し異なる値です.ただ,都道府県による差がどれだけ意味があるか,また持続的なのかはっきりしないので,ここでは全国の値を用います.推計では,どの値を用いるかを考える必要があります.短期推計では都道府県個別の値に特に意味があるように思われます.医学の進歩などの影響で値は年々変化していくので,長期推計をするときは最新の値

を用いるか，将来の長寿命化を仮定するか決める必要もあります．

推計例として，山形県の4市を取り上げましょう．4市とその2010年の大まかな人口を列記すると，山形市（25万人），米沢市（9万人），天童市（6万人），上山市（3万人）となります．2000年と2005年の人口からコーホート要因法で2010年人口を推計します．2000年からの5年間の人口は山形市・天童市は微増，米沢市・上山市は微減傾向にあります．コーホート要因法では移動率を推計するので，そこから都市の特性の把握も可能となります．

2000年の5歳階級年齢別人口と生存率・出生率を用いて2005年の封鎖人口を推計し，2005年の実際の人口から純移動率を推計すると，図2.28(a)〜(d)のようになります．図2.28(a)の山形市の場合，15〜19歳での転入超過，20〜24歳での男性の転出超過，25〜29歳での女性の転出超過が目立ちます．山形市は大学など高等教育機関が多いことがこの傾向の1つの原因と考えられるでしょう．図2.28(b)の米沢市の場合は男性の20〜24歳での転入，25〜29歳での転出が目立ちます．山形大学の工学部が米沢市にあることがこの理由の1つとして考えられます．また，米沢市では35歳以上の全ての年齢層で移動率が負なので，人口減少傾向がうかがえます．

図2.28(c)，(d)に見る天童市・上山市の移動率は，15〜24歳での転出が多いが，25〜29歳の層で転入が多い天童市とあまり多くはない（女性は転出超過）の上山市に分かれます．25〜29歳での人口の戻り方によって，市全体の人口増減の結果が分かれたように見えます．純移動率の推定ではデータの期間を長くとり，一時的なイベントの影響を除く配慮をすることもよくあります．

コーホート要因法による2010年人口の推計結果と，実際に実現した2010年の人口の比較を図2.29に示します．45度線上に乗れば正確に推計できたことになりますが，ある程度のずれが発生します．人口が多ければ多いほど，起こりうるずれの幅も

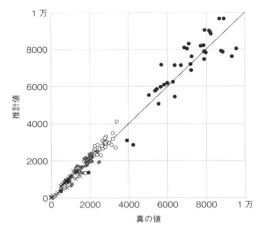

図2.29　実現した性年齢別人口（真の値）と推計値

大きくなり，一般的には人口がn倍だと，ずれの平均的な大きさは$\sqrt{n}$倍になることが見込まれます．発生しうるずれの原因は，1人1人の死亡・出生の偶然性だけでなく，開発や災害などの影響も考えられます．特に長期推計の場合は，開発の影響で大きく推計と異なる結果になる場合があるので注意が必要です．

■ 2.2.9　推計方法の選択

トレンド推計は短期的な推計に汎用的に活用できます．人口推計にかかわらずメカニズムが分からず，モデルを構築しがたい場合で，データの変化の様子が直線的に見えるときに力を発揮します．

微分方程式などを使ったモデルによる推計は長期的な趨勢に対応した推計方法として力を発揮します．また，人口推計だけでなく，何らかの普及率など様々な事象の推計に対応したものです．特に指数モデルとロジスティックモデルは人口推計だけでなく，様々な事象を考えるのに使えます．

コーホート要因法モデルは，人口推計一般に使われている方法です．2，3時点の短期間のデータでも十分推計を行うことができる方法であり，年齢別に推計できるところから，対象者数を考察する必要がある，施設配置問題での需要推定段階で重要な方法と位置付けられます．　　［古藤　浩］

2.3 空間補間

■ 2.3.1 空間補間とは？

問題 2.11

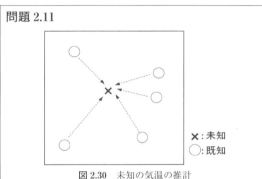

図 2.30 未知の気温の推計

図 2.30 の地域内において、〇印の 5 地点で気温を観測しました。これらを用いて地点×の気温を推計するには、どうすればよいでしょうか？

既知のデータから、未知のデータを推計することを、**補間**、あるいは**内挿**といいます。空間データの補間はしばしば、明示的に**空間補間**あるいは**空間内挿**と呼ばれます。騒音、大気汚染、資源などの調査・観測は、多くの場合、コスト面での制約から限られた場所でのみ行われます。これらの限られた観測値から、データの全体的な空間分布を把握することは空間補間の重要な目的の 1 つです。

さて、図 2.31 を見てみましょう。〇においてデ

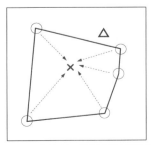

図 2.31 空間予測の困難さの違い

ータは既知、×と△においてデータは未知とします。×と△におけるデータの予測は、どちらが難しいでしょうか（技術的にではなく、予測精度の意味で）？

直感的には明らかに、△での予測の方が難しそうです。×は、〇に囲まれた実線の領域の内側に位置しているため、おおよそそれらの平均的な値をとるだろうという見当が付きます。一方で、△は領域の外側に位置しているため、データがどのような値をとるか見当が付けにくくなります。このような、領域の外側のデータの予測は、補外、あるいは外挿と呼ばれることがあります。ただし、本節では補間と補外を特に区別せず、補間と呼ぶこととします。

以下、いくつかの代表的な空間補間の方法を紹介します。説明にあたっては、国土交通省の国土数値情報ダウンロードサービスより入手した東京 23 区の 2016 年の住宅地公示地価（自然対数）を用います（図 2.32）。図 2.32 におけるドットは、その地点における 1 m^2 あたりの価格の自然対数を示しています。いわゆる、「西高東低」の様子が見てとれます。

さて、私たちにとって興味があるのは、公示地価が観測されていない地点において住宅地地価がどのような値をとるか？という点です（もちろん、実際には商業地や工業地、あるいは農地があり、それらの土地利用における住宅地地価を計算（補間）することにあまり意味はありませんが、ここでは簡単のため土地利用については無視することにします）。以下、そのための空間補間手法を見ていきましょう。

■ 2.3.2 最近隣補間法

最も素朴な方法は、**最近隣補間法**（nearest-neighbor interpolation）です。この補間法では、

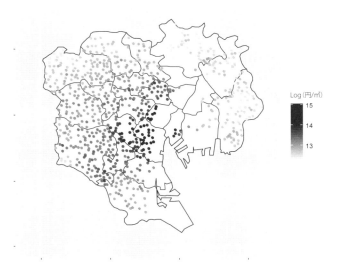

図 2.32 東京 23 区 2016 年住宅地公示地価（自然対数）
（国土交通省「国土数値情報ダウンロードサービス」(http://nlftp.mlit.go.jp/ksj/) から作成）

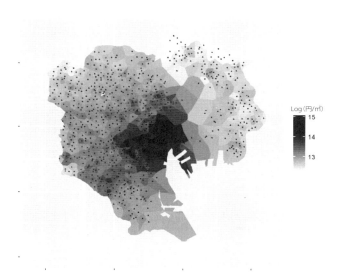

図 2.33 最近隣補間法による地価の補間（点は観測点）

任意の地点におけるデータが，その最近隣の観測地点におけるデータと同値であると考えます．したがって，最近隣補間法による補間は，観測点を母点とした**ボロノイ分割**（詳しくは 1.3 節をご参照ください）を行うことと等しくなります（図2.33）．

最近隣補間法では，ボロノイ領域の境界において値が不連続になり，急激に変化する場合もあります．しかし，実際には値は連続的に変化すると考えた方が自然でしょう．連続的な変化を与える代表的な方法として，**逆距離加重法**（IDW; Inverse Distance Weighting）と**クリギング**（Kriging）があります．

■ 2.3.3 逆距離加重法

逆距離加重法は，その名の通り距離の逆数で重みをとって補間を行う手法です．いま，図 2.34 のように，地点 1，2，3 における観測値がそれぞれ 100，150，60 で与えられており，それらを用いて地点 0 における値を予測することを考えましょう．また，地点 0 と各観測点間の直線距離（ユークリッド距離）を，それぞれ d_{01}, d_{02}, d_{03} と呼ぶこと

2.3 空間補間

とします。ここで、$d_{01}=1$ km、$d_{02}=1$ km、$d_{03}=2$ km です。

逆距離加重法は、近くのデータは似たような値を示すという正の**空間的自己相関**の考えに基づき、距離の逆数の関数 w で観測値を重み付け、その線形和で補間する方法です。いま、距離の逆数の関数 w として $w(d_{0i}) = (1/d_{0i})/(1/\sum_{i=1}^{3} d_{0i})$、$i=1,2,3$ を考えましょう。$1/\sum_{i=1}^{3} d_{0i}$ で割っているのは、重みの和を1とするためです。$1/d_{01}=1/1=1$、$1/d_{02}=1/1=1$、$1/d_{03}=1/2=0.5$ となりますから、重みは、$w(d_{01})=0.4$、$w(d_{02})=0.4$、$w(d_{03})=0.2$ と与えられます。したがって補間値は、$0.4×100+0.4×150+0.2×60=112$ と計算できます。

さて、距離の関数 w をやや一般化し、$w(d_{0i})=(1/d_{0i}^{\alpha})/(1/\sum_{i=1}^{3} d_{0i}^{\alpha})$ と与えることにしましょう。上の例は、本式において $\alpha=1$ と与えた場合に相当します。一方、$\alpha=2$ とすると、ニュートンの重力モデルのように、距離の2乗に反比例した重み付けになります（**重力モデル**については2.6節でも取り上げます）。この場合、図 2.34 における重みは、$w(d_{01}) \cong 0.444$、$w(d_{02}) \cong 0.444$、$w(d_{03}) \cong 0.111$ と変化し、距離の近い観測値に、より強い重みが与えられることとなります。逆に、$\alpha=0.5$ の場合には、距離の影響が弱まり、重みは、$w(d_{01}) \cong 0.369$、$w(d_{02}) \cong 0.369$、$w(d_{03}) \cong 0.261$ となります。$\alpha=0.1$ にまですると、重みは、$w(d_{01}) \cong 0.341$、$w(d_{02}) \cong 0.341$、$w(d_{03}) \cong 0.318$ となり、ほとんど均一です。このように補間結果が距離関数の形状の設定いかんで異なるというのが、逆距離加重法の適用上の困難な点です。以下、先ほどの地価データに、逆距離加重法を適用してみましょう（図 2.35）。

係数 α の設定によって、結果の印象がずいぶん異なることが分かるでしょう。$\alpha=0.1$ や 0.5 の場合では、平滑化された大域的な補間図となっているのに対し、$\alpha=2$ の場合では、局所的な高低がかなりはっきりと見られます。$\alpha=1$ はそれらの中間です。このように、パラメータの設定によって結果は大きく異なりますが、逆距離加重法のような確率・統計に基づかない補間法では、結果の良し悪しを科学的に判断することが難しく、パラメータの設定は、分析者の経験や直感によらざるをえません。

逆距離加重法のもう1つの問題点を、図 2.36 に示します。（青木監訳 (2003) を参考に作成）。×は補間する位置を示しています。3つの観測値は正円の外周上に位置しており、各観測地点から補間地点までの距離は同一であることが分かります。図 2.36（a）における数字は、逆距離加重法において各観測値○に与えられる重みを示しています。いうまでもなく、それぞれの観測値には、同一（33.3％）の重みが与えられることとなります。しかし、本当に上側の2点と下側の1点に、同じ33.3％の重みを与えてもよいでしょうか？ 上側の2点は、互いに非常に近くに位置しているため、×の補間値について同じような情報を含んでいると予想されます。一方で、下側の1点は近くに観測値が存在せず、非常に多くの情報を含んでいると考えられます。したがって、直感的には下側の点におおよそ50％の重みを与え、上側の点で残りの50％の重みを分け合うという重み付けの方が、妥当であるといえるでしょう。

このような、観測地点配置を考慮した重み付けを行う補間方法が、次にご紹介するクリギングです。数ある補間法の中でも、高い**予測正確度**を示すことが比較研究の中で実証されてきました。

■ 2.3.4 クリギング

クリギングの理論は、フランスの数学者であるマトゥロン（G. Matheron）によって確立されました（間瀬、2010）。解析対象とする領域（空間）に**確率場**と呼ばれる多次元の確率過程を持ち込む点が最大の特徴であり、これによって、データ間

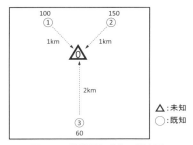

図 2.34 逆距離加重法の概念図

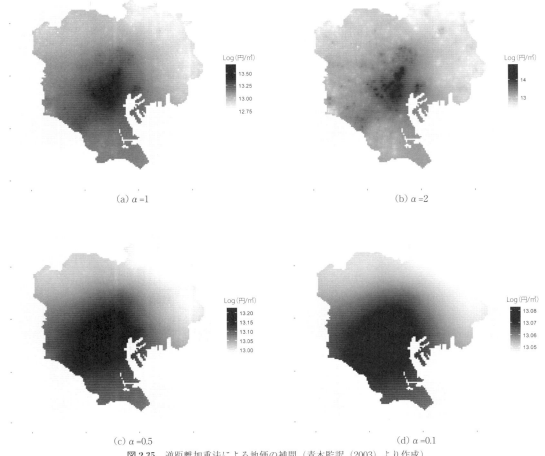

(a) $\alpha=1$ (b) $\alpha=2$

(c) $\alpha=0.5$ (d) $\alpha=0.1$

図 2.35 逆距離加重法による地価の補間（青木監訳（2003）より作成）

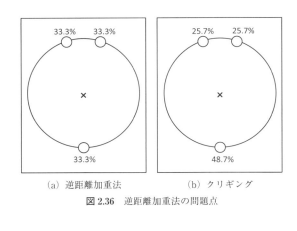

(a) 逆距離加重法　(b) クリギング

図 2.36 逆距離加重法の問題点

の関係を確率・統計の道具，具体的には共分散を用いて記述できるようになります．クリギングでは，予測値が次のように観測地点における確率変数の線形和で表されると仮定します．

$$Y_0 = \sum_{i=1}^{n} w_i Y_i \tag{1}$$

ここで，w_i は，Y_i に与えられる重みで，n は観測地点数を示しています．重みは，例えば図 2.36（b）のように与えられ，重みの和，すなわち $\sum_{i=1}^{n} w_i$ は 1 です．これは，Y_0 の予測値の期待値と Y_0 の真値が一致するという不偏性制約を満たすためです．重みは，Y_0 の予測値と Y_0 の真値の差の分散が最小となるように求めます．その結果重みは，予測値と観測地点における確率変数の共分散，および，観測地点における確率変数間の共分散の両者に依存する形で与えられることとなります（式については，瀬谷・堤（2014）などを参照してください）．重みが 2 つの共分散によって定まるところが，逆距離加重法との違いです．いま，データを補間する箇所が 1 つであると仮定すれば，前者は $n \times 1$（観測地点数×補間地点数）のベクトル，後者は $n \times n$（観測地点数×観測地点数）の行列

2.3 空間補間

となります．これら $[n^2+n]$ 個のパラメータを，n 個しか存在しない1断面のデータから推定することは，自由度の関係から不可能です．そこで，共分散を少ないパラメータでモデル化するための，何らかの仮定が必要になります．

代表的な仮定は，確率変数の期待値が領域内で一定で，かつ領域内の任意の地点における確率変数間の共分散が，その地点間の距離のみに依存する関数 $C(d)$ で記述できるという，**弱定常性**の仮定です．前者は非常に強い仮定ですが，後者の距離が離れれば，変数間の関係が弱くなるという仮定は，多くの場合自然であるといえます．関数 $C(d)$ は，**共分散関数**，あるいは**コバリオグラム** (covariogram) と呼ばれます．

2地点 i, j 間の距離を d_{ij} としたとき，$C(d_{ij})$ の関数としては様々なものが提案されています．例えば指数型関数の場合，

$$C(d_{ij}) = \begin{cases} \sigma^2 \exp(-\phi d_{ij}) & d_{ij} > 0 \text{ の場合} \\ \tau^2 + \sigma^2 & \text{そうでない場合} \end{cases} \quad (2)$$

で与えられます（図2.37（a））．ここで，τ^2 は**ナゲット** (nugget)，σ^2 は**部分的シル** (partial-sill)，$1/\phi$ は**レンジ** (range) と呼ばれるパラメータです．これらの意味については，すぐ後に説明します．弱定常性の仮定によって，領域内の任意の位置における確率変数間の共分散が，共分散関数で記述できるため，$[n^2+n]$ 個のパラメータ推定は，高々3つのパラメータの推定に置き換えられることとなります（指数型の場合）．

実際の分析では，主に推定量のバイアスの観点から，共分散関数を直接用いるのではなく，次式で定義される**バリオグラム**がしばしば用いられます．

$$Var[Y_i - Y_j] = 2\gamma(d_{ij}) \quad (3)$$

ここで $2\gamma(d_{ij})$ はバリオグラム，$\gamma(d_{ij})$ 自体は**セミバリオグラム**と呼ばれる関数です．バリオグラムと共分散関数は以下の関係にあります．

$$\gamma(d_{ij}) = C(0) - C(d_{ij}) \quad (4)$$

したがって，バリオグラムを用いてモデル化を行ったとしても，式（4）の関係より共分散関数を求めることが可能です（図2.37）．

バリオグラムのモデルとしては，様々なものが提案されており，それらの形状は，基本的にはナゲット，シル，レンジと呼ばれる3つのパラメータで規定されます．ナゲットとは，地点間距離を0に近付けたときの極限値であり，切片の値になります．具体的には，観測地点間よりも短いところでの局所的な変動と観測誤差からなるものです．シルは，確率場の分散を示し，シルからナゲットを引いた値は，部分的シルと呼ばれます．レンジとは，確率変数 Y_i と Y_j とが相関を持たなくなる最小距離を意味します．例えば，指数型のバリオグラム（図2.37（b））は，次式で与えられます．

$$\gamma(d_{ij}) = \begin{cases} \tau^2 + \sigma^2\{1 - \exp(-\phi d_{ij})\} & d_{ij} > 0 \text{ の場合} \\ 0 & \text{そうでない場合} \end{cases}$$
$$(5)$$

指数型モデルにおいては，シルは存在しますが，その値は漸近的にしか達成できません．また，そ

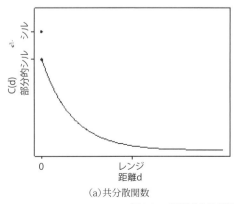
(a) 共分散関数

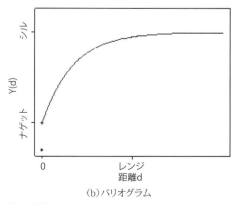
(b) バリオグラム

図2.37 指数型共分散関数と指数型理論バリオグラム

のときレンジは無限大となります．したがって，解釈上は**有効レンジ**（effective range）と呼ばれる概念が有用です．この値は，データ間の類似性がほとんどなくなる（例えば相関が 0.05）距離であり，通常セミバリオグラムがシルの 95% を達成する距離として与えます．ナゲットの存在により，距離 0 において，共分散関数，バリオグラムともに不連続となります（図 2.37）．

さて，ここで実際にセミバリオグラムを計算してみましょう．セミバリオグラムの不偏推定量は，観測されたデータを用いて，$\gamma^*(d_{ij}) = (y_i - y_j)^2/2$ で与えられます．この値は，y_i と y_j が近い値をとると小さく，異なった値をとると大きくなります．したがって，値の非類似度を表すものと解釈できます．通常 d_{ij} が大きくなるほど，値の非類似度は大きくなると想定されます．そこで，非類似度 γ^* が距離のみに依存すると考え，γ^* を距離に対してプロットすると，図 2.38 のような（セミ）**バリオグラム雲**（variogram cloud）が得られます．

残念ながら，図 2.38 のように，実際のデータから求められるバリオグラム雲では，全ての距離帯において低い非類似度を示す標本対で占められていることが普通であり，そこから空間的自己相関の度合いを直観的に把握することは困難です．そこで，距離 d の変域を互いに範囲が重なることのない R 個の区間に分割し，各区間において非類似度の平均値：**経験バリオグラム**（empirical variogram）を求めます（図 2.39）．ここでは，考慮する距離 d の最大値を 3 万 m とし，$R=15$ としました．その結果，非類似度は 1 万 5000 m 付近まで増加していき，その後減少することが，図 2.38 と比較して明確に分かります．

このように求められた経験バリオグラムに，**理論バリオグラム**（theoretical variogram）と呼ばれる関数（例えば，式（5）の指数型）をあてはめ，そのパラメータを求めます．いま，図 2.39 の経験バリオグラムに，球型・指数型と呼ばれる代表的な理論バリオグラムをあてはめると図 2.40 のようになります．実は，Webster and Oliver (2007) で説明されている通り，補間の結果に強い影響を与えるのは，距離 d が小さな値でのバリオグラムの値です．したがって，1 万 5000 m 以上であてはまりが悪くても，それほど気にする必要はありません．1 万 m 程度以下の距離については，球型・指数型ともによくあてはまっており，したがって結果としての補間図にはあまり違いが見られないことが予想されます．

図 2.41 に，クリギングによる補間図を示します．逆距離加重法では，パラメータの設定（関数の形状）によって全く印象の異なる補間図が得られていたのに対し，クリギングの球型・指数型では，違いはほとんど見られません．

以上述べたクリギングは，厳密には**通常型クリギング**（ordinary Kriging）と呼ばれる手法です．通常型クリギングでは，確率変数自体に，弱定常性の仮定を置きました．これは，確率変数の期待

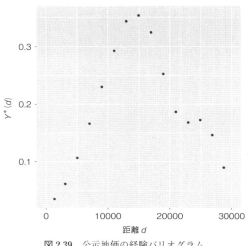

図 2.38　公示地価のバリオグラム雲　　　　　　図 2.39　公示地価の経験バリオグラム

2.3 空間補間

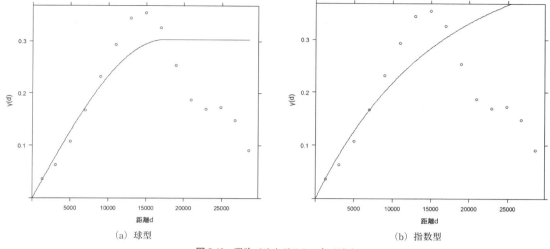

(a) 球型 (b) 指数型

図 2.40 理論バリオグラムのあてはめ

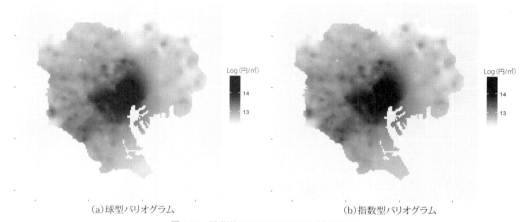

(a) 球型バリオグラム (b) 指数型バリオグラム

図 2.41 通常型クリギングによる地価の補間

値が領域内で一定で，かつ領域内の任意の地点において確率変数間の共分散が，その地点間の距離のみに依存するという仮定です．しかし，前者の仮定は妥当といえるでしょうか？　地価の場合，例えば鉄道駅の近くでは価格が高いといった系統的な高低が存在するため，通常期待値は領域内で一定とはなりません．すなわち，確率場が**非定常**となります．

そこで，期待値が領域内で一定という仮定を緩めた**普遍型クリギング**（universal Kriging），あるいは**回帰クリギング**（regression Kriging）と呼ばれる非定常な確率場におけるクリギングを導入します．具体的には，期待値を回帰モデルの枠組みで，説明変数を用いてモデル化し，誤差成分に弱定常性を仮定する方法です．地価のデータに，普遍型クリギングを適用してみましょう．説明変数としては，図 2.42 に示す，最寄り鉄道駅距離を用いることとし，鉄道駅距離による地価の系統的な違いを考慮します．普遍型クリギングによる補間図は，図 2.43（a）のように与えられます．

最後に，クリギングの逆距離加重法にはない，さらなる利点を挙げておきましょう．それは，確率場の導入によって，**クリギング分散**と呼ばれる予測誤差の分散が出力できることです．これは，予測結果の信頼度と解釈できる指標で，図 2.43（b）に示されています．明らかに，隅田川沿いの地価公示地点が少ない箇所において，クリギング分散が大きい，すなわち信頼度が低いことが分か

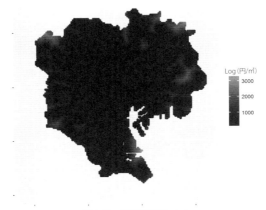

図 2.42 鉄道駅距離 (m)

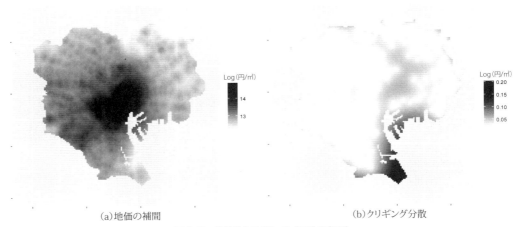

(a) 地価の補間　　　　　　　　　　(b) クリギング分散

図 2.43 普遍型クリギング（口絵 3 参照）

ります．

空間補間についての説明に特化した教科書はあまり存在しません．クリギングについては，洋書では Cressie（1993）が定評のある教科書ですが，やや難易度が高いので，間瀬（2010）や Schabenberger and Gotway（2005），青木監訳（2003）を参考図書として薦めておきます．

［瀬谷　創］

2.4 空間的自己相関

■ 2.4.1 相 関

問題 2.12
図 2.44 は，日本の各自治体の人口（2015 年国勢調査結果）と歳出決算総額（2013 年地方財政状況調査）をそれぞれ横軸と縦軸にとったグラフです．自治体の人口と歳出の間には，どのような関係があるでしょうか．

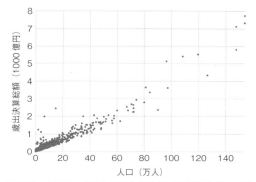

図 2.44 自治体の人口と歳出決算総額（市町村財政）の関係

図を見る限り，人口が多い自治体ほど歳出も多く，両者の間には直線関係（線形関係）があるように思われます．このように，2 つの変数の間にあるおおよその直接関係を，**相関関係**と呼びます．特に，直線の傾きが正であれば「正の相関関係」，傾きが負であれば「負の相関関係」があるといいます．

相関関係とは，あくまで線形関係の有無に着目したものですので，相関がないということがそのまま無関係ということにはなりません．統計分野の基礎にある確率論では，2 つの変数の間に関係がないこと（厳密にはそれに対応する数学的な性質を満足すること）を**独立**と呼びます．例えば，2 つの変数 x と y の間に $x^2+y^2=1$ という関係がある場合，この 2 つの変数は独立ではありませんが，線形関係はないので無相関です．

相関関係は，図 2.44 のような散布図でおおよその判断ができますが，2 つの変数が完全に直線の上にあるような簡単な場合は極めてまれです．実際のデータでは，なんとなく線形関係にあるような，あるいはないような，そういう場合がほとんどですので，相関の程度を表す客観的指標が必要になります．

最もよく知られている指標は相関係数です．いま，x, y の 2 つの変数に関して i 個のデータ (x_i, y_i) $(i=1, 2, ..., n)$ があるとします．**ピアソンの積率相関係数**と呼ばれる**相関係数**は，次の式で定義されます．

$$r_{x,y} = \frac{\sum_{i=1}^{n}(x_i-\bar{x})(y_i-\bar{y})}{\sqrt{\sum_{i=1}^{n}(x_i-\bar{x})^2}\sqrt{\sum_{i=1}^{n}(y_i-\bar{y})^2}} \quad (1)$$

ここで $\bar{x}$, $\bar{y}$ はそれぞれ x, y の平均を表します．すなわち $\bar{x}=(1/n)\left(\sum_{i=1}^{n}x_i\right)$, $\bar{y}=(1/n)\left(\sum_{i=1}^{n}y_i\right)$ です．

式（1）の分母・分子を n で割ると，次の通りとなります．

$$r_{x,y} = \frac{\sum_{i=1}^{n}(x_i-\bar{x})(y_i-\bar{y})/n}{\sqrt{\sum_{i=1}^{n}(x_i-\bar{x})^2/n}\sqrt{\sum_{i=1}^{n}(y_i-\bar{y})^2/n}} \quad (2)$$

（2）の分母はそれぞれ x, y の分散，分子は 2 変量 (x, y) の共分散を表しています．

この相関係数は，−1 から 1 までの値をとります（分散が 1 になるように x, y をそれぞれ基準化すれば，共分散そのものの値になることを考えれば分かりやすいでしょう）．1 に近い値の場合には，両変数が正の相関関係にあると，反対に −1 に近い場合には，両変数が負の相関関係にあるといいます．

図 2.44 の相関係数を計算すると，0.97 となります．正の値ですので，人口と歳出の間には正の（しかもかなり強い）相関関係があるといえます．

■ 2.4.2　空間データの特質

問題 2.13

図2.45 は，2010年国勢調査に基づく茨城県1kmメッシュの人口を示したものです．この人口分布には，どのような空間的な特徴が見られるでしょうか．

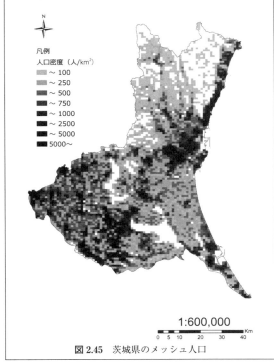

図 2.45　茨城県のメッシュ人口

次に，空間における相関という概念を考えてみましょう．

図2.45を見ると，当然のことですが，人口分布は均一ではなく，地域によるばらつきがあることが分かります．東京に近い地域（図の南西部）や鉄道駅の近くの交通利便性の高いところは人口が多く，よく見ると，人口が多い地域のまわりにはやはり人口の多い地域が集まっているように見えます．人口の多い地域が分散せず，集積しているというわけです．

空間データは，空間的な位置に基づくデータであることに起因して，一般に，空間的依存性（空間的従属性）と空間的異質性という特性を持ちます．

空間的依存性とは，空間的に近い地域ほど影響を及ぼし合って，その性質も類似する傾向のことです．人口の多い地域が集まっているという状態は，空間的依存性の一例です．有名な計量地理学者であるトブラー（W. Tobler）は，地理学の依拠する最も重要な概念として空間的依存性を捉え，次のような**地理学の第一法則**を提唱しています．「全ては他の全てに関連しているが，近いものほどより密接に関連している」．空間的依存性の存在により，空間データを分析する際には，空間的自己相関（spatial autocorrelation）が生じます（空間的依存性と空間的自己相関は，厳密には異なる概念ですが，しばしばほぼ同義で用いられます）．

一方，**空間的異質性**とは，地域によってその性質には違いがある，すなわち，性質の空間的な不均一性を指します．空間的異質性と空間的依存性は，概念的には区別して説明され，統計学的にはそれぞれ不均一と相関として説明されることが多いのですが，実際にはこれらを分離することはできません．なぜなら，例えば，空間的な異質性は空間的な依存性によっても引き起こされ，それらは同時に起こるため，データから直接これを識別することはできないからです．

ところで，空間的自己相関には，なぜ「自己」という言葉が付いているのでしょうか．

いま図2.46(a)のように，各地点で2つの変量 (x_i, y_i) $(i=1, 2, ..., n)$ が観測されているものとします．本節の冒頭で説明した相関の概念をもとにすると，図2.46(b)のような変量間の相関を考えることができます．すなわち，同一の場所に対しての，2つの変量の相関です．具体的に

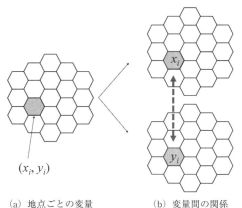

　(a) 地点ごとの変量　　　(b) 変量間の関係
図 2.46　2つの変量間の相関

は，空間的な位置についてiでラベル付けした(x_i, y_i) $(i=1, 2, ..., n)$ に基づいて，式(1)を用いて相関を計算するわけです．一見，これで空間的な位置を考慮しているように思えますが，そうでしょうか．

試しに，空間的な位置に関して，図2.47に示すような異なるラベル付けの方法を考えてみましょう．どちらのラベル付けの方法でも，式(1)を用いた相関係数は同じになります．すなわち，このような定義の相関係数では，変量の対応付けの際に空間的な位置を考慮しているものの，2組の変量(x_i, y_i)と(x_j, y_j) $(i \neq j)$が空間的に近い位置のものであるか，逆に遠い位置のものであるか，といった観点での空間的位置関係については何も考慮していないことが分かります．

そもそも，図2.45に基づき説明した空間的依存性に基づく空間的な相関関係は，単一の変量についてであり，近いものは遠くのものに比べて似たような値となっているかということでした．つまり，式(1)で扱うような複数の変量についての関係ではなく，同一の変量についての，ただしその空間的な位置が異なるものとの間の相関関係です．すなわち，x_iとx_j（あるいはy_iとy_j）$(i \neq j)$の間の相関に着目する必要があります．同一の変量についての空間的な位置に起因する相関という意味で，「自己」という言葉を付けて空間的自己相関と呼ぶのです．

なお，2組の変量に関する変量(x_i, y_i)について，空間的な位置関係に着目しながら相関を考えることも可能です．それについては，後で触れることにします．

■ 2.4.3 自己相関を測る指標

> **問題 2.14**
> 「近いものほどより密接に関連している」ことを実際に数値で確かめてみたいと思います．変数間の関連の強さは，どのような指標で測ればよいでしょうか．

空間的自己相関の指標は，これまで様々なものが提案されてきました．ここでは，最も有名かつよく使われるモランのI統計量（Moran's I）について詳しく説明します．

その前に，まずは自己相関という概念をもう少しよく理解するために，いったん空間の話を脇に置いて，話が単純な時間軸上の変量について考えることにします．

いま，変数yに対して異なる時点tごとに変量（例えば，年ごとの人口）y_t $(t=1, 2, ..., T)$が観測されたとします．統計学辞典（竹内編，1989）によれば，

$$y_1, y_2, ..., y_{t-1}, y_t, y_{t+1}, ..., y_T$$

のように，時間の順序に従って並べられた**観測値の列**のことを**時系列**といいます（図2.48）．時系列上のずれをラグと呼びます．

異なる時点の相関を捉える量として，以下のようなものを考えてみましょう．

$$r_h = \frac{\sum_{t=1}^{T-h}(y_t - \bar{y})(y_{t+h} - \bar{y})}{\sum_{t=1}^{T}(y_t - \bar{y})^2} \quad (3)$$

これは，自己相関係数とも呼ばれます．例えば，1期前後する（ラグが1の）変量の相関を捉える場合には，$h=1$として式(3)を計算します．

$$r_1 = \frac{\sum_{t=1}^{T-1}(y_t - \bar{y})(y_{t+1} - \bar{y})}{\sum_{t=1}^{T}(y_t - \bar{y})^2}$$

$$= \frac{\sum_{t=2}^{T}(y_{t-1} - \bar{y})(y_t - \bar{y})}{\sum_{t=1}^{T}(y_t - \bar{y})^2} \quad (4)$$

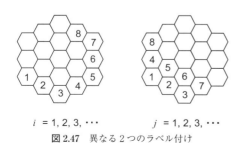

$i = 1, 2, 3, \cdots$ $j = 1, 2, 3, \cdots$

図2.47 異なる2つのラベル付け

図2.48 時系列データ

式（1）と式（3）を見比べると，分子では，hだけ期が異なる（ラグがhの変数の）変量が，式（1）におけるxとyのように，あたかも異なる変数であるかのように扱っていることが分かるでしょう．なお，分子において和を$(T-h)$までしかとらないのは，hだけ期が異なる変量のペアは$(T-h)$個しかないからです．

■ 2.4.4　空間的自己相関の程度を測る指標 ─モランの I 統計量

いよいよ本題に入ります．空間的自己相関の程度を測る最も代表的な指標である**モランの I 統計量**は，次式のように定義されます．

$$I = \frac{n}{S_0} \frac{\sum_{i=1}^{n} \sum_{j=1}^{n} w_{ij}(y_i - \bar{y})(y_j - \bar{y})}{\sum_{i=1}^{n}(y_i - \bar{y})^2} \quad (5)$$

ここで，w_{ij} は地点（ゾーン）i と j の間の空間的な位置関係（隣接しているか否か，あるいは距離など）に基づくある種の重みを表します．

地点（ゾーン）i と j が近ければ，お互いに影響を及ぼす可能性が高くなるでしょう．そこで，i と j に比べ，i と j' の方が近ければ，より大きな重みを与える，すなわち $w_{ij} < w_{ij'}$ となるように重みを与えます．こうすることで，地点（ゾーン）i と j の相関よりも i と j' の相関を重視して評価することになります．ただし，あくまでほかの地点（ゾーン）との相関関係に興味があるので，$w_{ii} = 0$ とします．

式（5）において $S_0 \equiv \sum_{i=1}^{n} \sum_{j=1}^{n} w_{ij}$, は基準化定数（重みの総和）です．ある地点について，隣接するあるいは 0 でない重みを考慮する地点（ゾーン）の数が増えるに従って，その地点が I に及ぼす影響が相対的に大きくなるのを防ぐために，通常，各地点（ゾーン）i に対する重みの和が 1 になるように基準化します．すなわち，

$$\sum_{j=1}^{n} w_{ij} = w_{i1} + w_{i2} + \cdots + w_{in} = 1 (\forall i)$$

とします．このとき，S_0 は n に等しくなります．すなわち，$n/S_0 = 1$ となりますので，式（3）においてこの部分を考える必要がなくなります．

式（1）と式（5）の対応を分かりやすく見るために，（2）を再掲し，（5）を以下の（5）′のよう

に書き直してみます．

$$r_{x,y} = \frac{\sum_{i=1}^{n}(x_i - \bar{x})(y_i - \bar{y})/n}{\sqrt{\sum_{i=1}^{n}(x_i - \bar{x})^2/n}\sqrt{\sum_{i=1}^{n}(y_i - \bar{y})^2/n}} \quad (2)$$

$$I = \frac{\sum_{i=1}^{n} \sum_{j=1}^{n} w_{ij}(y_i - \bar{y})(y_j - \bar{y})/S_0}{\sqrt{\sum_{i=1}^{n}(y_i - \bar{y})^2/n}\sqrt{\sum_{i=1}^{n}(y_i - \bar{y})^2/n}} \quad (5)'$$

この 2 つを見比べると，式（2）に対して（5）′は分子の $\sum$ の中に w_{ij} が掛かり（あとで詳しく説明するように空間ラグを付ける働きをします），式（2）の分子にある $1/n$ が $1/S_0 = \sum_{i=1}^{n} \sum_{j=1}^{n} w_{ij}$ に置き換わったものであると理解できます．

モランの I 統計量が正の大きな値のときは正の自己相関の存在を示唆し，逆に小さな負の値のとき，負の自己相関の存在を示唆します（次頁参照）．

ところで，モランの I 統計量に含まれる重み w_{ij} はどのように決めればよいのでしょうか．ゾーンが隣接しているところは 1，隣接していないところは 0，という風に設定するのが 1 つの方法です．そのほかよく用いられる方法は，万有引力のアナロジーで，距離の 2 乗の逆数を用いるものです．

いま，図 2.49 のように，4×4 の計 16 個のセルからなる地域を考えます．便宜上，そこに示すように，1 から 16 のセル番号を付けます．このとき，セルの隣接を，辺の共有の有無で定義した 1 あるいは 0 の重み（チェスの駒の動き方に倣ってルーク型といいます）で定義することとします．すなわち，その場合，頂点だけ共有する場合の重みは 0 となります．具体的には，$w_{11} = 0$, $w_{12} = 1$, $w_{13} = w_{14} = 0$, $w_{15} = 1$, $w_{16} = w_{17} = \cdots = 0$, $w_{21} = 1$, $w_{22} = 0$, $w_{23} = 1$, $w_{24} = w_{25} = 0$, $w_{26} = 1$, $w_{27} = w_{28} = \cdots = 0$, $\cdots$ とします．ちなみに，辺か頂点のいずれかの共有の有無で定義した 1 あるいは 0 の重

13	14	15	16
9	10	11	12
5	6	7	8
1	2	3	4

図 2.49　4×4 のセルの番号

み（こちらもチェスの駒の動きに倣ってクイーン型といいます）の場合には，$w_{16}=1$, $w_{25}=w_{27}=1$ …となります．

いま，図 2.50 に示すように，白のセルが 0 の値を持ち，黒のセルが 1 の値を持つとします．このとき，ルーク型で基準化した重みを用いた場合の式 (5) で定義するモランの I 統計量を計算すると，図 2.50 (a) では $+0.33$，(b) では -1.00 となります．なお，モランの I 統計量は，ピアソンの積率相関係数と異なり，必ずしも -1 から $+1$ までの値をとるとは限りません．詳しい理由は，例えば，丸山 (2014) を見てください．

モランの I 統計量は，重み w_{ij} の定義によって変化します．同じ図 2.50 の場合でも，辺か頂点のいずれかの共有の有無で定義したクイーン型の重みで定義するモランの I 統計量は，図 2.50 (a) では $+0.24$，(b) では -0.14 となります．このように，重みをどう定めるかによっても結果が異なります．

したがって，モランの I 統計量を用いて空間的な自己相関の有無を分析する際には，どのようなデータかだけでなく，どのような定義の重みを用いたかを明記する必要があります．

またモランの I 統計量は，集計単位にも依存しています．例えば，重みとして先ほど同様ルーク型で基準化したものを用いた場合，図 2.51 (a) では $+0.33$，(b) では -1.00 となります．一見すると同じような空間パターンでありながら，図 2.51 (a) では正の空間的自己相関，(b) では（図 2.50 (b) と同じ）負の空間的自己相関を示唆しています．

実際に空間的な自己相関の有無を判断するためには，単に値が大きいとか小さいといった感覚的な議論ではなく，モランの I 統計量を用いて，空間的自己相関の有無に関して統計学的な検定を行う必要があります．詳しくは，統計学の知識が必要となりますので，参考文献に譲ります（瀬谷・堤 (2014) p.32 など参照）．

さて，(3) や (4) の式と (5) の式を見比べると，(5) の方は，分子の $\sum$ の記号が 1 つ多いことに気が付きます．そこで，一番外（つまり一番左）の $\sum$ 記号をとった上で，分母を $1/n$ で割ってみます．

$$I_i = \frac{(y_i-\bar{y})\sum_{j=1, j\neq i}^{n} w_{ij}(y_j-\bar{y})}{(1/n)\sum_{j=1}^{n}(y_i-\bar{y})^2} \quad (6)$$

式 (6) で与えられる統計量は，**ローカル・モラン統計量**（Local Moran's I）と呼ばれます（直感的に分かりやすくするために，分子では敢えて $j\neq i$ と明記していますが，実際には $w_{ii}=0$ と置いていますので，この表記はなくても構いません．また，分母も j について和をとるように表記を変更していますが，本質的には分母に関しては式 (5) と同等です．ただし，分子の $\sum$ が 1 つ減っているので，大きさを合わせるために $1/n$ で割って調整をしてあります）．

I_i の値が正であれば i 地域はその近隣地域と類似した傾向にあり，逆に負の値であれば i 地域は近隣地域と類似していないと判断できます．

通常，モランの I 統計量といえば式 (5) により計算される統計量を指しますが，上述のローカル・モラン統計量と区別する場合には，式 (5) の統計量は**グローバル・モラン統計量**（Global Moran's I）と呼ばれます．グローバル・モラン統

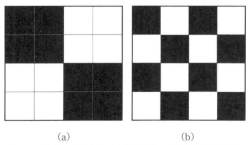

図 2.50 「正の空間的自己相関」「負の空間的自己相関」

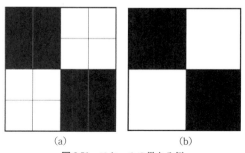

図 2.51 スケールの異なる例

計量が，得られた観測値全体に対して空間的自己相関の存在の有無や強さの度合いを評価するのに対し，式 (6) によって計算されるローカル・モラン統計量は特定の場所に注目した指標であるといえます．

このように，空間的自己相関の度合いを示す尺度・指標は，式 (5) で考えているような広域的（グローバル）なものと，式 (6) で考えているような局所的（ローカル）なものの 2 つに分類することができます．

Anselin (1995) は，ローカル・モラン統計量のような局所空間統計量を用いた探索的空間データ分析の手法を提案しています．局所空間統計量であるローカル・モラン統計量は，広域空間統計量であるグローバル・モラン統計量を各空間単位で値が算出できるよう分解した統計量であり，算出された局所空間統計量の総和は，もとの広域空間統計量の値と等しくなります．すなわち，この 2 つの統計量の間には，以下の関係が成り立ちます．

$$I = \sum_{i=1}^{n} I_i \tag{7}$$

図 2.52 は，輸送用機械器具製造業の市区町村別の従業者数（工業統計，2014 年）をもとに，距離の 2 乗の逆数による重みを用いてローカル・モランを計算したものです（ただし，50 km 以上離れた市区町村間の重みを 0 としています）．この図から，自動車産業の盛んな愛知県周辺や北関東に正の値が集積していることが分かります．

Anselin (1996) は，近隣地域との関係性を視覚化する方法として，モラン散布図を提案しました．**モラン散布図**は，図 2.53 のように，観測地域における標準化した値を横軸，観測地域の近隣地域における値の平均値（標準化）を縦軸にプロットしたものです．

横軸および縦軸ともに値が標準化されているため，原点は平均水準となり，それ以上であれば相対的に高い値，それ以下であれば相対的に低い値となります．このことからモラン散布図を用いるとそれぞれの軸によって分割された 4 つの象限によって，その地域と近隣地域との関係性を考慮したクラスター分類が可能となります．第 1～4 象限は，それぞれ，High-High, Low-High, Low-Low, High-Low と区別されます（例えば，中谷 (2015) 参照）．High-High とは，値の大きな地域の周辺に値の大きな地域が集まっていること，つまり，値の大きな地域の集積を表し，しばしば**ホットスポット**と呼ばれます．また Low-High とは，値の小さな地域の周辺に値の大きな地域が集まっていることになります．Low-Low は値の小さな地域の集積で，こちらは**クールスポット**と呼ばれます．

図 2.54 は，先ほど示した輸送用機械器具製造業の市区町村別の従業者数に関するローカル・モラン統計量をもとに，モラン散布図を作成し，4 つの象限を図示したものです．自動車産業の盛んな愛知県周辺や北関東，京浜地域などにホットスポット，すなわち自他ともに従業者数の多い地域が集積していることが分かります．

このようなモラン散布図を用いた分析を行った研究の多くは，従来，主に**ホットスポット**（第 1

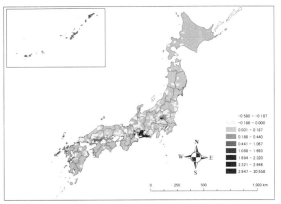

図 2.52　ローカル・モラン統計量の分布

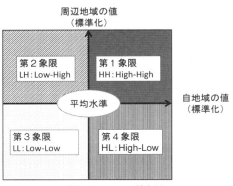

図 2.53　モラン散布図

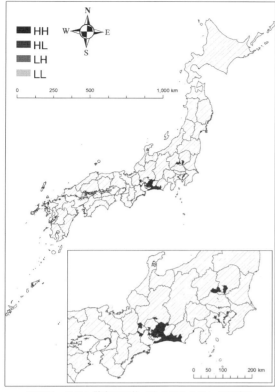

図 2.54 モラン散布図に基づくクラスタリングの結果

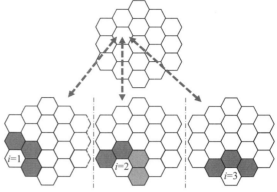

図 2.55 空間ラグ（図下）と $(y_j - \bar{y})$ との相関のイメージ

象限）や**クールスポット**（第 3 象限）の地域の抽出を目的としていますが，地域間の格差を分析するに際しては，近隣地域とのレベルのギャップを示す第 2 象限と第 4 象限にも着目すると，それぞれをその特徴から「一人負け」および「一人勝ち」と考えることもできます．日本の所得格差について，探索的空間データ分析の手法によって分析した例として，Tamesue *et al.* (2013) などを参考にしてください．

ところで，式 (5) の分子に着目すると（あるいは式 (6) を見た方が分かりやすいかもしれません），グローバル・モラン統計量は $(y_i - \bar{y})$ と $\sum_{j=1}^{n} w_{ij}(y_j - \bar{y})$ の相関に相当するものを計算していると見ることができます．この $\sum_{j=1}^{n} w_{ij}(y_j - \bar{y})$ は，時系列分析のアナロジーで，空間に関して「ラグ」をとったものと考えることができます．図 2.55 には，空間ラグと $(y_j - \bar{y})$ との相関のイメージを示しています．

空間ラグという考え方が理解できると，伝統的な計量経済学を空間へ拡張した空間計量経済学を

理解する手助けとなります．具体的には，2.5 節などを参照してください．

次に，異なる 2 変量についてのモラン統計量（bivariate Moran's I）を考えてみましょう．式 (6) で表された単変量のローカル・モラン統計量に対し，**2 変量のローカル・モラン統計量**を次式のように定義します．

$$I_{XYi} = \frac{(y_i - \bar{y})\sum_{j=1}^{n} w_{ij}(x_j - \bar{x})}{\sqrt{(1/n)\sum_{j=1}^{n}(y_j - \bar{y})^2}\sqrt{(1/n)\sum_{j=1}^{n}(x_j - \bar{x})^2}}$$

(8)

2 変量のグローバル・モラン統計量は式 (7) に準じて計算することができます．

なお，2 変量の場合には単変量の場合と異なり，y_i にとっての自地域の異なる変数 x_i との相関も重要な関心事であり，$w_{ii} = 0$ ではなく $w_{ii} = 1$ とすることが多いようです．

■ 2.4.5 空間的自己相関の程度を測るその他の方法

時系列解析，例えば回帰分析では，特に前後 1 期の残差（回帰モデルで説明されない部分）の相関の有無に注意を払います．これは，残差の相関によって推定パラメータに誤差が生じるためです．時系列相関を明示的に考慮することで，モデルの予測力が向上します．例えば通信において，ノイズを時系列相関を意識してモデル化することで，ノイズの除去精度を向上することができます．

時系列データの回帰分析に際して，残差 e_t（$t =$

1，2，$\ldots$，T）に対し，次の式で示すダービン・ワトソン比を用いて系列相関の程度を判断することがあります．

$$DW = \frac{\sum_{t=2}^{T}(e_t - e_{t-1})^2}{\sum_{t=1}^{T}e_t^2} \tag{9}$$

これに対し，広域の空間的自己相関の検出に用いる指標である**ゲイリーのC統計量**（Geary's C）は以下の式で表され，上述のダービン・ワトソン比と非常に似通っていることが分かります（例えば，瀬谷・堤（2014）参照）．

$$I = \frac{n-1}{2S_0}\frac{\sum_{i=1}^{n}\sum_{j=1}^{n}w_{ij}(y_i - y_j)^2}{\sum_{i=1}^{n}(y_i - \bar{y})^2} \tag{10}$$

時系列相関を理解しておくと，空間相関を学ぶ際にとても役立ちます．近年発展の著しい空間計量経済学（例えば，アルビア（2016））は，計量地理学と計量経済学の2つを起源に持つといわれます．空間相関については，必ずしも和書が多くありませんが，時系列解析に関しては，入門的・初級レベルのものから中級・上級レベルまで，多くの良書が発刊されていますので，空間相関を本格的に学ぼうとする方で時系列相関になじみのない方は，是非，時系列解析の本もあわせて手にとってご覧ください．

このように説明すると，時系列解析の方が空間解析よりも古いと思われるかも知れませんが，例えば，Moran（1950）は Durbin and Watson（1950）より少し前に出た論文であり，後者の参考文献に前者が示されているように，ほぼ同時期に時系列と空間に関する相関についての研究が発展し始めたことが分かります．その後の計量地理学の分野を中心とした空間相関の概念に関する歴史的な変遷については，Getis（2008）などを参考にしていただくとよいと思います．

探索的空間データ分析の有名な事例に，「疫学の父」と呼ばれるスノー（J. Snow）が，コッホ（R.

Koch）がコレラ菌を発見する30年前の1854年にロンドンのソーホー地区で大量発生したコレラの原因について，空気感染説に疑問を持ち，感染患者の家を点分布で表した地図を作成することで，水道ポンプが原因であることをつきとめ対策に成功したという話があります（詳しくは，中谷ほか（2004）や，ジョン・スノーの生誕200年を記念するホームページ（John Snow Bicentenary）を参照してください）．実は，この事例は，**空間的自己相関分析**の始まりといわれることもあります．

本節では，市区町村別人口のように，領域ごとに集計された量について空間的自己相関を分析する方法について説明しました．これを応用すると，気温や降水量のように，空間上を連続的に分布する量についても，空間的自己相関の有無を調べることができます．変数が確率変数の場合，式（2）に見るように，変数間の相関は共分散の大きさによって決まります．したがって気温のような空間的連続量についても，何らかの方法で共分散，より正確にはそれと密接な関係があるバリオグラム（2.3節参照）を推定すれば，空間的自己相関が生じているか，あるいはその程度や範囲を推測できる場合もあります．

上で紹介した様々な統計量は少し複雑なかたちをしており，計算は大変そうに見えるかもしれません．しかし，代表的な統計量の計算は統計ソフト R の **spdep** パッケージを使えば容易に行うことができます（例えば，アルビア（2016）にモランのI統計量の計算方法が示されています）．また，モラン散布図などの探索的空間データ分析を行うためのツールは，L. Anselin らの研究チームである GeoDa Center より無償で提供されているソフトウエア **GeoDa** に実装されています．こうした便利なツールも使うことで，「近いものほどより密接に関連している」ことを，是非，実際に体感してみてください．　　　　　　　　　［堤　盛人］

2.5 空間回帰モデル

問題 2.15

日本では将来，全国的な人口の減少に伴い，空き家が増えることが懸念されています．しかし，空き家の発生には，人口の減少以外にも様々な要因が考えられます．人口の減少は，どの程度空き家の発生と関連しているでしょうか．

この問題を検討するために，関東1都6県の市区町村別空き家率（平成25（2013）年住宅土地統計調査における「その他空き家」の全住宅に占める割合）と市区町村別人口変化率（平成17～22（2005～2010）年国勢調査）を図 2.56 のようなコロプレス地図にしました．2枚の地図を比較してみると，空き家率の高い市区町村と，人口の減少が顕著な市区町村の地理的分布は似通っているように見えます．さて，私たちは，空き家の多さと人口の減少との間の関連の強さをどのような方法で明らかにすることができるでしょうか？

■ 2.5.1 散布図と相関係数

異なる2つの変数が与えられたとき，両者の関係を知るための最も素朴な方法は，2.4 節で見たように，それぞれの変数を xy 軸にとった散布図を描くことです．市区町村の人口の変化率を x 軸，空き家率を y 軸にとった図 2.57 の散布図を見ると，点の分布は全体として右肩下がりであることが分かります．人口の変化率の値がマイナス方向に大きい，すなわち，減少率が高い市区町村で，空き家率も高くなる傾向があるようです．

2つの変数の関係を定量的に示すには，2.4 節で取り上げた相関係数が有効です．**ピアソンの積率相関係数**（Pearson's product-moment correlation coefficient）は，2変数の間に線形関係を仮定した上で，その強さを計る道具です．相関係数の符号と絶対値の大きさを見れば，変数間の関係を大まかに捉えることができます．ここでの相関係数を算出すると -0.615 となり，一定の相関関係があるといえます．

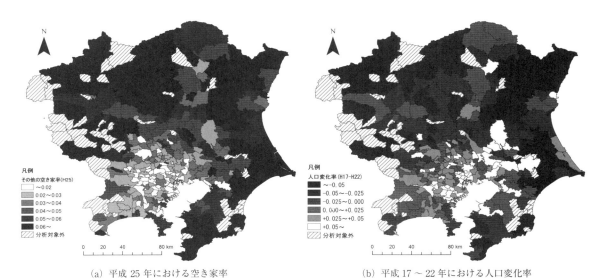

(a) 平成 25 年における空き家率　　　(b) 平成 17～22 年における人口変化率

図 2.56 関東1都6県の市区町村における空き家率と人口変化率の関係

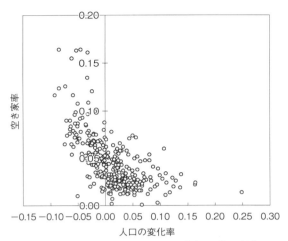

図 2.57 空き家率と人口の変化率との散布図(相関係数= −0.615)

■ 2.5.2 線形回帰モデル

変数間の関係をさらに詳しく分析する方法の1つとして,**線形回帰モデル**(Linear regression model)があります.ある地区(ここでは市区町村)i の変数 Y の値を,同じ地区 i の別の変数 X の値で表現する,すなわち,Y を X に回帰するための線形回帰モデルは,以下のようになります.

$$Y_i = \alpha + \beta X_i + \varepsilon_i \tag{1}$$

ここで Y はほかの変数によって説明される変数で**従属変数**(Dependent variable)といいます.X は Y を説明する変数で**独立変数**(Independent variable)といいます.今回の問題の場合では,人口の変化率を,空き家率を説明するための変数として用いますので,従属変数が空き家率,独立変数が人口の変化率となります.

β は独立変数 X に掛けられる定数(パラメータ)で,**回帰係数**(Regression coefficient)と呼ばれます.α は βX に足される変数で,X の値によらずに一定の値となる定数項です.$\alpha + \beta X$ の部分をまとめて線形予測子といいます.ε は,線形予測子によって説明できない従属変数の変動を説明するために加えられる**誤差項**(Error term)であり,地区間で独立な平均 0,分散 σ^2 の正規分布に従うと仮定される項です.

ε は線形予測子によって説明できない部分(予測ができない部分)なので,より現実に対してあてはまりのよい線形回帰モデルを構築するために

は,なるべく ε の値の絶対値が小さいことが求められます.そこで,ε の値の絶対値ができるだけ小さくなるように回帰係数 β と定数項 α を定めてあげることを考えます.そのために用いられる最も基本的な方法が**最小 2 乗法**(Ordinary least-square method)と呼ばれるものです.この方法は,各観測対象の ε(線形予測子によって説明できない部分)を 2 乗して足し上げた値を最小にするように回帰係数と定数項を決定するものです.式(1)の場合,回帰係数と定数項は,つまりは直線の傾きと切片のことですから,ε を 2 乗して足し上げた値を最小にするというのは,散布図上で,できるだけ各点の近くを通るように直線の角度と位置を決めることと同等です.そのときの直線の傾きと切片が,回帰係数 β と定数項 α ということになるわけです.

設定された独立変数が,従属変数を説明する上で意味のある変数といえるか否かは,最小 2 乗法によって求められた回帰係数が,母集団において,0 でないかどうかを確認することによって判断できます.仮に 0 であれば,式(1)より,独立変数にどのような値が入っても従属変数の値は定数項と誤差項だけで決まってしまうことになりますので,もはやその独立変数は従属変数とは関連しないと考えられます.母集団の回帰係数が 0 でないかを確認するには,**統計的検定**(Statistical test)の手続きによって,データの上から求められた回帰係数の数値が,母集団において,どの程度の確率で 0 でないといえるかを判定します.慣例的には,統計的検定の結果,回帰係数が 0 ではないとする確率が 95% や 99% 以上であったとき,設定された独立変数が従属変数に関連がある変数であると結論付けられます.

今回の問題の場合で具体的に回帰係数と定数項を求め,統計的検定を行った結果をまとめると,表 2.7 のようになります.また,このときに求められた回帰直線は,図 2.58 のようになります.

求められた回帰係数の推定値は −0.38 であり,これが母集団において 0 ではないといえる確かさはほぼ 100%(p 値 $\cong 0$)であることから,今回独立変数として設定した市区町村の人口の変化率は,

表 2.7　通常の線形回帰モデルによる分析結果

パラメータ	推定値	標準誤差	p値
市区町村の人口の変化率（β）	-0.38	0.028	0.000
切片（α）	0.05	0.001	0.000
決定係数	0.38		
AIC	-1408.73		

従属変数として設定した空き家率と関連を持つ変数であるといえそうです．

さらに，求められた線形予測子が，従属変数をどの程度説明するものであるか，言い換えれば，線形予測子の予測性能を測るモノサシとなるのが，**決定係数**（Determination coefficient）です．決定係数は，従属変数の変動全体のうち，独立変数の変動によって説明される部分の割合を示したものであり，0 から 1 の値をとります．決定係数は，1 に近いほど，線形予測子の予測性能が高いことを意味します．今回求められた線形予測子の決定係数は 0.38 であり，独立変数が 1 種類だけの回帰分析の結果としては，そこそこよい値だといえるでしょう．

なお，表中の AIC とは，モデルのあてはまりのよさを表す**赤池情報量規準**（**AIC**；Akaike Information Criterion）という指標です（詳しくは坂元ほか（1983）などをご参照ください）．AIC の値が小さいモデルほど，データに対するあてはまりがよいことを示します．AIC の具体的な利用法については，本節の後半で触れます．

線形回帰モデルはシンプルなモデルですが，現実の社会現象を記述するモデルとして広く用いられています．独立変数の種類を増やして線形予測子の部分を $\alpha+\beta_1 X_1+\beta_2 X_2+\beta_3 X_3+\cdots$ というように多項式で表せば，より決定係数の高いモデルを追求することも可能です（独立変数を 1 種類だけとするものを単回帰分析，複数種類とするものを重回帰分析と呼びます）．

さて，このような線形回帰モデルですが，実は，分析を進める上で重要なことがあります．それは，回帰係数の値を正しく求めたり，統計的検定を行ったり，決定係数を正しく計算するためには，線形回帰モデルに含まれる誤差項 ε が以下の条件を

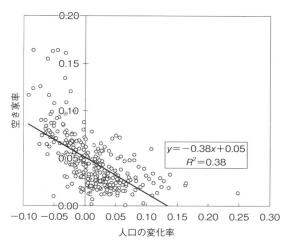

図 2.58　求められた回帰直線

満たす必要があるということです．

① 平均が 0 である．
② 分散が均一である．
③ 互いに無相関である．
④ 正規分布に従う．

誤差項が上記の条件を満たさないときは，推定された回帰係数の正しさは疑わしく，それゆえ，独立変数と従属変数の関係を見誤ってしまう危険性があることになります（詳しくは蓑谷（2015）などをご参照ください）．

■ 2.5.3　空間データに通常の線形回帰モデルを適用することの問題

線形回帰モデルを空間データにあてはめる際，誤差項に上記のような条件が要求されていることが大きな障害になります．空間データは，その性質上，誤差項に要求されている条件を満たさないことが多いためです．とりわけ，2.4 節でも見た通り，空間上に分布する様々な事象は，お互いの距離が近いほど関連が強いという性質があることが多く，誤差項が満たすべき条件のうち，③が崩れやすい傾向があります．

実際に，冒頭の問題に対して求められた線形回帰モデルの残差（モデルによって説明されなかった部分であり，誤差項 ε の実現値）の地理的分布を見てみます（図 2.59）．図 2.59 からは，残差の大小が特定の地域に偏っていることが視覚的に読み取れます．実際に，図 2.59 として示した残差の

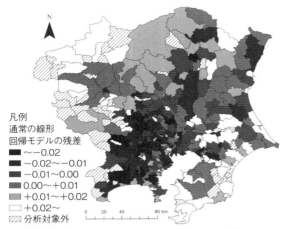

図 2.59 通常の線形回帰モデルを用いた場合の残差の地理的分布

コロプレス図について，モランの I 統計量を求めてみると 0.31 となり，統計的にも有意な偏りが見られました（$p<0.01$）．このような状況では，線形回帰モデルの誤差項に求められる③の条件を満たすことができないため，求められた回帰係数なども信頼できないことになります．具体的には，回帰係数の有意性を過大に評価してしまったり，決定係数が見かけ上高めに出たりといった結果となってしまいます．

それでは，なぜ残差の地理的分布は偏ってしまうのでしょうか．その理由には，いくつかのものが考えられます．

a. 従属変数がお互いに関連し合っている

第 1 の理由として，地理的に近い位置にある従属変数どうしがお互いに影響を及ぼし合っている状況が考えられます．例えば，犯罪の多発する地域の周辺は，その影響を受けて犯罪が多くなる傾向があることが知られています（これは犯罪のスピルオーバー効果と呼ばれます）．異なる店舗間で同じ商品を扱っていて価格競争が生じている場合などでも，ある店舗での商品価格が，近隣店舗での値下げの影響を受けることが容易に想定できます．このような状況では，ある地域の従属変数は，その地域の独立変数だけでなく，周辺地域の従属変数による影響を受けます．これを一般的な線形回帰モデルでは，独立変数を含む線形予測子では説明できない部分として，誤差項で表現しようとしているので，結局，誤差の大きさは周辺地域の従属変数の大きさと関連することになります．上述したようなケースだと，従属変数どうしは無相関ではありませんので，従属変数と関連する誤差も結局，お互いに無相関という条件を満たすことができなくなります．

b. モデルには含まれていない，空間的自己相関の高い独立変数がある

第 2 の理由として，本来モデルに含められるべき独立変数で，空間的自己相関を持つものが，実際にはモデルに含まれておらず，その分の影響が誤差項に含まれてしまっている状況が考えられます．例えば，今回の問題の場合では，市区町村の人口の変化率のほかに，高齢化なども空き家率の高さに関連しているかもしれません．高齢化率の高い地域は，中山間地域などに偏在し，高い空間的自己相関を持つと考えられますが，人口の変化率だけを独立変数とする一般的な線形回帰モデルではこれを誤差項で表現してしまっています．空間的自己相関の高い値を無理やり誤差項に含んでしまうことになるため，誤差がお互いに無相関という条件を満たすのが難しくなるわけです．

c. そもそも求めるべきモデルのパラメータが地域ごとに異なるにもかかわらず，1 つのモデルを一律にあてはめている

上記 2 つの理由は，基本的にはある従属変数の変動は線形回帰モデルで表現することができるが，空間データの空間的依存性（空間的自己相関）が反映できていないことを述べるものでした．これらに加えて，別の説明として，そもそも前提とすべき線形回帰モデルのパラメータ自体の空間的異質性を考慮していない，つまり，パラメータが地域によって異なるにもかかわらず，そうした状況を適切にモデル化できていない，という理由が考えられます．例えば，今回の問題の場合では，同じ関東圏の中でも，ある地域ではより人口の減少が空き家率に強く関連し（つまり回帰係数の絶対値が大きくなり），別の地域では弱い関連しかない（回帰係数の絶対値が小さい）かもしれないですし，あるいは逆の関連がある（回帰係数の符号が逆）かもしれません．同じことは切片についても

いえます．通常の線形回帰モデルでは，回帰係数や切片は，どの地域であれ同じ値が推定されますから，こうした状況をうまく表現することができません．無理に通常の線形回帰モデルをあてはめると，モデルがよくあてはまる地域では残差が少なくなり，あてはまらない地域で残差が大きくなる結果となります．モデルのよくあてはまる地域は，共通した特徴を持つ地域であり，空間的に偏在していると考えられるため，結果的に，誤差がお互いに無相関という条件が満たされなくなります．

■ 2.5.4 空間回帰モデル

空間計量経済学の分野には，こうした問題に対応し，線形回帰モデルを空間データに適用できるよう拡張した**空間回帰モデル**（Spatial regression model）と呼ばれるモデルがあります．

まず，従属変数が空間的自己相関を持つ場合（2.5.3 項 a の場合）に適用される空間回帰モデルとして，式（2）で表される**空間ラグモデル**（**SLM**；Spatial Lag Model）があります．

$$Y_i = \alpha + \beta X_i + \rho \sum_{j=1}^{n} w_{ij} Y_j + \varepsilon_i \qquad (2)$$

ここで，ρ は空間的な関係性を示す空間パラメータ，w_{ij} は空間重みを示します．添字の j は，地区 i 以外の地区を指します．空間重みとは，地区 j と地区 i との関連性の強さを示す値であり，地区どうしが隣接している場合に 1，そうでない場合に 0 を与える方法や，地区どうしの距離の長さに応じて重みを軽くする方法などで与えられます（詳しくは，瀬谷・堤（2014）などをご参照ください）．式（2）を式（1）と比較してみると，$\rho \sum_{j=1}^{n} w_{ij} Y_j$ という項が新たに加わっていることが分かります．この項が，「従属変数の変動のうち，ある部分は，近隣の従属変数の大きさと関連

している」という状況をモデル化しています．w_{ij} によって重み付けられた「近隣」にある従属変数 Y の値の和が，ρ の重みをもって，着目する地区の従属変数 Y に影響しているということになります．

次に，空間的自己相関を有するものの，計測できないなどの理由によって，独立変数としてモデルに含められない変数が存在する場合（2.5.3 項 b の場合）に適用される空間回帰モデルとして，式（3）で表される**空間誤差モデル**（**SEM**；Spatial Error Model）があります．

$$Y_i = \alpha + \beta X_i + \varepsilon_i$$
$$\varepsilon_i = \lambda \sum_{j=1}^{n} w_{ij} \varepsilon_j + e_i \qquad (3)$$

空間ラグモデルと同じく，λ は空間パラメータ，w_{ij} は空間重みを示します．e_i は誤差項です．式（3）では，式（1）の誤差項 ε_i の部分が，空間的従属性を持つ部分とそうでない部分に分解して表現されています．何らかの空間的自己相関を持つ独立変数の存在が，$\lambda \sum_{j=1}^{n} w_{ij} \varepsilon_j$ の部分によって示唆されているわけです（あくまで誤差としてその存在を表現するため，その変数が実際に何であるかは問いません）．

空間ラグモデルと空間誤差モデルの 2 つの方法によって，市区町村の人口の変化率と空き家率との関連を再度検討してみたものが，表 2.8，表 2.9，そのときの残差の地理的分布を示したのが図 2.60，図 2.61 です．ここでは，空間重み w_{ij} として，隣接する市区町村間では 1，そうでない市区町村間では 0 を与えています．

まず空間ラグモデルの結果について見てみると，人口の変化率の回帰係数は -0.20（$p < 0.01$）であり，通常の線形回帰モデルを用いたときと同様に，人口の変化率は，空き家率と関連する指標である

表 2.8　空間ラグモデルによる分析結果

パラメータ	推定値	標準誤差	p 値
市区町村の人口の変化率（β）	-0.20	0.025	0.000
切片（α）	0.02	0.003	0.000
空間パラメータ（ρ）	0.64	0.046	0.000
決定係数	0.62		
AIC	-1524.67		

表 2.9　空間誤差モデルによる分析結果

パラメータ	推定値	標準誤差	p 値
市区町村の人口の変化率（β）	-0.18	0.030	0.000
切片（α）	0.05	0.004	0.000
空間パラメータ（λ）	0.70	0.048	0.000
決定係数	0.59		
AIC	-1496.02		

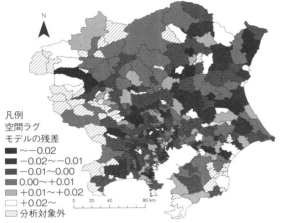
図 2.60 空間ラグモデルを用いた場合の残差の地理的分布

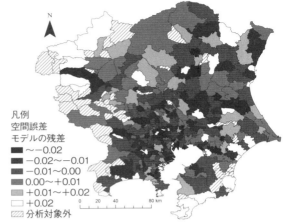
図 2.61 空間誤差モデルを用いた場合の残差の地理的分布

といえそうです（なお，通常の線形回帰モデルにおける回帰係数 −0.38 と大小関係を直接比較することはできません）．空間パラメータ ρ の値は 0.64 と大きく，ある市区町村の空き家率は，隣接市区町村の空き家率と関連を持つことが分かります．この関連性を，通常の線形回帰モデルでは誤差として扱ってしまったために，残差に空間的な自己相関が現れてしまったのだと考えられます．空間ラグモデルの決定係数は 0.62 で，モデルによる予測力という点では，通常の線形回帰モデルから大きく改善しています．なお，図 2.60 に表される残差におけるモランの I 統計量は −0.090 となっています．この値は依然として統計的に有意ではあるものの（$p<0.01$），通常の線形回帰モデルと比べて絶対値が小さく，懸案事項であった「残差の自己相関」という問題はある程度解決されたといえるでしょう．

一方，空間誤差モデルについて見てみると，こちらの人口の変化率の回帰係数も −0.18 と有意になっています（$p<0.01$）．空間パラメータ λ の値は 0.70 であり，ある市区町村の誤差が，隣接市区町村の誤差と関連を持っていることが分かります．空間誤差モデルの決定係数は 0.59 と空間ラグモデルとほぼ同等で，通常の線形回帰モデルよりもやはり大きく改善しています．残差におけるモランの I 統計量は −0.066 であり，統計的には有意ではないという結果になりました（$p>0.05$）．残差の自己相関の問題は大きく改善されたといってよいと思われます．

各モデルの比較には，前に触れた AIC が有効です．今回の場合，通常の線形回帰モデルの AIC が −1408.73，空間ラグモデルが −1524.67，空間誤差モデルが −1496.02 ですので，モデルによる現実の説明力という点では空間ラグモデルが最もよいモデルだといえます．

空間回帰モデルには，空間ラグモデルや空間誤差モデル以外にも，着目しようとする現象が空間的に生じるプロセスにどのようなものを想定するかによって，様々なものがあります．興味のある読者の方は，参考文献として挙げた瀬谷・堤 (2014) などの，より専門的な文献にあたってみてください．

■ 2.5.5 地理的加重回帰モデル

最後に，2.5.3 項で述べた理由のうちの c，すなわち，そもそも前提とすべき線形回帰モデルの回帰係数や切片が地域によって異なる（空間的異質性がある）状況を考慮したモデル化の方法として，**地理的加重回帰モデル**（**GWR**；Geographically Weighted Regression）について説明します．

地理的加重回帰モデルは，基本的には線形回帰モデルによって従属変数を説明しますが，回帰係数や切片が地理的に変動することを仮定します．そのモデルは式 (4) のように表されます．

$$Y_i = \alpha_i + \beta_i X_i + \varepsilon_i \tag{4}$$

式 (1) と比較すると，回帰係数 β および切片

2.5 空間回帰モデル

α の下に添字の i がついています．i は地区を示しますので，これは，回帰係数や切片が地区ごとに異なるものになることを意味しています．つまり，地理的加重回帰モデルは，一般的な線形回帰モデルと同じ従属変数，独立変数を用いるものの，ある地域では両者の結びつきが強く，別の地域では弱いといったように，地域ごとに関係性の強さが異なる状況をモデル化しているといえます．

地理的加重回帰モデルにおいては，線形回帰モデルのパラメータ（＝回帰係数 β や切片 α）を，地区ごとに異なるものとして推定します．そのための方法として，パラメータを推定する際に用いるデータセットにおいて，地区 i により近い地区で観測された変数により大きな重みを付けることで，距離的に近い地区の情報をより多く用いパラメータ推定を行うという方法が用いられます（通常の線形回帰モデルでは，地区の位置によらず同じ重みでパラメータ推定に用いられます）．具体的な重み付けのための関数としては，距離の増加とともに減少する，指数関数やガウス関数が用いられます．どの関数を実際に用いるのかは，着目している事象の性質を勘案して経験的に決められることが多いようです．また，パラメータの推定に影響を与える距離の上限値はバンド幅と呼ばれます．バンド幅は，距離で定義されたり，着目地区からの隣接次数（直接接する地区を1次，1次の隣接地区を介して隣接する地区を2次…と数えます）で定義されたりします．

バンド幅は，短すぎると，結果としてパラメータ推定に用いる変数の数が少なくなり，推定されるパラメータの信頼性が低くなります．逆に長すぎると，今度はある地区のパラメータを推定するのに遠くの地区の情報まで用いることになり，推定されるパラメータの地区差が出にくくなります．

具体的なバンド幅の設定にあたっては，着目する事象の性質を考えながら，特定の値を設定することもありますが，これ自体を変数として，データに対してあてはまりのよい最適な値を設定することもできます．

さて，この地理的加重回帰モデルを用いて，本節冒頭に示した問題である市区町村別の人口の減少と空き家率との関連を再度検討してみましょう．空間に対する重み付けの関数をガウス関数，バンド幅としてデータから探索的に設定された53次までの近隣地区を設定し，パラメータの推定を行った結果が表2.10です．地理的加重回帰モデルでは，回帰係数や切片が地区ごとに算出されますので，ここでは回帰係数と切片の最小・最大値と平均値を示しています．回帰係数の推定値の平均値は -0.20 となっていますが，その地理的分布を見ると特徴が見られます（図2.62）．すなわち，東京都心に近い市区町村で回帰係数の値がほぼ0から絶対値が小さい負の値となっているのに対し，都心から離れるにつれて負の値の絶対値が大きくなる傾向が読み取れます．都心から離れた利便性の悪い市区町村ほど，人口の減少は，空き家の発生により密接に関連するといえるでしょう．なお，地理的加重回帰モデルの決定係数は0.70とまずまず高い値で，ほかのモデルとの比較に用いられるAICの値も -1558.16 と，空間ラグモデル，空間誤差モデルよりも良好な値であり，データに対す

表2.10 地理的加重モデルによる分析結果

パラメータ	最小値	平均値	最大値
市区町村の人口の変化率（β）	-0.68	-0.20	0.06
切片（α）	0.02	0.04	0.08
決定係数		0.70	
AIC		-1558.16	

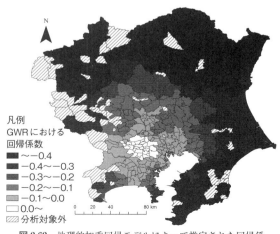

図2.62 地理的加重回帰モデルによって推定された回帰係数の地理的分布

るあてはまりの面からは地理的加重回帰モデルによるモデル化が適切であったと考えられます。ただし、残差におけるモランの I 統計量は -0.046 と、小さいながらも依然として有意な偏りが残っています（$p>0.05$）。

■ 2.5.6　どのモデルを使うべきか？

本節では、線形回帰モデルに始まり、空間回帰モデルや地理的加重回帰モデルについて説明してきました。最後に、複数あるこうしたモデルのうち、私たちはどのモデルを使うべきかの指針について考えてみましょう。

どのモデルを使うべきかという問いに答えるためには、統計学的によりよく事象を説明できるという視点と、実質科学的に意味のあるものとして解釈することができるという視点の双方が必要です。

統計学的によりよく事象を説明できるとは、統計的仮説検定の結果や、モデル間でのあてはまりのよさを比較する統計学的な指標の大きさによって、得られたデータに対して最もあてはまりのよいモデルを選ぶことです。空間回帰モデルのうち、どのモデルを使うべきかの統計学的な判断基準としては、前述の AIC を用いることができます。一方、実質科学的に解釈できるとは、私たちが持つ先験的な知識や既存の理論と矛盾のないモデルを選ぶことです。統計学的な説明可能性と、実質科学的な解釈可能性は双方ともに重要であり、いくら統計学的にあてはまりのよいモデルであっても解釈できないものであってはいけませんし、逆に解釈可能なモデルの統計学的なあてはまりが悪け

れば、解釈の方が誤っている可能性があります。単に統計学的な見地だけでなく、モデルによって表現される事象が発生する空間プロセスに地理学的な意味を見出しながら、適切なモデルを選択することが重要といえるでしょう。

■ 2.5.7　分析に役立つソフトウェア

終わりに、本節で紹介した分析を容易に実行可能なソフトウェアを紹介します。手軽に空間解析を行うことができるフリーのソフトウェアとしては、2.4 節でもご紹介した **GeoDa** がおすすめです。本節に掲載した解析のほとんどは GeoDa を用いて行われました。地理的加重回帰モデルについては、フォザリンガム（Fotheringham）や中谷らが開発した **GWR** というソフトウェアが使いやすく有用です。これらのソフトウェアは、GUI 環境で実行することができ、日ごろプログラミングに慣れていない方にとって、解析を手軽に行えるものとして役に立ちます（ただし、GeoDa や GWR の作業環境やマニュアルは英語ですので、多少の英語力が必要です）。R を日ごろから使っている人には、関連書（谷村（2010）や古谷（2011）など）を参照しながら、空間統計や空間計量経済学に関する様々なパッケージを用いた解析をすることもよいでしょう。ArcGIS にも、ArcToolBox 内に、解析が実行できるツールが提供されています。ArcGIS はデータハンドリングにも優れていますので、解析結果をそのまま地図化したい場合には役立つソフトウェアだといえます。

[雨宮　護]

2.6 空間相互作用モデル

■ 2.6.1 社会の流れを予測する

問題 2.16

図 2.63 に示すような，4つの集落と3つのショッピングセンターがある都市を考えます．ショッピングセンターの経営者にとって，効果的なマーケティング，あるいは設備投資を行う意味でも，どの集落から，何人くらい来客があるか予測することは，とても重要です．あなたなら，どのように予測しますか？

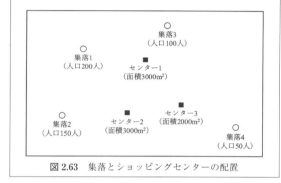

図 2.63 集落とショッピングセンターの配置

私たちの社会では，ひと・もの・金・情報がせわしなく動き回っています．このような各種の流れは，改めて説明するまでもなく，社会を成立させるための血流ともいえます．

上の問題例では，

① どの集落から
② どのショッピングセンターへ
③ 何人の移動が生じるか

が，焦点になりました．このように，社会の流れ（これを社会流動と呼びます）を解析するときは，一般に，「どの出発地」から「どの到着地」へ「どれだけの量が」移動するか？　が研究対象となります．表 2.11 にいくつかの**社会流動**の例を挙げます．

さて，このような社会流動を，何らかの数学式

表 2.11 様々な社会流動

例	出発地	到着地	対象
通勤・通学	自宅	会社・学校	ひと
商品の流通	工場	販売店	もの
預金	たんす	窓口	金
テレビニュース	スタジオ	視聴者	情報

で予測しようというのが，本節の目的です．そして，その解析を行うための手法を空間相互作用モデルと呼びます．当該モデルの成り立ちを追いかけながら，その基本を学んでみましょう．

■ 2.6.2 重力モデル

まずは，直感を生かして先ほどの問題にとりかかってみましょう．ある集落からショッピングセンターへは，

① その集落にたくさん人が住んでいるほど
② そのショッピングセンターが大きいほど
③ そして，集落とセンターの距離が近いほど

たくさんの人が訪れそうです．最初の2項目は，出発・到着地の大きさ，最後の項目は距離です．大きさと距離が重要となる，以下の物理法則を，皆さんはご存知ではないですか？

万有引力の法則

質量 M の物体1と，質量 m の物体2の間に働く万有引力の大きさ F は，物体間の距離が d のとき

$$F = G\frac{Mm}{d^2} \quad (1)$$

です（G は万有引力定数）．

やはり，質量≅大きさと，距離がキーポイントになっています．社会流動を研究していた多くの先人の研究者も，このことに気付き以下のように予想しました．これを，着想の経緯から重力モデルと呼びます．

（古典的）重力モデル

ある地域（出発地）i から，ある地域（到着地）j へと移動する社会流動の量 t_{ij} は，それぞれの地域の魅力度を R_i, S_j, 地域間の距離を d_{ij} としたとき

$$t_{ij} = k \frac{R_i S_j}{d_{ij}^2} \qquad (2)$$

と推定されます（k は比例定数）.

なお，地域の**魅力度**は，先ほどの問題例ならば，集落の住民数，ショッピングセンターの延床面積などとすることが多いです.

さて，式（2）では，社会流動の量 t_{ij} が地域の魅力度 R_i, S_j に正比例，距離 d_{ij} の 2 乗に反比例しています. しかし，正比例，2 乗に反比例という想定は，万有引力の法則に倣ったにすぎず，特にこだわる必要はなさそうです. むしろ，モデルが対象とする社会流動の種類によって，R_i, S_j, d_{ij} が t_{ij} へと与える影響の程度は異なると考える方が自然でしょう. 例えば，到着地がコンビニだったら距離が，遊園地だったら魅力度がより影響すると思いませんか. そこで，式（2）を拡張した以下の式も提案されました. 現在では重力モデルというと，こちらを指すことが多いです.

（修正）重力モデル

ある地域（出発地）i から，ある地域（到着地）j へと移動する社会流動の量 t_{ij} は，それぞれの地域の魅力度を R_i, S_j, 地域間の距離を d_{ij} としたとき

$$t_{ij} = k \frac{R_i^{\alpha_1} S_j^{\alpha_2}}{d_{ij}^{\gamma}} \qquad (3)$$

と推定されます. なお α_1, α_2, γ は各変数の寄与の程度を表すパラメータです（基本的には正定数）.

重力モデルは，万有引力の法則に倣ったとても単純な定式化ですが，現実の社会流動をよく再現できることが，数多くの実証研究によって示されています（石川，1988）.

■ 2.6.3 ハフ・モデル

さて，いま解説した重力モデルには，大きな問題点があります. 仮に，集落 i からショッピングセンターへ買い物へ出かけた人数が，O_i と実測できたとしましょう（正確でなくとも，集落の人口と買い物頻度から予測できそうです）. しかし，先ほどの重力モデルを用いて推定された t_{ij} を集計して，各集落から出かけた人数を推定しても，

$$\begin{bmatrix} \text{各集落から買い物へ} \\ \text{出かけた人数の推定値} \end{bmatrix} = \sum_j t_{ij} \neq O_i \qquad (4)$$

となってしまいそうです. それでは困ってしまいます.

せっかく O_i という実測値が得られているのですから，これを t_{ij} の推定に生かさない手はありません. そこで，数学的にムリやり合わせてみましょう. **実測値 O_i と推定値 $\sum_j t_{ij}$ が等しい**ことを式で表すと，

$$O_i = \sum_j t_{ij} \qquad (5)$$

となります. ここで，t_{ij} に先ほどの式（3）を代入すると，

$$O_i = \sum_j k \frac{R_i^{\alpha_1} S_j^{\alpha_2}}{d_{ij}^{\gamma}}$$

$$O_i = k R_i^{\alpha_1} \sum_j \frac{S_j^{\alpha_2}}{d_{ij}^{\gamma}}$$

$$\left(\sum_j \frac{S_j^{\alpha_2}}{d_{ij}^{\gamma}} \right)^{-1} O_i = k R_i^{\alpha_1} \qquad (6)$$

と表せます. ここで，

$$A_i = \left(\sum_j \frac{S_j^{\alpha_2}}{d_{ij}^{\gamma}} \right)^{-1} \qquad (7)$$

と置いてみると，式（6）は，

$$A_i O_i = k R_i^{\alpha_1} \qquad (8)$$

となります. すなわち，式（8）が成り立っていれば，実測値 O_i と推定値 $\sum_j t_{ij}$ が等しくなるのです. そこで，式（8）を（修正）重力モデルの式（3）に代入して，

$$t_{ij} = A_i O_i \frac{S_j^{\alpha_2}}{d_{ij}^{\gamma}}$$

$$= O_i \frac{S_j^{\alpha_2}/d_{ij}^{\gamma}}{\sum_j S_j^{\alpha_2}/d_{ij}^{\gamma}} \qquad (9)$$

であれば，実測値 O_i と推定値 $\sum_j t_{ij}$ が等しくなることになります．ここで少し見方を変えてみると，地域（集落）i から出かけた総数 O_i が判明している場合には，（修正）重力モデルの式（3）は，式（9）のように書き換えることができるといえるでしょう．

式（9）は，最初に提案した研究者の名前を冠してハフ・モデルと呼びます．

> ハフ・モデル
>
> ある地域（出発地）i から，ある地域（到着地）j へと移動する社会流動の量 t_{ij} は，出発地 i からの発生量を O_i，到着地 j の魅力度を S_j，地域間の距離を d_{ij} としたとき
>
> $$t_{ij} = O_i \frac{S_j^{\alpha}/d_{ij}^{\gamma}}{\sum_j S_j^{\alpha}/d_{ij}^{\gamma}} = A_i O_i \frac{S_j^{\alpha}}{d_{ij}^{\gamma}} \qquad (10)$$
>
> と推定されます．なお α, γ は各変数の寄与の程度を表すパラメータです（基本的には正定数）．

■ 2.6.4 ウィルソンのエントロピー・モデル

さて，前述のハフ・モデルは，出発地からの買い物人数（これを一般には**発生量**と呼びます）が，判明しているという想定のもとで，モデルを導きました．では，さらに一歩進んで，各ショッピングセンターへの来客人数（これを一般には**集中量**と呼びます）が判明していたら，モデルはどのように拡張できるでしょうか．

やはり先ほどと同様，（少々ムリやり）数学的に合わせてみましょう．いま，各ショッピングセンターへの来客人数が，D_j だと実測できたものとしましょう（機密情報ではないのか？　などという議論はさて置き）．すると，

$$\begin{bmatrix} ショッピングセンター \\ への来客人数 \end{bmatrix} = D_j = \sum_i t_{ij} \qquad (11)$$

が成立しなければいけません．これに式（10）を代入すると，

$$D_j = \sum_i O_i \frac{S_j^{\alpha}/d_{ij}^{\gamma}}{\sum_j S_j^{\alpha}/d_{ij}^{\gamma}}$$

$$= \sum_i A_i O_i \frac{S_j^{\alpha}}{d_{ij}^{\gamma}}$$

$$= S_j^{\alpha} \sum_i A_i O_i \frac{1}{d_{ij}^{\gamma}}$$

$$\left(\sum_i A_i O_i \frac{1}{d_{ij}^{\gamma}} \right)^{-1} D_j = S_j^{\alpha} \qquad (12)$$

ここで，

$$B_j = \left(\sum_i A_i O_i \frac{1}{d_{ij}^{\gamma}} \right)^{-1} \qquad (13)$$

と置くと，

$$B_j D_j = S_j^{\alpha} \qquad (14)$$

ならばよいことが分かります．これを式（7），（10）に再び代入すると，

$$t_{ij} = A_i O_i B_j D_j \frac{1}{d_{ij}^{\gamma}}$$

$$A_i = \left(\sum_j B_j D_j \frac{1}{d_{ij}^{\gamma}} \right)^{-1} \qquad (15)$$

が得られます．

> ウィルソンのエントロピー・モデル
>
> ある地域（出発地）i から，ある地域（到着地）j へと移動する社会流動の量 t_{ij} は，出発地 i からの発生量を O_i，到着地 j への集中量を D_j，地域間の距離を d_{ij} としたとき
>
> $$t_{ij} = A_i O_i B_j D_j \frac{1}{d_{ij}^{\gamma}} \qquad (16)$$
>
> $$A_i = \left(\sum_j B_j D_j \frac{1}{d_{ij}^{\gamma}} \right)^{-1} \qquad (17)$$
>
> $$B_j = \left(\sum_i A_i O_i \frac{1}{d_{ij}^{\gamma}} \right)^{-1} \qquad (18)$$
>
> と推定されます．なお γ は各変数の寄与の程度を表すパラメータです（基本的には正定数）．

さて，上記のモデルについては，もう少し解説

を加えましょう．まず，A_i と B_j の具体的な計算方法についてです．改めて定義式を見てもらうと不思議に思うかもしれませんが，A_i を計算するためには B_j が，逆に B_j を計算するためには A_i が判明している必要があります．このような入れ子構造の数学式を計算する際には，**繰り返し計算**というテクニックがよく用いられます．具体的には，B_j の初期値として適当な値を仮定し（全ての $B_j=1$ などで構いません），その結果求められた A_i で B_j を計算します．これを値が安定するまで繰り返すわけです．一般に上記のモデルは，きちんと値が収束することが数学的に保証されています．

もう1つ，上記のモデルが空間相互作用モデルの系譜で果たした役割についてお伝えしましょう．詳細は割愛しますが，実は出発量 O_i と集中量 D_j が判明しているとき，社会的に最も生じやすい流れの状態はどのようなものか？ という問いを数学的に計算すると，上記モデルと全く同じ式が導出できます．物理学・情報理論などにおける**エントロピー**という概念は生じやすさとも捉えられるので，これを提案した研究者の名前を冠して，ウィルソン（Wilson）のエントロピー・モデルと呼ばれています．このモデルは 1970 年に発表されましたが，この考え方の登場によって，飛躍的に空間相互作用研究が進んだことを，申し添えておきましょう．

■ 2.6.5 ホテリングの立地モデル

ここからは，空間相互作用モデルの応用分析の考え方について，少し解説しましょう．ショッピングセンターの経営者になったと想像してみてください．前述の通り，空間相互作用モデルを用いると，どこから何人の来客があるかが分かるわけです．最も来客人数が増える，すなわち儲かる場所はどこだろうかと，考えたくなりませんか．

ただし，この問題は一見，簡単なようで実は厄介です．ほかのショッピングセンターの場所が，来客数に影響するからです（式 (10) を見れば一目瞭然ですね）．いま A と B，2つのショッピングセンターがある都市を想定しましょう．あなたは A の経営者です．ここで B のショッピングセンターの場所は動かないもの（これを「所与とする」といいます）と仮定し，自分のショッピングセンター A が最も儲かる位置を探します．しかし敵もさる者，だまってはいません．今度は B の経営者が，A の位置を所与として，最も儲かる位置を探すはずです．これを繰り返すと，場合によってはお互い身動きがとれない，均衡解という状況が得られます．そして，このような考え方を**ゲーム理論**と呼びます．

1次元都市（いわば，1本道の道路沿いに人が住んでいる状況）における上記の**均衡解**を図 2.64 に示します．これは，店舗が2つの場合でしたが，4，5，6つの場合の均衡解も図 2.65 に示しておきます．ちなみに，店舗が3つの場合は，均衡解が存在しません．なぜでしょう？ 頭の体操だと思って試してみてください．

■ 2.6.6 非集計行動モデル

空間相互作用モデルを用いると，ショッピングセンターへの来客数が分かる，と説明してきました．一方で，お客さん（集落の住民）の立場から考えると，これは何らかの規準に基づいて買い物をする店舗を選択したことにほかなりません．ならば，その規準や選択方法を数学式で記述しよう

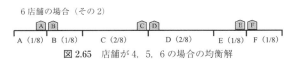

図 2.64　店舗が2つの場合の均衡解

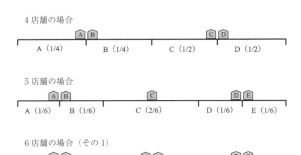

図 2.65　店舗が 4，5，6 の場合の均衡解

ではありませんか.

　事実，1980年代以降の空間相互作用研究は，上述のように移動する主体の行動心理を，いかに記述するかということに重点を置いて，発展しています．このような考え方に基づくモデルを非集計行動モデルと呼びます.

　本節の最後に，非集計行動モデルの最も基礎となる，非集計ロジット・モデルについて概説しましょう.

非集計ロジット・モデル

　ある個人iが，いくつかの選択肢の中から，ある選択肢jを選択する確率$p_{j|i}$は，その効用の確定項を$V_{j|i}$としたとき

$$p_{j|i} = \frac{\exp[\lambda V_{j|i}]}{\sum_j \exp[\lambda V_{j|i}]} \tag{19}$$

と記述されます．なおλは効用の変動項の分散を表すパラメータです.

　効用の確定項・変動項という言葉については，追加の解説が必要でしょう．誰でも，ある選択肢（例えばショッピングセンター）を選択すれば，ある一定の嬉しさがあるはずです．これを経済学の用語で，**効用**と呼びます．ただし，非集計行動モデルでは，この効用が様々な条件によって変化しうる，と考えるのです（野菜の鮮度がよかったら，いつもより2割増しなど）．ただし，ショッピン

グセンターの魅力を決めるときに，店舗の大きさや距離など，分かりやすい指標もあれば，野菜の鮮度のように数値化し難いものもあります．この，分かりやすい指標の部分の効用を計算したものを確定項，数値化し難い部分のそれを変動項と呼びます.

　今回のショッピングセンターの例では，何度も登場した店舗の魅力度と距離が，効用として計算しやすそうです．そこで，

$$V_{j|i} = a \log d_{ij} + b \log S_j \tag{20}$$

と仮定してみましょう．両方とも「対数で影響する」という想定は**フェヒナー（Fechner）の法則**という，心理学分野の実験結果に基づくものです．式（20）を式（19）に代入すると

$$p_{j|i} = \frac{\exp[\lambda(-a \log d_{ij} + b \log S_j)]}{\sum_j \exp[\lambda(-a \log d_{ij} + b \log S_j)]}$$
$$= \frac{S_j^{\alpha} / d_{ij}^{\gamma}}{\sum_j S_j^{\alpha} / d_{ij}^{\gamma}} \tag{21}$$

となります（$\alpha = b\lambda$, $\gamma = b\lambda$）．これは式（10）で解説したハフ・モデルと全く同じ構造です.

　このように空間相互作用モデルは，物理学のアナロジーから出発し，エントロピー理論を経て，選択行動理論，という様々な説明原理を持ちながら発展を続けています．その入り口から広がっている光景を，ぜひ巻末の文献でさらに楽しんでください．

　　　　　　　　　　　　　　　　　　[**本間裕大**]

2.7 施設配置問題

■ 2.7.1 平面上の単一施設の配置問題

問題 2.17（運動会の会場決定問題）

K県で，複数の保育園を運営するグループが，全保育園が参加する運動会を開催する場所を検討しています．児童はいったん各保育園に集合してから運動会の会場に向かうものとします．どの場所で運動会を開催するのがよいでしょうか．ただし，保育園の位置と各園の参加児童数は図 2.66 のように与えられています．

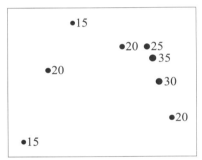

図 2.66　保育園の位置と各園の児童数

さて，この問題では，運動会の会場として各園の児童が集まりやすい場所を探しているため，各園からの距離が小さい候補地ほど望ましいと考えられます．ただし，距離に着目するにしても，様々な解釈が可能です．ここではまず，会場へのアクセスのしやすさを定量的に測るための評価尺度として，以下の規準 A を採用しましょう．

　規準 A：会場の場所を全児童の移動距離の合計
　　　　　で評価する

規準 A は，全児童の会場までの距離を等しく考慮しており，アクセスしやすい場所を求める問題を端的に表しています．全児童の距離の合計を最小化する点を計算すると，図 2.67 にダイヤ型で示す点 A の場所（A案）になりました．ここで，移動距離は直線距離で測り，平面上の全ての点を会場を探す候補点と考えています．また，図中の円の面積は各園の児童数に比例させて描いています．

さて，A案は今回の目的から見て望ましい開催場所といえるでしょうか．大多数の児童（保育園）にとってはアクセスしやすい一方で，ほかの園から離れた左下の園 Z に通う児童にとっては距離が非常に大きくなってしまいます．この点を解決するために，以下の規準 B を考えてみましょう．

　規準 B：会場の場所を会場まで最も遠い児童の
　　　　　距離で評価する

規準 B は，会場までのアクセスが最も困難な児童（保育園）に着目し，その児童の距離を最小化することを目的とした問題です．図 2.67 にダイヤ型で B と示した点は，規準 B の観点から最良の場所（B案）です．園 Z の児童の距離が A案と比較して大幅に改善されています．

それでは，B案は A案よりもよいといえるでしょうか．B案は，左下の園の児童にとっては A案よりも望ましいのですが，その一方でどの園からもやや離れた場所にあります．全児童の視点に立つと，一概に B案が優れているとはいえそうにありません．さて，それではどちらの案を採用すべきでしょうか．あるいは，会場の位置を決めるための別の規準はあるのでしょうか．

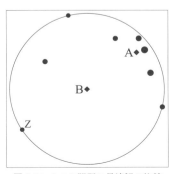

図 2.67　2つの問題の最適解の比較

いま考えた問題を一般的に捉えると，「与えられた空間の中で最も望ましい場所を探す問題」と見なすことができます．この問題は，都市施設の最適な配置場所を決定する計画問題として多くの場面で登場し，**施設配置問題**と呼ばれています．本節では，この施設配置問題を紹介します．

施設配置問題には，対象空間の捉え方や配置を評価する規準（目的関数と呼びます）などに応じて様々なタイプが存在します．また，研究対象は幅広く，数理モデル化の方法，最適解の導出方法，現実問題への応用などの観点から幅広い研究が行われています．施設配置問題を研究する学術分野も，**オペレーションズ・リサーチ**，都市工学，地域科学，応用数学と多岐にわたります．

上述した2つの問題は，施設配置問題において基礎的で大変重要なもので，平面上の単一施設の配置問題と位置付けることができます．以降では，これらの問題をより詳しく解説します．

a. ウェーバー問題

規準Aの問題は，**ウェーバー（Weber）問題**と呼ばれ，最も古い施設配置問題として知られています．この問題は，平面上に n 箇所の人口代表点（**需要点**）が与えられた状況で，全人口の移動距離の合計を最小化する場所を見付ける問題です．

ここで，ウェーバー問題を数学の言葉を用いて最適化問題として記述しましょう．与えられた問題を数学的に表現することを**定式化**といいます．まずは，定式化のためのいくつかの記号を導入します．園の集合を I と表します．先の例題では8つの園からなる集合 $I=\{1, 2, ..., 8\}$ です．園 i の位置を直交座標系で (a_i, b_i) と表し，各園からの参加児童数を w_i 人とします．いま，会場の候補地を (x, y) と表します．ここで，園 i から点 $(x,$ $y)$ までの距離の合計は，1人あたりの距離 $\sqrt{(x-a_i)^2+(y-b_i)^2}$ に園 i からの参加児童数 w_i をかけて

$$w_i\sqrt{(x-a_i)^2+(y-b_i)^2} \tag{1}$$

と表されます（需要点が3つの例の図2.68も参照）．したがって，ウェーバー問題は以下のように表すことができます．シグマ記号の下の $i \in I$ は各園について和をとることを意味します．

ウェーバー問題の定式化

$$\min. \sum_{i \in I} w_i\sqrt{(x-a_i)^2+(y-b_i)^2} \tag{2}$$

先の例題について，目的関数を会場の位置 (x, y) の関数として**等高線**を描画したものが図2.69です．等高線とは目的関数が同じ値をとる点の集合で平面上の曲線で表されます．また，図中には，最適配置場所（ダイヤ型の点A）も示しており，この点に近い等高線上の点ほど，目的関数値（移動距離の合計）が小さくなっています．最適解は園が集中する場所の近くに現れています．ウェーバー問題の最適解は，一般に，重みが大きな需要点が集中する場所の付近に現れる傾向があるため，一部の需要点から大きく離れた場所に施設が選ばれる場合も多いのです．ウェーバー問題は，最適解を比較的求めやすい，**凸計画問題**と呼ばれる問題なのですが，最適解を式で直接的に表現することはできません．そのため，反復計算によってこれを求める**ウェイツフェルド（Weiszfeld）の方法**が広く知られています．ウェーバー問題に関するさらに詳しい情報は，栗田（2004）やDrezner and Hamacher（2001）を参照してください．

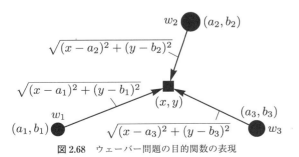

図2.68 ウェーバー問題の目的関数の表現

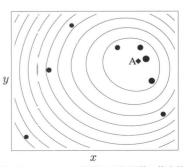

図2.69 ウェーバー問題の目的関数の等高線

b. ミニマックス問題

規準Bの問題は，連続平面上にn個の点が離散的に与えられている状況で，最も遠い需要点までの距離が最小になるような施設の立地点を求める問題です．最大値を最小化するためにミニマックス問題と呼ばれます．ミニマックス問題では，最大距離のみに興味があるため需要の重みは考慮されません．ミニマックス問題は以下のように定式化することができます．なお，$\max_{i \in I}$ という記号は全ての園の中で最も大きな要素（保育園までの距離）を意味します．

ミニマックス問題の定式化
$$\text{min.} \quad \max_{i \in I} \sqrt{(x-a_i)^2 + (y-b_i)^2} \quad (3)$$

この問題は，少し違った角度から眺めると，幾何学の興味深い問題と捉えることができます．ミニマックス問題は，n個の点を全て包含する（内部または周上に含む）円の中で，半径最小の円を求める問題と等価であり，**最小包囲円問題**とも呼ばれます．最小包囲円問題は以下のように表すことができます．

最小包囲円問題の定式化
$$\text{min.} \quad r \quad (4)$$
$$\text{s.t.} \quad \sqrt{(x-a_i)^2 + (y-b_i)^2} \leq r \quad \forall i \in I \quad (5)$$

s.t. は "subject to" の略で，満たすべき制約条件を表しています．ここで，rは円の半径を意味し，目的は半径最小の円を求めることです．制約式 (5) は，各需要点 (a_i, b_i) が位置 (x, y) を中心とする半径rの円内か周上に存在しなければならないことを意味します．

このように，平面上の問題の多くは，連続変数を用いてモデル化できます．なおこの問題は，離散的な問題（有限の候補から目的の解を探す問題）と捉えることもできます．そのためには，最小包囲円が，①ある2つの需要点を直径の両端点とする円か，②ある3つの需要点を円周上に持つ円かのどちらかである，という性質に着目します[1]．こ

---

[1] 点が規則的な格子点上にあるなどの特殊な状況では4点以上の点が同時に同じ円周上にのることもあります．

の性質を持つ円の個数が有限であることを利用し，最小包囲円を高速に求めるアルゴリズムも存在します．なお，図2.67の最適解では，点Bは3つの点がのる円の中心になっており，3つの園が同じ最大距離を実現することが分かります．

先の例題における，ミニマックス問題の目的関数の等高線は図2.70のようになります．ミニマックス問題の等高線は興味深い形状をしています．これは次に説明するように円弧の組合せからなっているためです．この等高線は最大距離が等しい点の軌跡です．いま，ある点に施設を配置した場合に最大距離を実現する需要点が1つだけだったとします．施設の位置の変化が十分小さければ，この需要点はやはり施設から最も遠い点となります．最大距離を一定値に保ったまま施設を動かした場合，この需要点を中心とした円弧上を移動することになるのです．等高線上の尖った点は，最も遠い需要点が変化する施設の位置を示しています．

c. 2乗距離和最小化問題

さて，ここまで規準AとBの施設配置問題を学習しました．保育園の運動会の会場を決める問題では，A案もB案も一長一短でどちらが優れているかを決めるのは難しそうです．そこで，次の規準Cを考えてみましょう．

規準C：会場の場所を全児童の距離の2乗和で
評価する

この規準は，距離の2乗に着目している点で，やや不自然に感じるかもしれませんが，次に述べる2つの意味で大変重要です．まず1つ目は，規準Cは規準Aと規準Bの中間的な性質を持って

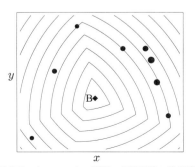

図2.70　ミニマックス問題の目的関数の等高線

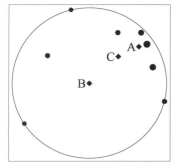

図 2.71　3つの問題の最適解の比較

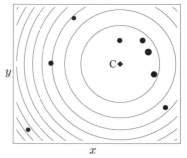

図 2.72　2乗距離和最小化問題の目的関数の等高線

いる点です．その理由は次の通りです．距離の2乗に着目しているため，会場まで遠い児童の負担を規準Aよりも重視しています．2倍の距離の児童は4倍の値で評価され，3倍の距離の児童は9倍の値で評価されます．その一方で，規準Bとは異なり，全児童の距離をコストに加味しています．その意味で，規準Aと規準Bをバランスよく考慮した評価尺度といえそうです．もう1つの重要な点は，距離の2乗の和を最小化する位置は，需要点集合に対する**重心**であることです．これについては後で詳しく調べることにしましょう．

さて，2乗距離和最小化問題の詳しい説明に入る前に，この問題の最適解を保育園の例題で求めた結果を見てみましょう．それを示したのが図2.71のダイヤ型の点Cです．確かにC案では，A案とB案の中間的な場所が選ばれています．また，2乗距離和最小化問題の目的関数の等高線は図2.72のようになります．

規準Cの2乗距離和最小化問題は以下のように定式化することができます．

2乗距離和最小化問題の定式化

$$\min. \quad \sum_{i \in I} w_i \{(x-a_i)^2 + (y-b_i)^2\} \quad (6)$$

この問題の最適解は式の形で具体的に求めることができます．いま，式 (6) の目的関数を z_C と表します．z_C を x, y についてそれぞれ偏微分[2]して結果を 0 とおくと

---

[2] 偏微分を学習していない場合でも「移動距離の2乗の和を最小にする点は重心である」という重要な結果はぜひ記憶してください．

$$\frac{\partial z_C}{\partial x} = \sum_{i=1}^{n} 2w_i(x - a_i) = 0, \quad (7)$$

$$\frac{\partial z_C}{\partial y} = \sum_{i=1}^{n} 2w_i(y - b_i) = 0 \quad (8)$$

となります．これらを満たす点を (x_g, y_g) とすると

$$x_g = \frac{\sum_{i=1}^{n} w_i a_i}{\sum_{i=1}^{n} w_i}, \quad (9)$$

$$y_g = \frac{\sum_{i=1}^{n} w_i b_i}{\sum_{i=1}^{n} w_i} \quad (10)$$

という非常に単純な結果が得られます．この点 (x_g, y_g) は需要点の集合に対する重心です．「重心は距離の2乗の和を最小にする点である」という非常に重要な性質が示されました．式 (9) と式 (10) は，人口の重みを考慮した上での x 座標と y 座標の平均値を表しています．その意味で，重心は与えられた地域の代表点であり，空間解析における大変重要な概念なのです．

ここまで，連続平面上の単一施設の配置問題を3つ紹介しました．次の話題に進む前に，保育園の運動会の会場選びの問題をもう一度考えてみましょう．A案，B案，C案の特徴を見てきましたが，どの案を採用すべきでしょうか．それは「状況によって異なる」としかいえません．意思決定に携わる立場の人が，各案の長所・短所を勘案して状況に応じた判断をする必要があるのです．この例では，各園から児童が会場までどのようにアクセスするかによっても違う結論になるかもしれません．各園から電車（と徒歩を組み合わせて）

行くのか，各園から会場までのバスを出すのかによって，児童のコストの意味は大きく異なるはずです．

■ 2.7.2 最大カバー問題

> **問題 2.18 （宅配ピザの店舗配置決定問題）**
> 宅配型のピザチェーンの経営者がある地域に新規出店を考えています．経営者は，注文を受けてから30分以内にピザを宅配できる範囲にいる人口を多く確保したいと考えています．店舗を3箇所に設ける場合，各店舗をどの場所に配置すればよいでしょうか．

この問題は距離を最小化するアプローチとは異なり，需要をカバーする別のタイプの施設配置問題です．ここで**カバー**という言葉は，「施設が置かれた場所から一定距離以内に存在する需要点はその施設のサービスを受けることができる」という意味で用いられます．

上記の宅配ピザの店舗配置問題のほかにも，様々な応用が存在します．例えば，救急車や消防車の出動拠点の配置を検討する際には，出動要請を受けてから一定時間以内（例えば8分以内）に到達できる地理的範囲が問題になります．近年着目されているドクターヘリの配置拠点を考える際にも同様のアプローチが可能です．また，携帯電話の基地局や防災スピーカーの配置など，電波や音の届く範囲を記述する場合にも需要をカバーするタイプの問題（カバリング問題）が現れます．このように，カバリング問題には，非常に幅広い応用があるのです．

以降では，代表的なカバリング問題の1つである，最大カバー問題を紹介します．最大カバー問題は，カバー需要を最大化する p 箇所の施設の配置場所を求める問題で，様々な場面で大いに活躍するモデルです．

a. 整数変数を用いた定式化入門

施設配置問題は，対象空間のモデル化に応じて**連続型モデル**と**離散型モデル**に分類できます．連続型モデルは扱う問題の幾何学的な特徴を把握しやすいという利点があります．一方の離散型モデルは，実データを用いた分析にも役立ちます．

離散型モデルの多くは，整数変数を持つ最適化問題である**整数計画問題**として定式化することができます．近年，整数計画問題を解くためのソフトウェアが手軽に利用でき，また地理的なデータが入手しやすくなっています．こうした環境をうまく活用するために，以下では，与えられた問題を整数計画問題として定式化する方法をやさしく解説します．まずは次の問題を考えてみましょう．

> **問題 2.19 （ナップサック問題）**
> R商事は，4つのプロジェクトからいくつかを選んで投資することを検討しています．各プロジェクトの費用と利益は表2.12の通りです．予算を9まで利用可能なとき，利益を最大化するにはどうすればよいでしょうか．

これは，ナップサック問題と呼ばれる有名な問題で，アイテムの集合（ここではプロジェクトの集合）が与えられた場合に，ナップサックの容量制約のもとで，最も価値の高いアイテムの組合せを求める（ナップサックに詰め込む）問題とみなせるのでこの名が付いています．この問題を定式化してみましょう．いま各プロジェクトに対して，0か1の値のみをとる変数 x_1, x_2, x_3 および x_4 を用意します．そして，$j = 1$, 2, 3, 4に対して，プロジェクト j に投資をする場合 $x_j = 1$ をとり，j に投資をしない場合には $x_j = 0$ をとる，という意味を持たせましょう．変数 x_j を用いると，表2.12の問題は以下のように定式化できます．

例題のナップサック問題の定式化

$$\text{max.} \quad 4x_1 + 5x_2 + 13x_3 + 15x_4 \tag{11}$$
$$\text{s. t.} \quad 2x_1 + 3x_2 + 5x_3 + 6x_4 \leq 9, \tag{12}$$
$$x_1, \ x_2, \ x_3, \ x_4 \in \{0, 1\}. \tag{13}$$

表 2.12 ナップサック問題の例題

プロジェクト	1	2	3	4
利益	4	5	13	15
費用	2	3	5	6

式（11）は，投資するプロジェクトについての総利益を表しており，これを最大化することが目的です．式（12）の左辺は，投資するプロジェクトの総費用を表していて，これが利用可能な総予算9を超えてはいけないことを意味しています．

なお，上記の例題では，プロジェクト2と4を選ぶのが最適であり，そのときの利益は20となります．ぜひご自身の手で確認してください．

ナップサック問題の定式化を理解しておけば，様々なタイプの施設配置問題を定式化する際に役立ちます．なお，ナップサック問題では，**不等式で表される制約式**のみを使いましたが，**等式で表される制約式**もよく用いられます．このように，データと変数を定義した上で，簡単な足し算と等式や不等式を用いれば対象を定式化することができます．難しい数学は全く必要ないのです．

最後にナップサック問題を，一般的に記述しておきましょう．ここで，J はアイテムの集合，v_j はアイテム j の価値，c_j はアイテム j の重量，b はナップサックの容量を表します．

一般のナップサック問題の定式化

$$\text{max.} \quad \sum_{j\in J} v_j x_j \tag{14}$$

$$\text{s. t.} \quad \sum_{j\in J} c_j x_j \leq b, \tag{15}$$

$$x_j \in \{0, 1\}, \ \forall j \in J. \tag{16}$$

---

b. 最大カバー問題の定式化

以降では，対象空間において，施設利用者が居住する地点（需要点）と，施設を配置する候補地（**配置候補地**）が離散的に与えられている状況を仮定します．ここで，需要点の集合を I と表し，配置候補地の集合を J と表します．

データとして，需要点 $i\in I$ の人口（需要量）w_i と，需要点 $i\in I$ と配置候補点 $j\in J$ との距離 d_{ij} を利用します．さらに，カバー半径 r_c を設定します．r_c は，距離 d_{ij} がこの値以下であれば施設サービスを受けることができると考えてあらかじめ設定する値です．定式化の際には，以下の0-1データ a_{ij} を用います．

$$a_{ij} = \begin{cases} 1 & i\text{--}j \text{ 間の距離 } d_{ij} \text{ が } r_c \text{ 以下の場合} \\ 0 & \text{そうでない場合} \end{cases}$$

さらに，施設の配置場所の決定に関する0-1変数と需要のカバーに関する0-1変数を導入します．

$$x_j = \begin{cases} 1 & \text{候補地 } j\in J \text{ に施設を配置する場合} \\ 0 & \text{そうでない場合} \end{cases}$$

$$z_i = \begin{cases} 1 & \text{需要点 } i\in I \text{ がカバーされる場合} \\ 0 & \text{そうでない場合} \end{cases}$$

これらを用いると，最大カバー問題は以下に示す整数計画問題として定式化することができます．

最大カバー問題の定式化

$$\text{max.} \quad \sum_{i\in I} w_i z_i \tag{17}$$

$$\text{s. t.} \quad \sum_{j\in J} x_j = p, \tag{18}$$

$$z_i \leq \sum_{j\in J} a_{ij} x_j \quad \forall i \in I, \tag{19}$$

$$x_j \in \{0, 1\}, \ \forall j \in J, \tag{20}$$

$$z_i \in \{0, 1\}, \ \forall i \in I. \tag{21}$$

目的関数（17）は，施設によってカバーされた需要の合計で，これを最大化することが目的です．式（18）は，等式で表された制約式で，p 箇所に施設を配置することを示しています．このことは式（18）の左辺が，（全ての配置候補地に関する配置変数の和であり）配置された施設数を意味することから理解できます．式（19）は，需要点 i をカバーする（左辺を1とする）ためには，需要点 i をカバー可能な施設が少なくとも1つは配置されなければならないことを表しています．式（20）と式（21）は，変数が整数値（0か1）以外をとってはならないことを示しています．

式（19）についてはもう少し詳しく説明しましょう．まず，この制約式は $\forall i\in I$ という記号があることから，各需要点 i について制約式が存在することに注意してください．この式の左辺は変数 z_i であり，値は0か1の2通りです．この不等式は，左辺が1の場合には右辺は1以上でなければならないことを意味しています．ここで，右辺は，需要点 i をカバーする施設の数を表しています．

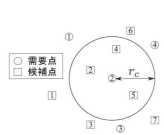
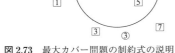
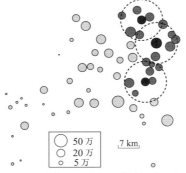
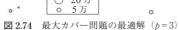
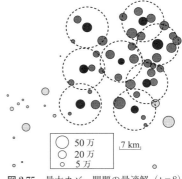

図2.73　最大カバー問題の制約式の説明　　図2.74　最大カバー問題の最適解（$p=3$）　　図2.75　最大カバー問題の最適解（$p=8$）

このことは，式(19)で，需要点iを固定した場合，あるjにおいて$a_{ij}x_j=1$となるのは，iをカバーできる候補地j（$a_{ij}=1$）に施設が置かれた場合（$x_j=1$）であることから分かります．

図2.73の例を用いて，この制約式を需要点2について具体的に記述すると以下の通りになります．

$$z_2 \leqq x_2 + x_4 + x_5 \tag{22}$$

この式は，需要点2をカバーする（$z_2=1$とする）ためにはカバー半径内に存在する配置候補地である2, 4, 5の少なくとも1つには施設を配置しなければならないことを意味します．

c. 人口データを用いた分析例

最大カバー問題を神奈川県の人口データに適用した結果を紹介します．ここでは，モデルの特徴を把握しやすいように，市区町村の役所・役場の位置に各市区町村の人口を設定した例題を作成しました[3]．なお，横浜市，川崎市および相模原市は各区の人口を用います．配置候補地も役所・役場の位置に設定します．この例題の需要点と配置候補地の数は58です．以降では，カバー半径は直線距離で$r_c=7.0$ kmと設定した結果を示します．

配置施設数を$p=1$から$p=16$まで1つずつ増やした場合の最適解を計算しました．ここで，$p=16$は，全ての需要点がカバーされる最小の施設数に相当します．図2.74と図2.75は，$p=3$と$p=8$の最適配置結果を表しています．黒い点は施設が配置された場所を，濃いグレーの点（と黒い点）はカバーされた市区町村を，薄いグレーの点はカバーされていない市区町村を表します．

$p=3$の例では，人口が多い需要点が多数カバーされています．カバー率（全需要量に対するカバー需要の割合）は，47.2%となっています．たった3つの施設で半分近い需要がカバーされていることが分かります．$p=8$の例では，大半の需要点がカバーされており，カバー率は，86.9%です．カバー率100%を実現するためには，16箇所に施設を配置する必要があることを考えると，最大カバー問題がいかに有効かが分かります．

次に，配置施設数pと最適値（各最適解における目的関数値）の関係を図2.76に示します．グラフは大きく上側に膨らんでおり，少数の施設で大きなカバー率を達成できる様子が鮮明に読み取れます．図2.76は，費用対効果を分かりやすいかたちで提示しており，配置施設数の計画を立てる際にも大変有益な情報です．

---

[3] 人口データは神奈川県ホームページにおいて公開されている人口統計調査結果（平成28（2016）年8月1日現在）を利用し，市区町村の役所・役場の位置は国土地理院ホームページで公開されているものを利用します．

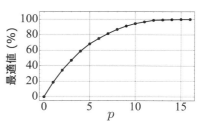

図2.76　配置施設数と最適値の関係（最大カバー問題）

■ 2.7.3 フロー捕捉型配置問題

問題 2.20 （学園祭のビラ配り問題）
私立 T 高校では，10 月の学園祭に向けて準備を進めています．学園祭の実行委員会では，多くの人に来てもらうために，インターネットでの宣伝に加え，学校近くの駅や商店街などで宣伝のためのビラ配りを考えています．手分けして 5 箇所でビラ配りをする際に，どの場所を選べば宣伝効果が高いでしょうか．

この問題も施設配置問題の一種といえますが，これまでの問題とは大きく異なる点があります．ここでの需要はビラを渡す相手ですが，この需要は空間内の点ではなく，道路網上を各自の移動経路に沿って動いている人々であるという点です．

一見すると，たくさんの人が通過する場所から順に選べばよいようにも思えますが，話はそう単純ではありません．多くの人が通過する場所に人を集中配置すると，同じ人に何度もビラを渡しかねず，大きな宣伝効果は期待できません．この問題の目的は，多くの人にビラを渡すことだと考えると，うまく重複を避けて，動いている人（フロー）を多く捉えられる場所を探す問題といえます．これは，Hodgson (1990) によって提案され，本節で紹介するフロー捕捉型配置問題とみなせます．

以降では，フロー捕捉型配置問題の定式化と例題道路網を用いた分析例を紹介し，さらにこの問題の様々な応用を見ていきましょう．

a. フロー捕捉型配置問題の定式化

Hodgson (1990) は，道路網上の車両の流れを施設サービスに対する需要と捉えた施設配置問題を提案しました．状況設定は図 2.77 の通りです．この図は道路網を表現しており，頂点は移動の出発点と目的点を表します．施設が 2 つ，グレーで示した地点に配置されています．図中の黒い矢印は経路上に少なくとも 1 つは施設が存在するフロー（捕捉フロー）を表し，点線の矢印は経路上に 1 つも施設が存在しないフローを表します．矢印の横に書かれた数字はフロー量を意味しており，この例では，捕捉フロー量は 9 となります．フロー捕捉型配置問題の目的は，捕捉フロー量の合計を最大化する施設の配置方法を決定することです．

この問題は，先に見た，最大カバー問題の一般化と位置付けることができます．以下では，施設を配置可能な頂点集合を K，正の流量が存在するフローの集合を Q と表し，以下の記号を導入します．

p : 配置施設数

f_q : フロー $q \in Q$ の流量（移動者数）

a_{qk} : 頂点 $k \in K$ がフロー $q \in Q$ の経路上に含まれる場合に 1 をとり，含まれない場合に 0 をとるパラメータ

さらに，施設配置と各フローの捕捉状況を表現する以下の 0-1 変数を導入します．

$$x_k = \begin{cases} 1 & \text{頂点 } k \in K \text{ に施設を配置する} \\ 0 & \text{そうでない場合} \end{cases} \quad (23)$$

$$y_q = \begin{cases} 1 & \text{フロー } q \in Q \text{ が捕捉される} \\ 0 & \text{そうでない場合} \end{cases} \quad (24)$$

以上を用いると，フロー捕捉型配置問題を以下のように定式化することができます．

フロー捕捉型配置問題の定式化

$$\max. \quad \sum_{q \in Q} f_q y_q \quad (25)$$

$$\text{s.t.} \quad \sum_{k \in K} x_k = p, \quad (26)$$

$$y_q \leq \sum_{k \in K} a_{qk} x_k, \forall q \in Q, \quad (27)$$

$$x_k \in \{0, 1\}, \forall k \in K, \quad (28)$$

$$y_q \in \{0, 1\}, \forall q \in Q. \quad (29)$$

目的関数 (25) は，捕捉フロー量の総和を表していて，これを最大化することが目的です．式 (26) は，配置施設数が p 個であることを表して

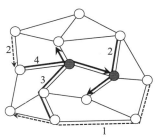

図 2.77 フロー捕捉型配置問題の状況設定

います．式 (27) は，フロー q を捕捉するためにはフロー q の経路上に少なくとも1つは施設を配置する必要があることを意味します．式 (28) と式 (29) は変数 x_k と y_q の 0-1 制約を表しています．この問題では，多くのフローを重複なく効率的に捕捉するような配置が実現されます．

上記の通り，この問題は最大カバー問題と全く同じ形をしています．扱っている状況設定は大きく異なるのですが，形式的には同じように表現することが可能です．言い換えると，最大カバー問題は，少し一般的に捉えることで様々な場面に応用することができるのです．

b． 例題道路網を用いた分析例

次に，例題を用いて，フロー捕捉型配置問題の最適解の特徴を分析します．分析には，図 2.78 に示す，東急東横線日吉駅（横浜市）周辺の道路網をデフォルメして作成した，頂点数 38 の例題を用います．例題道路網におけるフローは，簡単のために，①全ての頂点ペアの間に1単位のフローが存在（全フローは 703 単位）し，②各フローは起点と終点の間の最短経路上を移動する状況を仮定しました．各リンクの長さは両端の頂点間の直線距離で与えました．図 2.78 の頂点を表す円の面積は，各頂点の全通過フロー量を表しています．この値の大きい上位 10 頂点にはノード番号を書き入れています（頂点 10 と頂点 28 は同着 10 位のため合計 11 頂点あります）．

全ての需要が捕捉されるまで施設を1つずつ増やして計算を行った結果，$p=20$ の最適解において全フローが捕捉されました．図 2.79，図 2.80 および図 2.81 は施設数が $p=3$，$p=5$ および $p=9$ の最適解で，図中の黒く示した頂点が施設が配置された場所です．

図 2.79 を眺めると，施設は通過フロー量の多い上位 10 頂点に置かれていることが分かります．一方で，必ずしも値の大きい順に選ばれているわけではなく，施設どうしがやや分散していることに気が付きます．これは，次のように解釈できます．通過量が大きい隣り合った頂点にともに施設を配置してしまうと，2つの頂点を同時に通過するフローが多くなるため，多数のフローを重複して捕捉してしまいます．そのため，施設を分散して配置する必要があるのです．

最適解のこの傾向は，$p=5$ と $p=9$ の図 2.80 と図 2.81 にも非常によく現れており，同一フローを重複して捕捉しないように，施設が分散しています．このことは，図 2.80 の場合には，頂点 26 および 30 が，図 2.81 の場合には，頂点 2，15，21，31 および 35 が通過量の多い上位 10 頂点以外から選ばれていることからも，理解できるでしょう．

最後に，最大カバー問題の例でも分析した，配置施設数と最適値の関係を整理すると，図 2.82 が得られました．はじめは施設数の増加に伴って，捕捉率が大きく増大し，その後増加率は低減して

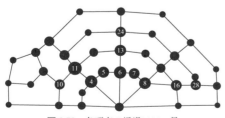

図 2.78 各頂点の通過フロー量

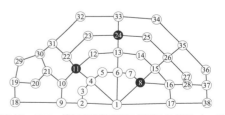

図 2.79 フロー捕捉型配置問題の例題の最適解（$p=3$）

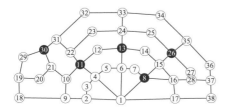

図 2.80 フロー捕捉型配置問題の例題の最適解（$p=5$）

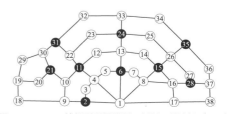

図 2.81 フロー捕捉型配置問題の例題の最適解（$p=9$）

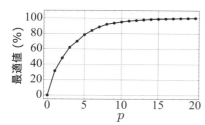

図 2.82 配置施設数と最適値の関係（フロー捕捉型配置問題）

いく傾向が把握できます．はじめのビラ配りの問題で述べると，5人でうまく手分けすればこの地域の8割のフローをカバーできるのです．一方で，全てのフローをカバーしたければ20人の人手が必要であることを示しています．最大カバー問題とフロー捕捉型配置問題を通じて，少ない資源で最大の効果を達成することを目指すモデル化が，非常に有効であることが分かりました．

c. フロー捕捉型配置問題の適用例

ここでは，フロー捕捉型配置問題を用いて分析が可能な状況設定をいくつか考えてみます．大切なポイントは，フローや施設の意味をやわらかく捉えることです．以下に5つの例を挙げましたが，それぞれの例において，フローと施設に対応するものが何に相当するかを確認してください．

① 駅から自宅に向かう通勤・通学帰りの人にたくさん立ち寄ってもらえる場所に出店したい．
② 駅構内の多くの人が目にする場所にポスターを配置したい．
③ 大型ショッピングモールの中に何箇所か休憩スペースを配置したい．
④ スポーツ競技場周辺の警備を効果的に行えるように，警備員の配置場所を決めたい．
⑤ 野生動物の生態を観察するための，自動撮影カメラの設置場所をうまく決めたい．

フロー捕捉型配置問題は，道路網上の自動車交通流をうまく捉える施設の配置場所を求める問題として提案されました．しかしそれだけではなく，上記の通り，数多くのほかの状況設定においても有効です．大切なのは，「流れを捉える場所を空間内に見付ける問題」というように，状況を限定せずに問題を捉える視点です．ぜひ読者の皆さんも自分ならではの新しい応用を見付けてください．

■ 2.7.4 施設配置問題の広がり

施設配置問題の研究は多岐にわたっています．本項では，さらに進んだ内容への道しるべとして，施設配置問題を様々な視点から分類します．問題の分類の仕方と各問題の特徴を整理しておくと，既存モデルを利用する場合や，自分で新しいモデルを構築する際に大変役立ちます．

a. 対象空間のモデル化による分類

先ほど述べたように，対象空間のモデル化に応じて，**連続型モデル**と**離散型モデル**に大別できます．これは，施設配置問題を扱う上で最も重要な分類の1つです．

連続型モデルでは，連続平面上に離散的に分布する利用者（需要点）を想定し，平面上の任意の地点に施設を配置可能であると考えます．最初に扱った運動会の会場決定問題における3つのモデルは，このクラスに分類されます．離散型モデルでは，需要点と配置候補点の両方が空間内に離散的に配置された状況を仮定します．記述力が高く実務の現場でも広く利用されています．

連続型モデルは多くの場合，施設位置を表す連続変数を用いた**非線形計画問題**として定式化されます．一方，離散型モデルは，整数計画問題として定式化することが多くあります．本節では，後者の例として，最大カバー問題とフロー捕捉型配置問題を取り上げました．その他の重要な例に，p-メディアン問題や p-センター問題があり，それぞれ，移動距離の合計の最小化と最大移動距離の最小化を目的として，複数施設を同時に配置する問題です．これらの施設配置問題の入門的な解説として文献（日中，2013）を参照してください．また，非線形計画問題や整数計画問題を解くための環境やソフトウェアの利用方法については教科書（久保ほか，2016）を参考にしてください．

b. 計画主体とサービス受給者に着目した分類

施設配置問題で扱われる様々な施設を分類する際に，施設を配置する主体とサービスを利用する主体を意識することが大切です．

施設の配置計画を立てるのが企業や店舗の経営者の場合には，計画者自身の利益やコストを直接表現した問題を考えることが多く，明確に目的を設定できるケースもよくあります．

一方で，国や自治体などが公的な立場で計画を立てる場合には，サービスを受ける主体は国民や地域住民などであり，計画者とは異なります．救急車の配置問題，小学校の統廃合を計画する問題，市民が利用する図書館を新規に建設する問題などが例として挙げられます．こうした状況では，様々な立場のサービス利用者の利益を考慮する必要があります．配置の良し悪しを測る絶対的な規準を設けることが困難な場合も多く，複数の目的関数やシナリオを考慮したアプローチが重要です．

c. 目的関数が単一か複数かによる分類

平面上の単一施設の配置問題では，移動距離の合計の最小化と最大距離の最小化のどちらが望ましいか，という視点に立ちましたが，両者を同時に考慮したい場面も多くあります．そのような場合には，複数の評価尺度を同時に考慮した**多目的最適化**というアプローチが用いられます．

例として，ごみの埋立て処理場の配置問題が挙げられます．こうした施設は人口集中地点から離れた場所に計画する必要があります．一方で，処理場が人口集中地点から離れすぎると，ごみを輸送するコストが大きくなってしまいます．

d. 施設問題の様々な分類軸

施設配置問題の分類方法は，上記以外にも数多く存在します．例えば，①施設に容量（定員や単位時間あたりに処理しきれる人数）を考慮したモデル，②施設サービスの階層性を考慮したモデル，③時間軸を取り入れたモデル，④需要の不確実性を考慮したモデル，⑤ごみ処分場などの遠くにある方が望ましい施設（迷惑施設）の配置モデルなどが挙げられます．これらはごく一例ですが，施設配置問題は現実の様々な状況設定に応じた多様な展開がなされています．さらに進んだ学習をする際には，参考文献を参照してください．施設配置問題の幅広い分野を本格的に学習したい場合には，英語で書かれた教科書（Daskin, 2013）や専門書（Drezner and Hamacher, 2001）をお勧めします．

[田中健一]

3

ネットワークの世界

3.1　ネットワーク分析

3.2　ネットワーク空間解析

3.3　幾何ネットワーク

3.4　最短経路問題

3.5　ネットワークと最適化

3.6　配送計画

3.1
ネットワーク分析

■ 3.1.1　ネットワークとは

> **問題 3.1**
> いま，あなたは旅先にいて，自動車で A 市の
> ホテルから B 市にある観光地に向かおうとして
> います．多くの**経路**が存在する場合，どの経路
> を選べばよいのでしょうか？

　道路を自動車で移動するとき，ある地点から別
の地点に向かう経路が 1 つしかないということは
まれで，多くの場合，複数の経路が存在します．
ここでいう経路とは，道路（交差点）を通る順番
を意味しています．したがって，曲がる交差点が
1 つ違えば，それらは別の経路ということになり
ます．さらに，東京都庁から愛知県庁へ向かうと
きに，途中で宮城県庁を通る経路も，（意味もなく
このような経路を選ぶ人はいないと思いますが）
経路は経路です．このように考えると，2 つの地
点を結ぶ経路は無数にあることが分かります．こ
れらの経路を列挙することも大変ですし，列挙で
きたとしても，今度は選ぶのが大変です．

　もしも出発地から目的地までの間に，山や川な
ど隔てるものが何もなく，広大な運動場のような
空間が続いていて道路を通らなくても済むのなら，
出発地から目的地まで一直線に移動すればよいの
で，**経路探索**の煩わしさはありません．しかし，
現実の空間には山や川，公園や建物など様々な移
動の障壁があるので，自動車は道路上の経路を探
して移動しなければなりません．さらに，単に目
的地に着けばよいというだけではなく，「早く移動
したい」とか「安く移動したい」といった要望を
叶えるためには，無数にある経路の中から，最短
時間や最小費用で移動できる経路を探さなくては
なりません．少し考えただけでも気が遠くなるよ
うな作業が必要になります．冒頭の問題で，すぐ

にでも B 市の観光地に向かいたいのに，経路を探
すのに何時間もかかっていては，観光する時間が
なくなってしまいます．きっと読者の皆さんは
「カーナビやスマホを使えばすぐ分かるじゃない
か」と思われたことでしょう．全くその通りで，
現在はカーナビ（カーナビゲーションシステムの
略）やスマートフォンの地図アプリが，あっとい
う間に経路を提示してくれます．さらに，カーナ
ビでは距離優先，一般道優先などの優先項目に基
づいて 5 つ程度の経路を提示してくれますから，
希望の条件に合った経路を選ぶことができます．

　とても便利な時代になったのですが，カーナビ
は一体どのようにして経路を探しているのでしょ
うか．もちろん，人力ではなくて，コンピュータ
に作業してもらう必要がありますから，コンピュ
ータが理解できるような問題に置き換えなければ
なりません．そこで活躍するのがネットワーク分
析の考え方です．実際の道路網をネットワークと
呼ばれる単純な数理モデルで表現することで，道
路網の持つ様々な性質を調べるためのネットワー
ク分析のツールが使えるようになるのです．カー
ナビがどのように経路を探索しているかというこ
とについては 3.4 節で詳しく説明します．本節で
は，本書で扱う，ネットワークに関する様々な分
析・計画用のツールを利用するための準備として，
ネットワークの基礎について学びましょう．

> **問題 3.2**
> 「ネットワーク」という言葉から，どのような
> ものがイメージされるでしょうか？

　一般的に用いられる「ネットワーク」とは，文
字通り網状に作られたものの総称です．道路も網
状に細かく張り巡らされていることから，道路ネ
ットワークと呼ばれています．道路以外の交通に

3.1 ネットワーク分析

ついて考えるだけでも，鉄道ネットワークや航空ネットワーク，船舶ネットワークなど，駅や空港，港などをつなぐネットワークがイメージできるでしょう．ほかにも，電力や上下水道，ガス，石油・天然ガスのパイプライン，電話，インターネット通信網など，人や物，情報などを運ぶ様々なネットワークがあります．そして，Facebook や Twitter，Instagram などの SNS（ソーシャル・ネットワーキング・サービス）に代表されるように，目に見えない人と人の結び付きもネットワークで表現されます．このように日常生活に密着したネットワーク上で人や物や情報を効率的に動かすための基礎として，まずは数理モデルでネットワークを表現する方法について説明します．

道路網や鉄道網あるいはウェブページのリンクや人のつながりなどの構造を「点」と「線」で表現したものを「**グラフ**」と呼びます．グラフの線や点に重要度，長さ，重さなどの属性を与えたものを「**ネットワーク**」といいます（藤重, 2002）．ただしグラフといっても，折れ線グラフや棒グラフとは異なることに注意してください．また，テキストによっては，線や点に属性が与えられていても「グラフ」と呼んでいるものもあります（伊理, 1976）．なお，先ほどまでの一般的な「ネットワーク」とは違い，これ以降は数理モデルで扱うための用語として「ネットワーク」を用いることにします．

ネットワーク（グラフ）における「点」は頂点（vertex）や**ノード**（node）と呼ばれます．「線」は枝（branch），辺（edge），**リンク**（link）などと呼ばれることもあります．本節では「点」をノード，「線」をリンクと呼ぶことにしましょう．

リンクには向きが付いていない場合と付いている場合があります．どのリンクにも向きが付いていないグラフを無向グラフといいます．全てのリンクに向きが付いているグラフを有向グラフといいます．有向グラフの場合，矢印の向きにのみ通過できるものと考えます．一方通行の道路をイメージすると分かりやすいでしょう．

グラフの例を図 3.1 に示します．(a) は無向グラフ，(b) は有向グラフの例であり，リンクの向きを矢印で表しています．ノードにはアルファベットの名前を付けました．

本節では「ネットワーク」と「グラフ」を区別せずほとんど同じ意味で用います．可能な限り「ネットワーク」を用いて説明しますが，どうしても「グラフ」を使わざるをえない場合もあります．例えば「有向グラフ」のことを「有向ネットワーク」と呼ぶことはほとんどないのです．

道路を対象とした一般的なネットワークでは，ノードは交差点や行き止まり点を表し，リンクはノード間のつながりを表します（図 3.2）．リンクの形状（カーブ）を表現するために，**補間点**（形状点と呼ばれることもあります）を別途与えることもあります．また，歩行者に特化したネットワークでは，ビルや地下との出入口をノードに追加したり，横断歩道，歩道橋などをリンクとしたりする場合もあります．表 3.1 は，様々な交通のネットワークにおけるノードの例を示しています．鉄道ネットワークであればノードは駅，航空ネットワークであればノードは空港，船舶ネットワークであればノードは港とすることが一般的であり，いずれのネットワークにおいてもリンクはノード間のつながりを表しています．

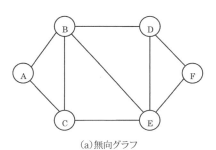
(a) 無向グラフ
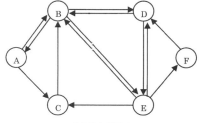
(b) 有向グラフ

図 3.1 グラフの例

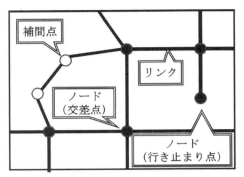

図 3.2　道路を表すネットワークの例

表 3.1　交通ネットワークにおけるノードの例

	ノードが表す対象物
道路 （一般道）	交差点，行き止まり点，地下との出入口
高速道路	インターチェンジ，ジャンクション，サービスパーキングエリア
鉄道	駅
バス	バス停
航空	空港
船舶	港，海上変針点

冒頭に示した問題に取り組むために，ネットワークのリンクに**コスト**を与えて，経路について考える準備をします．図 3.3 は，リンクにコストとしてノード間の距離を与えた例です．リンクのコストとは，自動車のガソリン使用量や鉄道の運賃など，リンクを通過するために必要なものを数値で表したものです．また，リンクを通過する時間もコストと考えることができます．これらのコストは距離と比例することが多く，したがってノード間の距離はリンクコストとしてよく使用されます．さらに，ノード間距離を**リンクコスト**として与えた場合，コストを長さと呼ぶこともあります．

図 3.3 のノード A からノード B と D を経由してノード F へ至る経路の距離は 9.6 km となります．また図 3.3 をよく観察すると，距離 9.6 km は A から F への最短距離であること，最短距離を与える経路は複数あることも分かります．

図 3.4 のように，リンクに**容量**を与えることがあります．リンクの容量とは，道路の幅員や車線数，鉄道やバスの 1 時間あたりの運行本数などをそれぞれのリンクに設定したもので，リンクに流すことのできるモノの通過量の上限を表します．リンクに容量を与えると，ネットワークを介して行われる様々なモノの通過や流れを扱うことができるようになります．流れのことを**フロー**（flow）と呼びます．

例えば，図 3.4 の**リンクの容量**が，リンクを走行する 1 時間あたりのバスの本数であるとします．バスで輸送する人のフローについて考えてみましょう．どのバスにも 50 人が乗車可能であるとして，ノード A からノード F へ 1 時間あたり運ぶことのできる人数は何人となるでしょうか？ ノード A からは 1 時間あたり 11 本のバスが出ていますし，ノード F へ向かうバスも 11 本ですので $11 \times 50 = 550$ 人を運ぶことができそうですが，途中のリンクの容量を考慮しなければなりません．実はこの問題の答えは，ノード A から F まで 1 時間あたりバス 10 本分 500 人となります．3 つのリンク B→D，B→E，C→E を走行するバスが 1 時間あたり 10 本となるため，もしノード A から 550 人が出発すると，どのように経路を選んだとしても途中のリンクで容量を超えてあふれてしまうのです．このような問題をネットワークフロー問題といい，3.5 節で詳しく取り扱います．

■ **3.1.2　ネットワークの性質を調べる**

ネットワークの性質を調べるために，様々な指

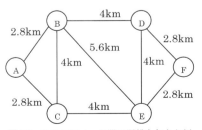

図 3.3　リンクにノード間の距離を与えた例

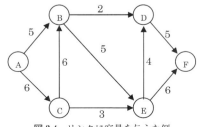

図 3.4　リンクに容量を与えた例

標があります．ここでは，いくつかの指標を紹介します．

a. 次　数

ノードに接続するリンクの本数を次数と呼びます．有向グラフの場合は，入ってくるリンク数を入次数，出るリンク数を出次数と呼んで区別します．図 3.1（a）のノード A の次数は 2 です．図 3.1（b）のノード A の入次数は 1，出次数は 2 となっています．

b. 密　度

ネットワークの密度とは，ネットワークにおいて張ることのできるリンクの数に対する，実際のリンクの数の比率のことです．ただし，密度を計算するネットワークではループや多重リンク（リンクの両端が同じノードとなっているリンクをループといいます．2 つのノード間に複数のリンクがあるとき，それらを多重リンクといいます）を含まないとします．ノード数 n，リンク数 m の無向グラフを考えます．ここで張ることのできるリンクの数は $n(n-1)/2$ となるので，

$$\text{ネットワークの密度} = \frac{m}{n(n-1)/2} = \frac{2m}{n(n-1)}$$

となります．有向グラフの場合には，張ることが可能なリンクの数は無向グラフの 2 倍の $n(n-1)$ であるので，

$$\text{ネットワークの密度} = \frac{m}{n(n-1)}$$

となります．図 3.1 のネットワークについて密度を計算してみると，（a）無向グラフの密度は $n = 6$，$m = 9$ なので $9/15 = 0.6$，（b）有向グラフの密度は $m = 13$ より $13/30 \fallingdotseq 0.433$ となります．

ネットワークの密度は比率なので 0 以上 1 以下の数値をとります．密度が 0 のネットワークを空グラフ，密度が 1 のネットワークを完全グラフといいます．図 3.5 にノード数 5 の無向グラフの空グラフと完全グラフの例を示します．

c. ネットワークの直径

次に，ノード間を結ぶリンクの数を用いてネットワークの性質を調べてみましょう．あるノードから別のノードへ最も少ないリンク数で至る経路を考えたとき，経由するリンク数が少ないほどそれら 2 つのノードの関係は近いと考えることにします．

全てのリンクの長さを 1 と置いて，あらゆる 2 つのノード間の最短となる経路の距離を調べます．この経路距離のうち最大の値をネットワークの**直径**と呼びます．いうまでもなく直径とは円の中心を通り円周上に端点がある線分の長さのことですが，ネットワークにおいてもノード間の経路距離を用いて直径を考えることができるのです．円の直径が円周上に端点を持つ線分のうち最大の長さとなることと同様に，ネットワークの直径は，ネットワーク内の最も長い 2 つのノード間の距離を表します．

完全グラフの直径は 1 です．密度の高いネットワークほど直径が小さくなります．ネットワークの直径が小さいほど，任意の 2 つのノードが，中間に少数のノードを介するだけで接続されており，ノード間の関係が近いことを示しています．人や組織のつながりをネットワークで表現したものを**ソーシャル・ネットワーク**といいます．直径が小さいソーシャル・ネットワークほど人の関係が近いのです．友達の友達は友達だ，という関係から全世界の人のネットワークを作ると，思ったよりもネットワークの直径が小さいことがあります．このことをソーシャル・ネットワークのスモールワールド性といいます．

d. 初等的な経路，閉路

ノードからノードへリンクがつながっていればネットワーク上を渡り歩くことができます．あるノードを出発して，どこかのノードへ到着するまでの経路について考えましょう．出発するノードを始点，到着するノードを終点と呼びます．無向グラフであればリンクの進む向きは考えなくても

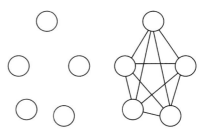

図 3.5 空グラフと完全グラフの例

よいですが、有向グラフの場合は矢印の向きにしか進めません。始点から終点までの経路について次の2つの性質を持つものはそれぞれ名前が付いています。

① 始点から終点まで同じノードを2回以上通らない経路を初等的な経路という。
② 始点と終点が同じノードの経路のことを閉路という。

図3.6に、図3.1 (a) のネットワークにおける初等的な経路と閉路の例を示します。なお、1つの閉路だけで構成されているグラフのことを閉路グラフと呼びます。

e. 木

ネットワークのリンクから、いくつかを取り出して部分ネットワークを構成することを考えてみましょう。部分ネットワークが次の2つの条件を満たすとき、この部分ネットワークを木（tree、ツリー）であるといいます。

① 部分ネットワークに含まれるリンクだけでは閉路を作ることができない。
② 部分ネットワークに含まれない1本のリンクと、部分ネットワークに含まれるいくつかのリンクとで閉路を作ることができる。

部分ネットワークとなる木は、閉路を含まず、木に含まれないリンクを1本でも追加すると閉路ができます。この部分ネットワークを木と呼ぶ理由は、形が樹木に似ているからです。たしかに自然界の樹木の枝や根には閉路はありませんね。図3.7に、木の例を示します。リンクのうち木に属するリンクを太線で、そうでないリンクを破線で表しています。この木は、図3.1 (a) の部分ネットワークとなっています。木の性質①と②が成り立

っているかどうか調べてみましょう。

f. オイラー路

ネットワークにおける一筆書きの問題を考えてみましょう。ネットワークの全てのリンクをちょうど1度だけ通る初等的な経路のことをオイラー路といいます。また、全てのリンクをちょうど1度だけ通る閉路は、**オイラー閉路**と呼ばれます。これらの名称は18世紀の数学者オイラー（L. Euler）にちなんだものです。オイラーはドイツの都市ケーニヒスベルク（現在はロシアの飛地領の都市カリーニングラード）の中心部を流れる川に架けられた橋を一筆書きで全て渡ってもとの地点に戻ってこられるか、という問題について考えて、数学的に一筆書きができないことを証明してみせたのです。

ネットワークの全てのリンクが一筆書きで描けるかどうか、すなわちオイラー路やオイラー閉路があるかどうか調べる方法について考えます。オイラー路でネットワークのリンクを通るとき、始点と終点を除く全てのノードを通過することになるので、これらの**ノードの次数**（ノードから出ているリンクの本数）は偶数でなければなりません。なぜなら、ノードから出るリンク本数が奇数であると、一筆書きで経路を辿った場合に行き止まりになってしまうからです。一方で始点および終点の次数は奇数である必要があります。始点からは出たきり戻らず、終点はゴールなので入った後に出る必要はないからです。

オイラー閉路を考える場合は、オイラー閉路である一筆書きの始点と終点が一致するので、このとき経路は全てのノードを通過します。したがって、全てのノードの次数は偶数でなければなりま

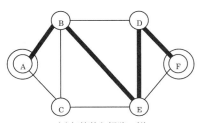

(a) 初等的な経路の例
始点A、終点F、途中の頂点はBとEとD。

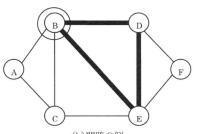

(b) 閉路の例
始点B、終点B、途中の頂点はDとE。

図 3.6 初等的な経路と閉路の例

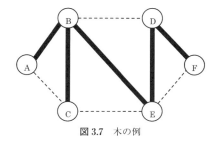

図 3.7 木の例

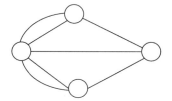
(a)オイラー路もオイラー閉路もない

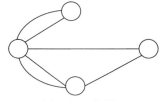
(b)オイラー路がある

図 3.8 オイラー路のないネットワークとあるネットワーク

せん．

　これらの性質を数学的に注意深く吟味すれば，オイラー路とオイラー閉路に関して次のことがいえます．ネットワークのノードの次数を調べて，次数が奇数となるノードが2つだけあるならば，それはオイラー路があることの必要十分条件です．全てのノードの次数が偶数であることは，オイラー閉路があることの必要十分条件です．

　図 3.8 に示した2つのネットワークのノードから出るリンクの数を数えて，オイラー路やオイラー閉路があるかどうか調べてみましょう．(a)，(b)ともに多重リンクを含むネットワークとなっています．なお図 3.8 (a) は，オイラーが考察したケーニヒスベルクの7つの橋を模したネットワークです．

■ **3.1.3　ノードの中心性**

　ノードの重要度について考えてみましょう．ノードの重要度を表す指標のことを，中心性といいます．ネットワークのノード数を n として，4つの代表的な中心性について述べます．いくつもの中心性を考えるのは，ノードの重要性を測る尺度は様々な視点から考えられるからです．

　準備として，全てのリンクの長さを1として，全ての2つのノード間の最短となる経路とその距離を調べておきます．

　最初に，**離心中心性**について説明します．各ノードから見て最も遠いノードまでの距離を，ノードの離心数といいます．離心数が小さいノードは，最も遠いノードまでの距離が最も短いので，重要であると考えることができます．離心数の逆数を離心中心性と呼びます．離心中心性が大きいノードほど重要であるとみなされます．

　第2に，平均距離を用いる方法です．自分自身を除く $(n-1)$ 個のノードへの最短経路について，これらの距離合計を $(n-1)$ で割って平均距離を計算します．この平均距離が小さいノードほど重要であり，すなわち中心性が高いと考えます．このときノードからほかのノードへの平均距離の逆数を**近接中心性**と呼びます．

　第3の指標は，ノードを通る最短経路の通過数を数えます．各ノードについて，自身を始点にも終点にもしない2つのノード間の最短経路のうち，このノードを通る経路数の，総経路数に対する割合を**媒介中心性**と呼びます．総経路数は全てのノードから2つ取り出す組合せの数 $n(n-1)/2$ となります．ただし，ある始点からある終点までの最短経路が複数ある場合には，経路を選択する確率はどの経路についても等しいと仮定し，途中で通るノードの最短経路通過数は最短経路数で割って数えることとします．媒介中心性は，多くの経路が通過するノードほど重要であることを示します．

　第4の指標は，ノードの次数を使って中心性を表します．このとき次数を**次数中心性**と呼びます．次数の高いノードほど重要であるとみなすのです．

　このほかにも，中心性を表す指標はいくつも提案されています．ウェブページの重要性を表す「ページランク」という指標も中心性の指標の1つです．ページランクや，そのほかの中心性について詳しく知りたい人は鈴木 (2009) や増田・今野 (2010) を読むとよいでしょう．

　図 3.1 (a) の無向グラフを用いた4種類の中心性の値を表 3.2 に示します．総合的に見てノードBとEの中心性が高いことが分かります．

表 3.2 図 3.1 (a) の無向グラフの中心性

ノード	離心中心性	近接中心性	媒介中心性	次数中心性
A	0.333	0.556	0	2
B	0.5	0.833	0.355	4
C	0.5	0.714	0.111	3
D	0.5	0.714	0.111	3
E	0.5	0.833	0.355	4
F	0.333	0.556	0	2

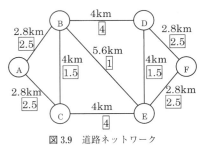

図 3.9 道路ネットワーク

■ 3.1.4 リンクの性質を調べる——
リンクの最短経路数え上げ問題 SPCP

前節で述べたノードの媒介中心性は,ノードを通る最短経路の通過回数によってノードの重要度を計測するものでした.同じことをリンクについても考えることができます.ここでは道路ネットワークを解析することを目的として,交差点をノードとし,道路をリンクとする道路ネットワークを考えます.リンクに距離を与えて,全てのノード間の最短経路を求めます.全てのノード間について,一方のノードから他方のノードへ1人の交通が発生すると仮定して,各リンクを通過する最短経路の通過数を数えます.最短経路が複数ある場合は,経路を選択する確率はどの経路についても等しいと仮定します.このとき,最短経路の通過数が多いリンクほど重要であると考えます.このような問題を最短経路数え上げ問題(SPCP; Shortest Path Counting Problem)(田口,1993)といいます.

最短経路の通過回数の多いリンクは,多くの交通が集中して混雑することが予想されますし,事故や工事などで使えなくなった場合に,迂回によってネットワーク全体に及ぼす悪い影響が大きいことが考えられます.

リンクにノード間の距離の重みを与えた図 3.9 の道路ネットワーク(図 3.3 のネットワークと同じもの)を用いて,最短経路数え上げ問題を考えてみましょう.図 3.9 の四角で囲った数値は各リンクの最短経路の通過数を示しており,数値が大きいほど重要であることを表します.最短経路通過数が最も多いのは,リンク B-D とリンク C-E のともに 4 回であり,この 2 本のリンクは重要であることが分かります.最短経路通過数が最も少ない 1 回であるリンク B-E は,あまり重要とはいえません.

■ 3.1.5 ネットワークを使って問題を考えるには

再び,本節の冒頭に掲げた問題について考えてみましょう.複数の経路から最もよい経路を選ぶにはどうすればよいか,という問題でした.本節で学んだことから,「出発地から目的地までの経路のうちリンクコストの総和が最も小さい経路を選べばよい」と答えることができます.時間を重視するならリンクコストに所要時間を用いれば良いですし,時間はかかってもいいから料金を安くしたいのならリンクコストに費用(ガソリン代や有料道路代など)を用いればよいのです.では,リンクコストの総和が最も小さい経路はどうやって見付ければよいのでしょうか.もちろん,ネットワークで表現すればすぐによい経路が見付かるわけではありません.もし,全ての経路のリンクコストの総和を調べようとすると膨大な時間が必要で,とても使い物になりません(本節末尾のコラム「計算量のはなし」を参照).うまい計算の工夫が必要なのです.その方法については 3.4 節で学ぶことになります.

そのほか本節では問題を考えるための準備として,道路や鉄道をネットワークとして表す方法や,リンクにコストや容量を与えることについて学びました.さらに,ネットワークの性質を調べる方法について考えました.

[三浦英俊]

コラム　計算量のはなし

問題1　（値段が980円になる組合せは？）

図1に示したのは，10種類の商品の値段です．これらの組合せの中で，値段の和がちょうど980円になる組合せを求めなさい．

図1　980円になる組合せは？（湊，2013）

この答えを求める最も分かりやすい方法は，全ての組合せを書き出して，それぞれの合計金額を求める方法です．その中に980円になる組合せがあれば，それが答えです．では，書き出す組合せの数はどのくらいでしょうか？　この数を評価するには，各製品を含むか含まないかの2通りの場合を考えます．10個の製品にそれぞれ1, 2, ..., 10と名前を付けると，製品1を含む場合と含まない場合で2通り，製品2を含む場合と含まない場合で2通り，以下同様に，2^{10}通りの場合があることが分かります．$2^{10}=1024$であるので，この程度の数であればコンピュータを用いれば全ての場合をチェックすることができます．では，商品が20種類の場合はどうでしょうか？　この場合の組合せの数は，2^{20}です．

様々な整数nに対して2^nの値を記したのが，表1です．ここで，大きな数には$f\times 10^p$と表す**指数表示**を用いました．例えば，1256を指数表示を用いて表すと，1.256×10^3となります．

現在，日本国内で最も高速な演算を実現するコンピュータの1つが京コンピュータですが，このコンピュータの演算速度は1秒間に10^{16}回です．いま，$n=70$に対する2^{70}通りの場合の数をこの京コンピュータで扱うとしましょう．1回の場合を確認するのに1回の演算で十分（実際はもっとかかります）だとすると，2^{70}通りを確認するのに，だいたい$1.18\times 10^{21}/10^{16}=1.18\times 10^5$秒くらいかかります．同じように$2^{80}$通りを確認するのには，だいたい$1.21\times 10^{24}/10^{16}=1.21\times 10^8$秒くらいかかります．1時間が3600秒，1日が8万6400秒，1年間が3153万6000≅3.15×10^7秒ですから，2^{70}の場合には$1.18\times 10^5/$8万6400$=1.37$日くらいかかります．これに対して，2^{80}の場合は$1.21\times 10^8/(3.15\times 10^7)=3.84$年くらいかかります．$n$の値がわずか10増えるだけで，計算時間が爆発的に大きくなってしまいます．

本書で扱っている最短経路問題や配送計画問題などのように，移動時間や配送コストが最小となる経路を求める問題は，単純に全ての経路を列挙して移動時間やコストをチェックすることで答えを求めようとすると，このような**組合せ爆発**が問題となります．その困難を克服するために，古くから様々な工夫が研究者によってなされてきました．それらの成果のおかげで，現在では実際の業務で出会う問題に対して，非常によい解を現実的な時間で計算することができるようになっています．

このような問題についてより詳しく知りたい方は，組合せ爆発に対する講演資料（湊，2013）や，書籍（久保ほか（2012）の第3章）を読むとよいでしょう．

［小林和博］

表1　2^nの爆発するさま

n	2^n
1	2
10	1 024
20	1 048 576
30	1 073 741 824
40	1 099 511 627 776
50	1 125 899 906 842 624
60	$1.152\ 921\ 504\ 606\ 847\times 10^{18}$
70	$1.180\ 591\ 620\ 717\ 411\times 10^{21}$
80	$1.208\ 925\ 819\ 614\ 629\times 10^{24}$

3.2
ネットワーク空間解析

■ 3.2.1　身近なネットワーク空間

> **問題 3.3**
> 「ネットワーク空間」とは，いったいどのような空間でしょうか？

「ネットワーク」は，3.1 節で紹介した通り，道路や鉄道などの交通システム，通信回線で結ばれたコンピュータシステム，社会における人と人の結び付きなど，私たちの身近にある様々なものの構造を表現するために使われています．道路や通信回線のように，その構造をネットワークとして表現した空間のことを，ここでは**ネットワーク空間**と呼ぶことにします．ネットワーク空間では，どこでも自由に行き来することが許されずに，ネットワークに沿って移動しなければなりません．すなわち，ネットワーク空間とは，ネットワークに沿って移動するという制約のある空間なのです．他方で，制約なく直線状に移動できる（運動場のような）空間のことを一般に**平面**と呼びます．道路がいつもネットワーク空間とみなされるとは限りません．例えば，札幌の大通りは道路そのものが広がりを持つ公園として利用されていて，大通り全体を平面とみなす場合もあるでしょう．現実の空間は，ネットワーク空間としての性質と平面としての性質とを持ち合わせていることが少なくないのです．そうした場合，移動の制約を考えるべきか否かで，その空間をネットワーク空間として扱うのか，それとも平面として扱うのか，判断すればよいでしょう．

ネットワークに沿って移動するという制約がある空間には，道路や鉄道などの交通ネットワークのほか，河川や運河などの水系ネットワーク，パイプラインのネットワーク，送電線のネットワーク，上下水道のネットワークなど，私たちの日常生活にかかわるものが多くあります．そして，これらのネットワーク空間に見られるコトやモノ（事象といいます）もたくさんあります．例えば，交通事故があります．事故は道路上で起こりますから道路ネットワーク上の代表的な事象です．また，ひったくりのような犯罪も（「路上犯罪」という言葉があるくらいで）道路上で見られるものですから，道路ネットワーク上の事象です．すこしユニークなところではビーバーの巣があります．ビーバーは川にダムを築いて巣を作りますから，その巣は河川ネットワーク上の事象です．さらに視野を広げて，厳密にネットワーク上にはなくてもネットワークに沿って見られる事象を考えてみますと，街の店舗は道路沿いにありますから，これもネットワーク空間の事象と考えてよいでしょう．こうして考えてみるとネットワーク空間の事象は私たちの身近にたくさんあることが分かります．こうしたネットワーク空間の事象を解析するためには，ネットワーク空間ならではの制約に配慮した工夫が必要です．そうした工夫が加えられた空間解析を特に**ネットワーク空間解析**と呼んでいます．

■ 3.2.2　ネットワーク空間の最短距離木

> **問題 3.4**
> あなたの家の近くにあるバス停をいくつか思い浮かべてください．それらのバス停を家から近い順に並べてください．

いま，あなたの家の近くに 2 つのバス停 A，B があり，それらが図 3.10（a）のように位置しているとします．この図中の黒線で示した道路に沿って移動するとき，家から最も近いバス停は A と B のどちらでしょう．どちらが近くにあるのかこの

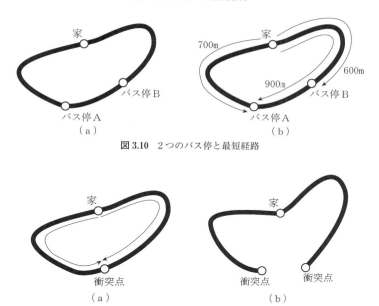

図 3.10 2つのバス停と最短経路

図 3.11 衝突点と家からの最短経路

図をじっと見ていてもはっきりしません．そこで，家からそれぞれのバス停までの道のりを測ることにします．家からバス停Aまでの経路は，家から時計回りに辿っていくものと，反時計回りに辿っていくものの2つがあります．

ここでは最も近いバス停を考えていますから，家からバス停までの最短経路の長さを求めることになります．さて，図 3.10（a）で，家からバス停Aまでの経路が，時計回りの経路で 900 m，反時計回りの経路で 700 m であったとします（図 3.10（b））．このとき，バス停Aまでの最短経路は反時計回りの経路で，その長さは 700 m ということになります．同様に，バス停Bまでの最短経路が時計回りの経路で，その長さが 600 m であったとします．そうすると，家から最も近いバス停はバス停Bで，バス停Aは2番目に近いことになります．

運動場のような平面であれば，2地点を結ぶ直線分だけを考えれば，近さを判断することができるのですが，ネットワーク空間では，このように複数の経路を比較するという余計な手間をかけなければなりません．この手間を減らすことはできないでしょうか．実は，ネットワーク空間の性質を利用すると，この手間を大きく減らすことができます．

図 3.11（a）は，図 3.10 と同じ道路を描いたものです．1つの閉路だけでできていますから，3.1 節で説明した閉路グラフといえます．いま，家から同時に2人の人が出発して同じ速さで進んだとします．1人は時計回りに進み，もう1人は反時計回りに進みます．このとき，2人が衝突するようにちょうど出会う地点があります．このようなネットワーク上の地点を一般に**衝突点**と呼びます．家から衝突点までの道のりは，時計回りで進んでも反時計回りで進んでも同じです．図 3.11（b）は，この閉路を衝突点で切断した仮想のネットワークです．この仮想ネットワーク上で，家から衝突点までの時計回り方向の部分に注目すると，どの地点であっても家からの最短経路は（とても単純で）1つしかありません．家から最も遠い地点が衝突点ということになります．家から反時計回り方向の部分についても同様です．このように，閉路上の衝突点を求めておき，そこで閉路を切断した仮想ネットワークを考えれば，家からの経路をいくつも調べ上げて比べるまでもなく，最短経路と道のりを比較的容易に求めることができるのです．一般のネットワークでは，その多くに閉路がありますから，衝突点を求める手続きを踏むことによって，多くのネットワーク上の事象を考える手間が減らされることになります．

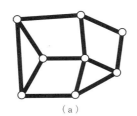 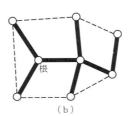 

図 3.12 最短距離木の生成

図 3.11 (b) のように衝突点で切断した状態のネットワークは，衝突点を枝先とする木のように見えますので，一般に**最短距離木**などと呼ばれています．また，最短距離木の出発点を**根**と呼びます．図 3.11 (b) では家が根に相当します．最短距離木では，根から任意の地点までの最短経路が一意に定まります．一般のネットワークに対して最短距離木を生成する手順は次の通りです．まず，図 3.12 (a) のようなネットワークが与えられているとします．この図で，白丸がノード，黒い線分がリンクです．ノードの位置，そして，どのノードとどのノードがリンクで結ばれているのかという情報は与えられています．このネットワークに対して次の手順で最短距離木を生成します．

① ステップ 1

1 つのノードを根として選び，ほかの全てのノードまでの最短経路を求める（最短経路を求める手順は 3.4 節で詳しく説明します）．求めた最短経路をつなぐと木が得られる（図 3.12 (b) の太線）．この木に含まれないリンク（図 3.12 (b) の点線）には，それぞれ衝突点が存在する（図 3.12 (c) の黒三角）．各衝突点では根から等距離の最短経路が複数存在する．

② ステップ 2

衝突点を新たなノードとして挿入し，改めて根から全てのノードまでの最短経路を求めてつなぐと，最短距離木が得られる．

通常は，ステップ 1 で得られる木（図 3.12 (b) の太線）を最短距離木と呼びます．混乱を避けるため，ステップ 2 で得られる木のことを最短距離木とは区別して**拡張最短距離木**（図 3.12 (c)）と呼びます．拡張最短距離木の 1 つのリンクの上では，根からの最短経路長の変化が単調である（つまり，根から離れるか近づくかのどちらかである）という性質があります．

■ 3.2.3 ネットワーク空間の点データ分析

問題 3.5

図 3.13 は，ある地域の交通事故発生地点の分布を示したものです．交通事故は，地点によらずランダムに発生していると判断してよいでしょうか？

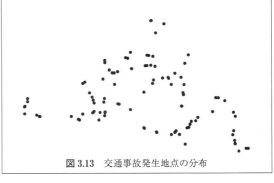

図 3.13 交通事故発生地点の分布

1.4 節で紹介されている点データ分析を思い出してみましょう．図 3.13 をじっと見ていると，いくつかのクラスター（点が集中している部分）があることに気付きます．クラスターを丸で囲って示したものが図 3.14 (a) です．1.4 節で紹介されている点データ分析の方法（区画法，最近隣距離法，K 関数法）を駆使すれば，おそらく，この点分布が集中（クラスタリング）型であると解釈することになるでしょう．ところが，実際には集中型ではないのです．この地域には図 3.14 (b) のような道路ネットワーク（図中のグレーの線）があり，点はこのネットワークに沿ってランダムに分布しているのです．実は，この点分布は現実の交通事故発生地点のものでなく，道路ネットワーク上に

図 3.14 道路ネットワーク上のランダムな点分布

ランダムに分布するように機械的に 100 の点を発生させたものなのです．この例から分かる通り，ネットワーク空間の事象に対して通常の点データ分析の方法を採用してしまうと，真の分布傾向とは異なる解釈をしてしまうおそれがあります．そのようなことを避けるためには，分析方法に工夫を加える必要があります．

すでに紹介した通り，ネットワーク空間ではネットワークに沿って移動しなければなりません．通常の点データ分析の方法ではこの制約が考慮されていません．最近隣距離法や K 関数法では，点と点との間の直線距離を使って分析します．しかし，ネットワーク空間では，点と点との間を直線的に移動できることはほとんどありませんから，この距離をネットワークに沿った最短経路の長さ（道のり）で置き換える必要があります．通常の最近隣距離法や K 関数法で 2 点間の直線距離を測るところを，2 点間の最短経路長で置き換えて解析すればよいのです．こうして最短経路長を採用した最近隣距離法や K 関数法を，特に**ネットワーク最近隣距離法，ネットワーク K 関数法**と呼びます．ただし，実際に道路ネットワーク上の 2 地点間の最短経路を手作業で求めることは現実的でありません．ネットワーク最近隣距離法やネットワーク K 関数法を実践してくれるソフトウェアツールがありますので，これを利用すれば 1.4 節で例示されたような結果が得られます（このツールについては後述します）．

応用問題を 1 つ紹介しましょう．ネットワーク空間に異なる 2 種類の点分布があるとき，互いに一定の距離を保ちながら分布しているのか，それとも互いに寄り添うように分布しているのか，あるいは，互いにかかわり合うことなくランダムに分布しているのか，ネットワーク最近隣距離法やネットワーク K 関数法を応用して解析することができます．例えばいま，2 つのコンビニエンスストアのチェーン A と B があり，それぞれ道路ネットワーク上に店舗を展開しているとします．図 3.15（a）はその分布図です．図 3.15（b）は，この店舗の分布について，ネットワーク K 関数のグラフを描いたものです．ネットワーク K 関数といっても，通常のネットワーク K 関数を少し拡張した考え方による応用版のネットワーク K 関数で，**ネットワーククロス K 関数**と呼ばれているものです．通常のネットワーク K 関数では，ある 1 つの点分布を採り上げて，点と点との間の距離を測ります．これに対してネットワーククロス K 関数では，異なる 2 種の点分布を扱います．一方の点分布の点から，もう一方の点分布の点までの距離を測ることになります．図 3.15 でいえば，チェーン A（白丸）の 1 店舗に着目して，そこからチェーン B（星印）の店舗のそれぞれに対して距離（最短経路長）を測ります．これをチェーン A の店舗の全てについて繰り返すと，チェーン A の店舗とチェーン B の店舗のあらゆる組合せについて，店舗間距離が得られますから，あとは 1.4 節で紹介した K 関数グラフと同じ手順でネットワーククロス K 関数のグラフを描くことができます．こうして描いたグラフが図 3.15（b）の実線です．

ネットワーククロス K 関数のグラフの解釈も通

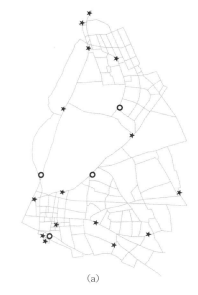

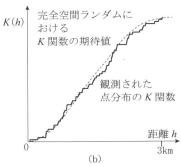

図 3.15 2 種類の点分布の傾向を見るネットワーククロス K 関数
　白抜きの丸印がチェーン A, 星印がチェーン B の店舗. グレーの線は道路.

常の K 関数のグラフの解釈と同様です. 解釈にあたり, まず, ネットワーククロス K 関数の期待値を求めておきます. 図 3.15 の例でいえば, チェーン A とチェーン B が互いにかかわり合うことなくランダムに立地していると仮定して, ネットワーククロス K 関数を求めます. 図 3.15 (b) の点線がそのグラフです. この図 3.15 (b) を見ると, 実線（観測された分布のグラフ）と点線（ランダムを仮定したときのグラフ）との間に大きな違いがありません. これは, 図 3.15 (a) の店舗分布で, チェーン A とチェーン B が互いにかかわり合うことなくランダムに立地していることを示唆しています. 図 3.15 (b) で, もしも実線のグラフが点線よりも上方にあれば, 2 つのチェーンが

互いに近づくように立地していると解釈できますし, 逆に実線のグラフが点線よりも下方にあれば, 互いに一定の距離を置くように立地していると解釈できます.

　点データ分析の方法には, 1.1 節で紹介されているような視覚的なものもあります. カーネル平滑化はしばしば用いられる方法といえるでしょう. 交通事故や犯罪の発生地点の分布に対してカーネル平滑化を試みることが珍しくありません. ただし, 交通事故や路上犯罪のようなネットワーク空間での事象に対して, 通常のカーネル平滑化を採用することには注意が必要です. 例えばいま, 図 3.16 (a) に示す点分布があったとします. これに GIS を使ってカーネル平滑化を施し, 3 次元表示したものが図 3.16 (b) です. 1.1 節での例と同じく, 明るい色で示された（小さなコブのような高まり）部分が密度の大きい場所です. さて, 実は, 図 3.16 (a) の点分布はある道路ネットワークに沿って機械的に生成した点分布で, 図 3.16 (c) がその道路ネットワークを 3 次元表示したものです. 図 3.16 (b) と (c) とをよく見比べてみると, カーネル平滑化してできたコブの部分の多くが道路ネットワークの交差点部分に対応していることが分かります. ネットワーク空間の事象はそもそもネットワークの上だけで見られますから, ネットワークのリンクがたくさんある部分ほど, 事象が生じる確率が高くなります. 道路ネットワークの交差点はリンクが集まる場所ですから, 事象の分布傾向によらず, 交差点付近では事象が生じやすいのです. ですから, 視覚化の結果として得られた図 3.16 (b) を採用してしまうと解釈を誤ってしまうかもしれません. そこで, ネットワーク空間の事象に対しては, ネットワークに沿ってカーネル平滑化（**ネットワークカーネル平滑化**）を行います. 図 3.16 (d) が同図 (a) の点分布に対して同図 (c) のネットワークに沿ってカーネル平滑化を施した結果です. ネットワークに沿って密度分布を 3 次元表示してあります. これを見ると, 必ずしも交差点部分で密度が大きくなっているのではないことが分かります.

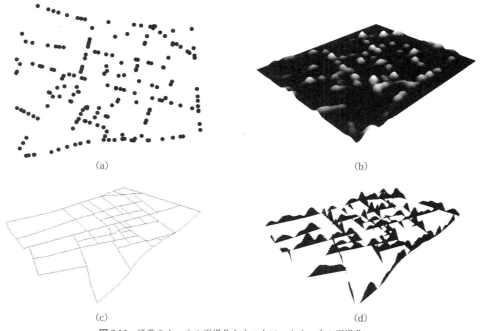

図 3.16 通常のカーネル平滑化とネットワークカーネル平滑化

■ 3.2.4 ネットワーク空間の領域分析

問題 3.6
あなたの家の近くにあるバス停の利用圏を描いてください.

空間解析の基本的なものに 1.3 節で説明した利用圏や駅勢圏などの**領域分析**があります. 私たちの日常行動を考えてみると, 駅やバス停を利用するとき, 自分のいる場所から最も近いところを選んでいることがほとんどでしょう. そこで, 多くの領域分析では, ある施設に着目して, その施設が最も近いものであるような領域はどこか, という問題を考えます. そうして求めた領域を**最近隣勢力圏**などと呼びます.

通常の領域分析では, 近さを判断するために, 施設からの直線距離を測ります. これで領域を知ることはできるのですが, 都市部では実態とずれてしまうことがあります. もちろん, 私たちの日常行動では, 近さだけで意志決定がなされているわけでありませんから, そもそも実態と完全に合致することは期待できないでしょう. とはいえ, 実態に合致するように工夫することはできるはずです. 本節の冒頭で紹介した通り, ネットワーク空間では, ネットワークに沿って移動しなければなりません. 私たちの多くが日常生活を送っている都市部では, 道路が張りめぐらされたネットワーク空間ですから, 近さを判断するためには施設からの最短経路の長さを測った方が実態に合致するでしょう.

図 3.17 は道路ネットワークで, 最近隣勢力圏を描いたものです. 図 3.17 (a) では, この地域の (道路上だけでなく) あらゆる地点から地点 A および地点 B までの直線距離を測り, 地点 A が最近隣となる領域と地点 B が最近隣となる領域とをそれぞれ求めています. この図の点線が 2 つの領域の境界線を表しており, 黒で描かれた道路の部分が地点 A の最近隣勢力圏, グレーで描かれた部

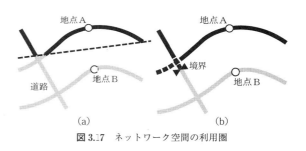

図 3.17 ネットワーク空間の利用圏

分が地点Bの最近隣勢力圏です．一方，図3.17 (b) では，最短経路の長さを測って最近隣勢力圏を求めています．黒い三角形で印を付けた地点が境界となって，黒で描かれた道路の部分が地点Aの最近隣勢力圏にあたり，グレーで描かれた部分が地点Bの最近隣勢力圏にあたります．図3.17 (b) の点線で描かれた道路の部分は，2つの考え方によって結果に違いが見られたところです．

この図3.17 (a) のように最近隣勢力圏の境界線を描いた図は，1.3節で説明したように**ボロノイ図**と呼ばれます．一方，図3.17 (b) のようにネットワーク空間での最近隣勢力圏を描いた図のことを**ネットワークボロノイ図**と呼びます．

■ 3.2.5 ネットワーク空間解析のためのツール

本節で紹介したネットワーク空間解析を手作業で行うことはとても難しいので，これを実践するためのソフトウェアツールを紹介しておきましょう．東京大学空間情報科学研究センターでは，**SANET**（Spatial Analysis along NETworks）と称するネットワーク空間解析専用のソフトウェアツールを開発して，研究目的に限って一般に無償で提供しています．利用には申請が必要ですので，詳しくは，SANETのウェブサイトをご覧ください．

図3.18は，SANET（スタンドアロン版）の画面です（メニューが英語で書かれていて分かりづらいかもしれません）．本節で紹介したネットワークK関数などの点データ分析のためのツールやネットワークボロノイ図を描くツールなど，たくさんのツールを備えています．ここで紹介したもののほかにも，2.3節で紹介されている空間補間などをネットワーク空間の問題として実践するためのツールがあります．

SANETの利用例としてネットワークボロノイ図を描いたものを挙げておきましょう．図3.19は，ネットワークK関数の分析例として挙げた図3.15 (a) のチェーンBの4店舗についてネットワークボロノイ図を描いたものです．黒い丸がチェーンBの店舗で，各店舗の最近隣勢力圏にあたる部分を濃淡の違う色で描いてあります．勢力圏の境界にあたる地点は，白丸で示してあります．こうして各店舗の最近隣勢力圏を描くことができると，この図の地域のいずれの地点であっても，その地点から見て最も近い店舗を直ちに知ることができてとても便利です．ただし，この最近隣勢力圏をそのまま店舗の**利用圏**（すなわち**商圏**）とみなすことには注意が必要です．ネットワークボロノイ図の考え方を拡張して商圏についても考えてみましょう．

皆さんの日常の買い物行動を思い浮かべてみてください．コンビニエンスストアのような小売店舗で買い物をするとき，いつも決まって「最も近い」店舗を利用しているでしょうか．そうではなくていくつかの店舗をその時々で使い分けているのではないでしょうか．もしもそうであれば，私たちは，いくつかの店舗の中から利用店舗を確率

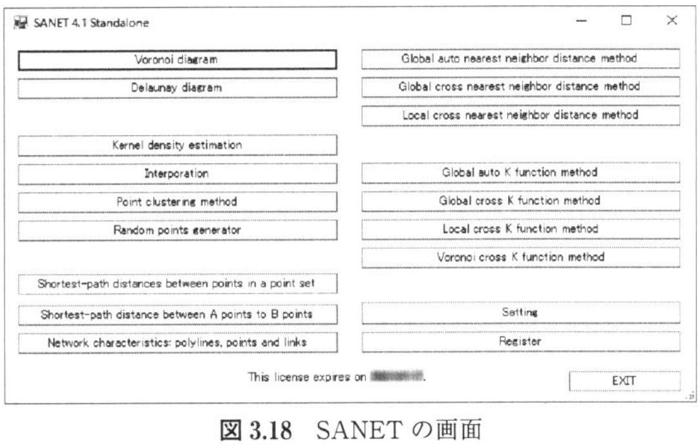

図3.18 SANETの画面

図3.19 ネットワークボロノイ図の例

的に選択していると考えることができます．私た
ちの店舗選択行動をもう少し思い浮かべてみると，
店舗までの距離が近ければ近いほどその店舗を利
用する回数は多くなるのが一般的でしょう．店舗
までの距離の近さがその店舗を選択する確率の高
さに結び付くと考えてよいでしょう．

　このように店舗までの距離と選択確率との間に
見られる一般的な関係を踏まえると，店舗までの
距離を算出することさえできれば，選択確率を推
定することもできるようになります．そのような
推定のために提案されているモデルはたくさんあ
り，それについては2.7節で詳しく紹介されてい
ます．ここでは，店舗までの距離に応じて**店舗選
択確率**を定めることができるということを理解し
ておけば十分でしょう．そして，店舗の選択確率
を推定することができれば，その空間的な分布を
描くことで，選択確率の高いところを知ることが
できます．これを商圏とみなすこともできるでし
ょう．道路ネットワークの場合は，店舗までの最
短経路の長さを求めることで距離を知ることがで
きます．SANETにはそのツールがありますので，
これを使えば商圏を考えることができます．その
例が図3.20で，図3.19と同じ道路ネットワークと
店舗分布（3つの店舗を白丸で，残りの1つの店
舗を星印で示してあります）について分析を試み
たものです．この図を描く過程では，あらかじめ
道路ネットワーク上に500個の点を置いておき，
それぞれの点から各店舗までの最短経路を算出し
ます．その最短経路長を踏まえて，それぞれの地
点について，各店舗の選択確率を算出します．図
3.20では，図の中央あたりにある星印で示した店
舗に注目して，この店舗を選択する確率に応じて

図 3.20　店舗の選択確率の分布

道路ネットワーク上の500個の点を色分けして描
いてあります．濃い色で示した点は，星印の店舗
を選択する確率が高いところです．これらの点に
いる人が買い物をするとき，星印の店舗へやって
来る可能性が高いということになります．

　近年では，道路ネットワークなどのGISデータ
が比較的容易に入手できるようになりました．
SANETのようなソフトウェアツールも提供され
ていますし，ここで例示したようなネットワーク
上の分析がますます身近なものになりつつあると
いってよいでしょう．なお，ネットワーク空間解
析について，より深く学びたいと考える読者には，
Okabe and Sugihara（2012）に詳しい解説があり
ます．英文の書籍になりますが，ぜひ勉強してみ
てください．

［奥貫圭一］

3.3 幾何ネットワーク

■ 3.3.1 最小木とシュタイナー木

> **問題 3.7**
> 交通網や通信網などのように全ての都市を結ぶネットワークを建設する計画があります．ネットワークの長さが最も短くなるように建設するには，どのように都市を結べばよいでしょうか？

最も単純な場合である，図 3.21 (a) のような 3 つの都市が与えられている場合を考えてみましょう．リンクの近くにある数値は，そのリンクの長さです．まずは，都市間を結ぶリンクのみを選択できる場合について考えてみると，図 3.21 (b) のようなリンク A-B とリンク A-C で構成される**ネットワーク**（長さ 3.6）が最も短くなります．これは，全都市を結ぶネットワークの全ての組合せ，すなわちリンク A-B とリンク A-C，リンク A-B とリンク B-C，リンク A-C とリンク B-C の中で，最も短いことから正解であることが分かります．一方，都市間を結ぶリンク以外も選択できる場合について考えてみると，図 3.21 (c) のようなノード A からリンク B-C への垂線を利用した場合など複数パターンが考えられますが，(d) のような三角形 ABC の内部に，3 都市から互いに 120 度で会するような場所にノードを 1 つ追加したネットワーク（長さ 3.2）が最も短くなります．これは**フェルマーの問題**とも呼ばれ，とても難しい問題として知られています．

このように，点と点を結ぶネットワークには様々なパターンが見られます．**幾何ネットワーク**は，幾何的な構成要素により定義されるグラフの総称であり，グラフのリンクが互いに交差しないという**平面グラフ**の特性を持ち合わせています．全てのノードが連結されていて閉路のないグラフを「**木**」と呼びますが，図 3.21 (b) のようなノード間を結ぶリンクのみを選択できる場合において，全てのノードを最も短い長さで結ぶ木を**最小木**（Minimum Spanning Tree，**最小全域木**とも）と呼びます（山本・久保，1997）．一方，図 3.21 (c) のようなノード間を結ぶリンク以外も選択できる場合において，任意の個数の点を任意の位置

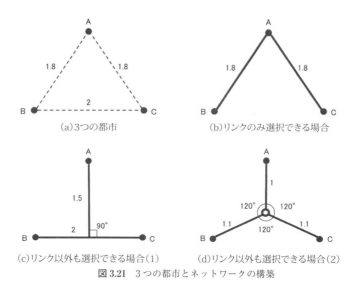

図 3.21　3 つの都市とネットワークの構築

に追加してよい場合，全てのノードを最も短い長さで結ぶネットワークを**シュタイナー木**と呼び，追加された点を**シュタイナー点**と呼びます（岡部・鈴木，1992）．ところで，3.2節で紹介した最短距離木はある1つのノードからほかの全てのノードへの距離の総和が最小となる木であったのに対して，最小木は全てのノードの長さの総和が最小になるという点で違いがあります．

まず，最小木について，全てのリンクの長さの総和が最小となること，すなわち，最適解となることが保証されている代表的な方法である**プリム法**と**クラスカル法**の2つについて説明します．プリム法による構築方法は下記の通りです．

① プリム法
- 空集合であるノードの集合とリンクの集合をそれぞれ生成する．
- 任意のノードを1つ選び，ノードの集合に加える．
- ノードの集合に含まれるノードと含まれないノードを結ぶリンクの中で，長さが最も短いリンクを選択する．そのリンクとノードをそれぞれ集合に追加する．この過程を全てのノードが集合に含まれるまで，繰り返す．
- 最終的に生成されたリンクの集合が最小木となる．

プリム法による構築過程を図3.21（a）の例で説明すると，図3.22のようになります．イメージとして，ノードを基準として，あるノードから閉路とならない最も近いノードが，順々に選択されていく過程が分かります．一方，クラスカル法による構築方法は下記の通りです．

② クラスカル法
- グラフの各ノードが木に属するように，木の集合（森）を生成する．そして，グラフの全てのリンクを含む集合を生成する．
- リンクの集合から，長さが最も短いリンクを選択する．そのリンクと結ばれている2つのノードが別の木に属している場合，そのリンクを森に加え，2つの木を1つの木として連結する．この過程をリンクの集合が空集合になるまで，繰り返す．
- 最終的に森が1つの木で構成され，それが最小木となる．

クラスカル法による構築過程を図3.21（a）の例で説明すると，図3.23のようになります．イメージとして，リンクを基準として，最も短いリンクから順に，閉路できないように選択されていく過程が分かります．

次に，シュタイナー木の構築方法について説明します．まず，先のノード数が3つの場合は，**トリチェリの作図法**により解くことができます．図3.21（a）の例については，その構築過程は図3.24のように説明できます．その際，シュタイナー木のなす3つの角はそれぞれ120度になることが証明されています．

ノード数が4つ以上の場合については，ノード数に対して指数関数的に計算量が増加することから，非常に難しい問題となります．そのため，これまでにシュタイナー木を効率的に求めるために，いくつかの発見的算法が提案されています．そして近年では，**数理計画法**を用いた最適解を保証した算法（Warme *et al.*, 2000）が提案されるとともに，この算法を実装したソフトウェア GeoSteiner

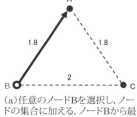
(a) 任意のノードBを選択し，ノードの集合に加える．ノードBから最も近いノードAを選択する．リンクA-BとノードAを集合に追加する．

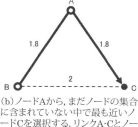
(b) ノードAから，まだノードの集合に含まれていない中で最も近いノードCを選択する．リンクA-CとノードCを集合に追加する．

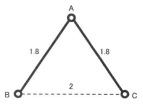
(c) 全てのノードがノードの集合に含まれたため終了し，リンクの集合に含まれるリンクA-BとリンクA-Cが最小木となった．

図3.22 プリム法による構築過程

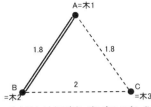
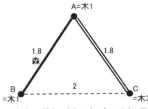
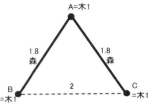

(a) 最も長さの短いリンクA-B(A-C でも可)を選択する．ノードAとノードBは別の木に属していることから，リンクA-Bを森に入れ，木1と木2を連結する．

(b) 次に長さの短いリンクA-C(A-B でも可)を選択する．ノードAとノードCは別の木に属していることから，リンクA-Cを森に入れ，木1と木3を連結する．

(c) 最後のリンクB-Cを選択する．ノードBとノードCは同じ木に属していることから，リンクA-Cを森に入れない．対象となるリンクの探索が終了し，森に含まれるリンクA-BとリンクA-Cが最小木となる．

図 3.23　クラスカル法による構築過程

が公開されています．GeoSteiner はノード数1万点の問題に対して最適解を導出できるなど，大規模な問題に対してもシュタイナー木を気軽に構築できるようになりました．

最小木とシュタイナー木の構築について，正方形領域(縦方向の長さ1×横方向の長さ1)において一様にランダムに分布する100点を対象に数値実験を行った結果は，図3.25のようになります．図中の黒丸が100個の点を示していて，(a)と(b)で点の分布は同じものを使っています．図3.25 (a) の最小木はプリム法を利用したソフトウェア Concorde，同図 (b) のシュタイナー木は先に紹介した GeoSteiner を用いて得られた結果です．両者を比較すると，シュタイナー木ではシュタイナー点が使われている箇所をいくつか見るこ

とができますが，リンクの結ばれ方に大きな違いは見られません．そして，全リンクの長さの和(ネットワーク長)については，最小木：6.534，シュタイナー木：6.356 となっており，最小木の方が2.8%ほど長いという結果になりました．

■ 3.3.2 近接グラフ

問題 3.8
災害が発生して不通区間が生じてしまってもネットワークが機能するためには，どのように都市間を結べばよいでしょうか？

3.3.1項で紹介した木の問題点は，どこか1つの区間が切断してしまうと，全ての都市への接続が

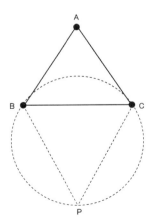
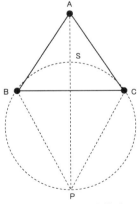
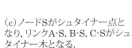

(a) 3本のリンクの中から1本のリンクB-Cを選択し，残りのノードAとは反対側にそのリンクを一辺とする正三角形BCPを作る．

(b) 残りのノードAとPを結び，リンクA-Pと正三角形BCPの外接円と接する点をノードSとする．

(c) ノードSがシュタイナー点となり，リンクA-S, B-S, C-Sがシュタイナー木となる．

図 3.24　トリチェリの作図法

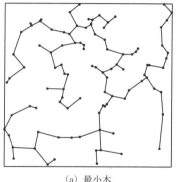
(a) 最小木

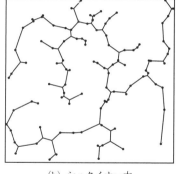
(b) シュタイナー木

図 3.25 一様にランダムな点分布に対する最小木とシュタイナー木

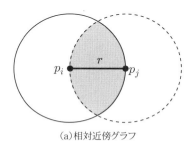
(a) 相対近傍グラフ

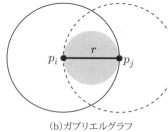
(b) ガブリエルグラフ

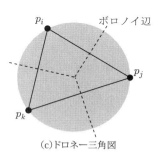
(c) ドロネー三角図

図 3.26 近接グラフの構築方法

切れてしまい，ネットワークが全体として機能しなくなってしまうことです．この問題点を解消するためには，都市間が代替可能な複数経路で結ばれているという冗長性を考慮する必要があります．その一方で，全てのノード間を結ぶ完全グラフでは，ネットワークが密となりすぎてしまい，建設や維持に関する費用が莫大となってしまいます．そこで，木と完全グラフの中間にある近接グラフについて紹介します．

近接グラフとは，平面上においてノードどうしの近さに基づいて定義されるグラフの総称です（渡部，2010）．つまり，近くにあるノードどうしを結んでいく中で，あるノードから見た身近さの程度（＝近接性）を変えることで，様々なネットワークを構築することが可能になります．全てのノードが結ばれる近接グラフとして，

① **相対近傍グラフ**（Relative Neighborhood Graph）

2つのノード間を半径とする円の重複部分にノードがない場合に2つのノード間をリンクで結ぶ．

② **ガブリエルグラフ**（Gabriel Graph）

2つのノード間を直径とする円の内部にノードがない場合に2つのノード間をリンクで結ぶ．

③ **ドロネー三角図**（Delaunay Triangulation）

3つのノードの外接円の内部にノードがない場合に3つのノード間をリンクで結ぶ．

という3つが主に挙げられ，それぞれの構築方法は図 3.26 のように示されます．近接グラフはドロネー網の部分集合（**部分グラフ**と呼びます）であるという性質から，計算幾何学の理論を用いてドロネー三角図を構築した上で，そのグラフを用いて効率的に近接グラフを構築することができます．ドロネー三角図は，**ボロノイ領域**を接するノードどうしを結んだグラフであるという特性が見られます．最小木もまた，近接性だけでなくグラフ全体の最適性が必要となるにもかかわらず，相対近傍グラフの部分グラフであるという特性が見られます．

近接グラフの構築例として，一様にランダムな100点を対象に，3つの近接グラフを構築した結果は，図 3.27 のようになります．相対近傍グラフは

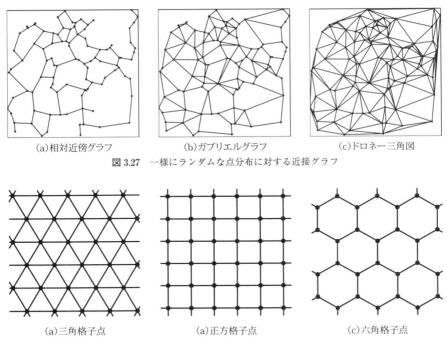

(a)相対近傍グラフ　(b)ガブリエルグラフ　(c)ドロネー三角図

図 3.27　一様にランダムな点分布に対する近接グラフ

(a)三角格子点　(a)正方格子点　(c)六角格子点

図 3.28　規則的な点分布に対する相対近傍グラフ

ガブリエルグラフの部分グラフであり，ガブリエルグラフはドロネー三角図の部分グラフであることが分かります．まるで，ネットワークが徐々に成長していく過程を見ているようです．また，規則的な点分布（正方格子点，三角格子点，六角格子点）を対象として相対近傍グラフを構築すると，図 3.28 のような結果となります．このように，正方格子，三角格子，六角格子という模式的なネットワークを構築できることが分かります．

問題 3.9

幾何ネットワークと現実の交通網の間には，どのような関係が見られるのでしょうか？

古代からの交通網の構築原理について考察するとき，原始では距離に対する移動抵抗が高かったため，集落と集落を結ぶようなローカルな交通網は「近接性」で代表されるように近い場所を結ぶことで構築されていったことが推測できます．そのため，近接グラフを用いることで，近い場所を結んでいく近接性に基づく構築原理を再現できることから，都市工学の分野では交通網の形態に関する研究が行われています．以下，都市内の道路

網について考えてみましょう．

都市における**道路網**と**交差点**は，各都市の地形や歴史などの固有の条件のもとで，都市の骨組として長年の様々なアクティビティの積み重ねにより形成されてきました．道路網の配置は，本来の目的である円滑な交通だけでなく，街区の構成と市街化の誘導などの機能を有しており，総合的な都市計画のもとに決定される必要があります．

そこで，道路が交差点間の近接性に基づいて連結されていると仮定し，近接グラフによる現実の道路網について GIS を用いた分析があります（渡部，2005）．この分析は，以下の手順で構成されています．

① 道路網から交差点と道路の行き止まり点といった道路ノードを抽出する．

② このノードを用いて各種近接グラフを構築する．

③ 構築した近接グラフと道路網を重ね合わせて一致するリンクを抽出する．

米国の首都であるワシントン D. C. 中心部の道路網を用いると，図 3.29 のようになります．図3.29 (a) に示した実際の道路網には，格子状道路とともに斜行道路がある特徴的な形態が見られま

3.3 幾何ネットワーク

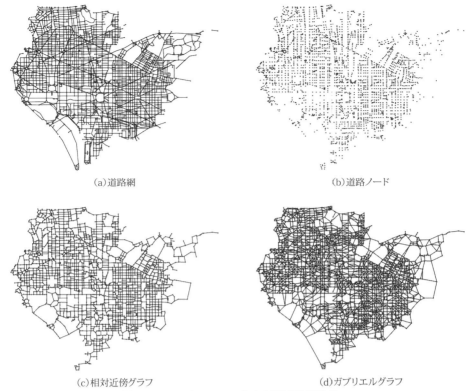

(a)道路網 (b)道路ノード
(c)相対近傍グラフ (d)ガブリエルグラフ

図 3.29 ワシントン D.C. における道路網と近接グラフ

す．同図 (a) から (b) のように道路ノード (2841 個) を抽出すると，道路ノードの相対近傍グラフは (c)，ガブリエルグラフは (d) のように構築することができます．(c) では格子状道路が構築されていますが，一部の斜行道路が構築されておらず，(a) の道路網に比べるとやや道路のリンクが不足していることが分かります．同 (d) では斜行道路が構築されていますが，(a) の道路網に比べるとやや道路のリンクが過剰であることが分かります．各リンクの本数と長さは，表 3.3 のようにまとめることができ，道路網は相対近傍グラフとガブリエルグラフの中間に位置していることが分かります．一方，3.1 節で紹介したネットワークの密度を指標とすると，3 つともに 0.001 程度とかなり低いことから，完全グラフに比べてかなりリンク数が少ないことが分かります．このように，幾何ネットワークの一種である近接グラフを比較してみると，現実の道路網に対して理論モデルで再現できる部分とそうでない部分があることが分かります．そして，現状のネットワークの

表 3.3 ワシントン D.C. における道路網と近接グラフの規模

		リンク数	ネットワーク密度	リンク長 (km)
(a)	道路網	4774	0.00118	5572
(c)	相対近傍グラフ	4049	0.00100	4062
(d)	ガブリエルグラフ	6106	0.00151	7329

代替案として，様々な形態のネットワークを検討することが可能となります．

また，幾何ネットワークによって，点集合の構造や形状を捉えることが可能であることから，今回解説した道路網に代表される都市工学だけでなく，形態学，通信工学，画像解析など多様な自然現象，社会現象にも応用可能な領域が広がっています．幾何ネットワークの幾何学的な特性やアルゴリズムの詳細については，杉原 (1998)，Okabe et al. (2000)，杉原 (2001)，Langetepe and Zachmann (2007)，杉原 (2009) をご覧ください．幾何ネットワークを用いた応用研究については，高木 (1992)，古山 (2002)，村山・柴崎 (2008) をご覧ください．

［渡部大輔］

3.4 最短経路問題

■ 3.4.1 最短経路の探索方法

> **問題 3.10**
> いま，あなたは旅先にいて，自動車で A 市のホテルから B 市にある観光地に向かおうとしています．多くの経路の中から，距離が最も短い経路を選ぶにはどのようにしたらよいでしょうか？

自動車にカーナビ（カーナビゲーションシステムの略）が備え付けられていれば，目的地を入力することで（出発地は現在地となる），いくつかの**経路**を提案してくれます．カーナビは数多く存在する経路の中から，どのように経路を選んでいるのでしょうか．実は，経路には経路の特徴を表す指標値（例えば，距離や料金など．これらを**コスト**と呼びます）が与えられるのが一般的です．提案される経路は，これらの指標を基準として選ばれることになります．それでは，どのように選べばよいのか，その手順を考えてみましょう．

まず，3.1 節で見たように，道路網を**ネットワーク**で表現します．道路ネットワークでは，幅員や車線数が**リンク**の容量となり，ノード間の距離がコストとなります．制限速度や実態の速度をもとに，通過に要する時間をコストとする，あるいは有料道路では通行料金をコストとする場合もあります．ここでは，距離をリンクのコストとします．

すると，先ほどの問題は「あるノードから別のノードに向かう経路のうち，最短の経路を見付ける」という問題になります．この問題を**最短経路問題**と呼びます．ここでは，この最短経路問題を解く方法を考えていきます．

まず，最短経路問題を解く前に，最短になりえない経路について考えてみましょう．例えば，図 3.30 において，ノード A からノード F に向かう経路の1つに「A → B → C → E → B → D → F」という経路があったとします．この経路は最短経路になりうるでしょうか？

経路をよく見ると，ノード B を 2 回通っていることが分かります．1 回目にノード B に到達した後に，ノード C, ノード E と向かい，またノード B に戻ってきてから，ノード D に向かっています．1 回目にノード B に到達した後に，直ちにノード D に向かえば，「B → C → E → B」という距離を移動する必要がなくなるのですから，この経路には明らかに無駄が含まれています．この無駄を省くと，「A → B → D → F」という経路が得られます．この経路には明らかな無駄は含まれていません．したがって，ノード A からノード F への最短経路である可能性があります．つまり，最短経路になりうる経路は「同じノードを複数回通ることはない」ということが分かります．

さて，いま，リンクのコストとして距離を与えているので，コストが負の値になることはありません．したがって，「A → B → D → F」という経路のコストの総和は，「A → B → D」という経路のコストの総和よりも大きいか等しいということになります（等しくなるのは D → F のコストが 0 のときだけ）．当然，「A → B → D」という経路のコストの総和は「A → B」という経路のコストの総和よりも大きいか等しくなります．これらを踏まえると，「出発ノードから目的ノードに向かって

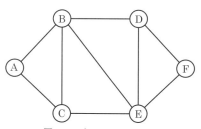

図 3.30 ネットワークの例

経路を延ばしていくと，その経路の総コストは次第に大きくなっていく」ということになります．

実際に，図3.31のように，リンクにコストを与えて確認してみましょう．「A→B→C→E→B→D→F」という経路のコストの総和は20となるのに対し，「A→B→D→F」という経路のコストの総和は10になります．このコストの差10は，「B→C→E→B」という経路のコストの総和と等しくなっています．

では，ノードAからノードFへの経路のうち，最もコストが小さい経路はどの経路になるのでしょうか．先ほどのような明らかな無駄が含まれている経路を除くと，「A→B→D→F」という経路（総コスト＝10）や「A→C→E→F」という経路（総コスト＝8），「A→B→E→F」という経路（総コスト＝7），「A→B→D→E→F」という経路（総コスト＝12）など，全部で13の経路が存在します．したがって，それぞれの経路のコストの総和を求めて，その中からコスト最小の経路を選べばよいことになります．しかし，図3.31のような，ノードの数が6でリンクの数が9の非常に小さなネットワークでも，全ての経路を列挙するのは大変です．もし，日本全国の道路ネットワークに対して，2つのノード間の経路を列挙しようとしたら，大変な作業になってしまいます（爆発的に手間が増えていく様子について，詳しくは3.6節で説明します）．そこで，全ての経路を列挙するのではなく，別のアプローチをとることにします．

出発ノードからそれ以外の全てのノードまでの最短経路の長さを計算する手続きを考えます．基本的な動作は，出発ノードからそれ以外の全てのノードまでの最短経路長の上限値を保持しながら，その値を新たに見付かったより短い経路長で上書きしていくというものです．計算の途中で，現れる「確定済みノード」は出発ノードからの真の最短経路長が確定したノードを意味します．このアプローチに基づく最短経路の探索方法を**ダイクストラ法**と呼びます．ダイクストラ法は1つのノードからほかの全てのノードまでの最短経路を求める代表的な方法ですが，手順を途中で打ち切ることにより，特定の目的ノードまでの最短経路を求めることもできます．

ダイクストラ法の具体的な手順を以下に示します．

① **現在ノード**という変数と**確定済みノード**という集合と**探索中ノード**という集合（いずれも初期値は空集合とします）を用意します．さらに，各ノードに対して「出発ノードからの距離」（初期値は無限大とします）と**上流ノード**という変数を与えます．

② 現在ノードに出発ノードを代入し，確定済みノード集合に出発ノードを加えます．さらに，出発ノードの出発ノードからの距離を0とします．

③ 現在ノードから（ほかのノードを経由せずに）直接到達でき，かつ確定済みノード集合に含まれていない各ノードに対して，出発ノードからの距離と，「現在ノードの出発ノードからの距離＋現在ノードからそのノードまでの距離」を比較し，前者よりも後者のほうが小さかったら，そのノードの出発ノードからの距離を後者で置き換えるとともに，上流ノードに現在ノードを代入します．さらに探索中ノード集合にそのノードを加えます．

④ 探索中ノード集合に含まれているノードの出発ノードからの距離を調べ，最も小さな出発ノードからの距離を持つノードを選びます．そして，そのノードを現在ノードに代入するとともに，探索中ノード集合から確定済みノード集合に移し，③に戻ります．もし，探索中ノード集合に含まれているノードがもう存在していないなら手順を終了します．また，全てのノードの最短経路を探索するのではなく，目的ノードま

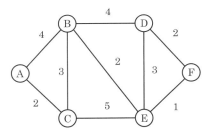

図3.31 リンクにコストが与えられたネットワークの例

での最短経路を見付ければよいのであれば，この④で選んだノードが目的ノードであった場合にこの手順を終了する（打ち切る）ことにします．

この手順を終えたときに，目的ノードが確定済みノード集合に含まれているなら，出発ノードから目的ノードまでの経路が見付かったことになり，その経路は最短経路となっています．目的ノードに与えられた出発ノードからの距離が経路の長さ（コストの総和）を表し，目的ノードの上流ノードを順に辿っていくと出発ノードまでの経路が得られます．なお，目的ノードが確定済みノード集合に含まれていないときは，ネットワークがつながっていなかった（連結でなかった）ことを意味し，出発ノードから目的ノードまでの経路が存在しないことになります．

図 3.32 の例を用いてこの手順を説明します．出発ノードを A，目的ノードを F として最短経路を探索します．リンクの脇にある数値はリンクのコスト（長さ）を表しています．まず手順①に従い，全てのノードに対して，出発ノードからの距離を無限大，上流ノードを「*」にしたラベルを与えます．上流ノードが「*」となっているのは，上流ノードが存在していないことを表しています．次に，手順②に従い，出発ノードである A を現在ノードとし，ノード A の出発ノードからの距離を「0」とします（図 3.32（a））．図中では，内部を黒塗りされた白抜きのノードが現在ノードを表しています．またグレーで塗られたノードは確定済みノード集合に含まれていることを，点線で囲まれたノードは確定済みノード集合に含まれていないことを表しています．そして，点線のリンクは

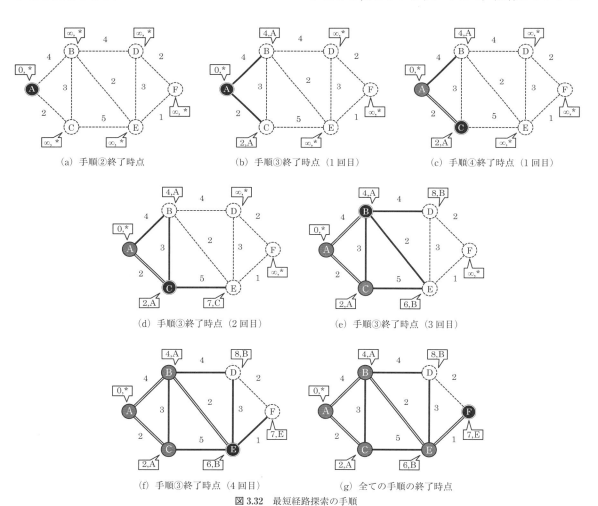

図 3.32 最短経路探索の手順

そのリンクが未探索であることを，実線のリンクはそのリンクが探索済みであることを表しています．

　続けて手順③を実行します．現在ノードAから直接到達できるノードはノードBとノードCです．まずノードBの出発ノードからの距離は無限大となっていますが，現在ノードAの出発ノードからの距離である「0」と，ノードAとノードBとを結ぶリンクのコスト「4」とを足した「4」の方が無限大よりも小さいので出発ノードからの距離を「4」で更新します．このとき，上流ノードも「A」で更新します．ノードCに対しても同様の操作を行います．現在ノードAから直接到達できない残りのノードに対しては何もしません．この手順③を終了した状態が図3.32（b）です．そして手順④で，確定済みノード集合に含まれていないノードの中から出発ノードからの距離が最小であるノードCを選び，現在ノードに置き換えます（図3.32（c））．このとき，もとの現在ノードであるノードAを確定済みノードとしてグレーで表すことにします．また，ノードCから上流ノードであるノードAを結ぶリンクは最短経路の一部となる可能性があるので，このリンクを区別するために二重線で表すことにします．

　さて，ノードCは目的ノードではないので，このまま手順③に戻ります．2回目の手順③を終了した時点を図3.32（d）に，3回目，4回目の手順③を終了した時点をそれぞれ同図（e），（f）に示します．そして，（4回目の）手順④にて，目的ノードであるFが現在ノードとなるので，手順を終えることになります（図3.32（g））．このときのノードFの出発ノードからの距離が最短距離を表し，上流ノードを順に辿ったF←E←B←Aが最短経路を表します．なお，手順を終えたときに確定済みノード集合に含まれていないノードDの最短距離は定まっていませんが，そのほかの確定済みノード集合に含まれているノードの最短距離と最短経路は同時に求まっています．

　この手順では，③と④を1度繰り返すと確定済みノード集合の要素が1つ増え，確定済みノード集合に含まれない要素が1つ減ります．したがっ

て，繰り返しの回数は最大でもネットワークに含まれているノードの数から1を引いた値となり，必ず終了します．

　全ての手順が終了した図3.32（g）において，二重線で表されているリンクを**最短路木**と呼び，出発ノードからほかの確定済みノードまでの最短経路を表しています．

■3.4.2　道路ネットワーク上の最短経路

> **問題3.11**
> 　道路ネットワークに対して，ダイクストラ法を利用して最短経路を求めてみよう．

　実際の道路ネットワーク（対象地域は東京都の文京区と新宿区とし，ノード数は5137，リンク数は7334である）に対してダイクストラ法を利用して経路を求めた際に，確定済みノード集合の要素が増えていく様子を図3.33に示します．図3.33の中心付近にある黒塗りされた四角いノードを出発ノードに設定しています．出発ノードを中心として，ほぼ同心円状に確定済みノード集合（グレーで塗られた丸）が広がっていく様子が分かります．

　ダイクストラ法では，出発ノードからの最短距離が近いノードから順に確定済みノード集合に加えられていきます．一方，リンクが密に張られたネットワークでは，あるノードからの最短距離がほぼ同じとなるノードが円上に存在しています．そのため，図3.33のように，確定済みノード集合がほぼ同心円状に広がっていくことになります．

　ダイクストラ法はあるノードからほかの全ノードへの最短経路を求める手順であることから，特定のノードまでの最短経路を求めたい場合には余計な処理を行っていることになります．そのため，2つのノード間の最短経路をより効率的に求めるための様々な工夫が提案されています．

　さらに，大規模な（ノードやリンクの数が多い）道路ネットワーク上の最短経路を求める際に，少し工夫することで効率化が図れることが知られています．手順④において，「確定済みノード集合に含まれていないノード中から，出発ノードからの

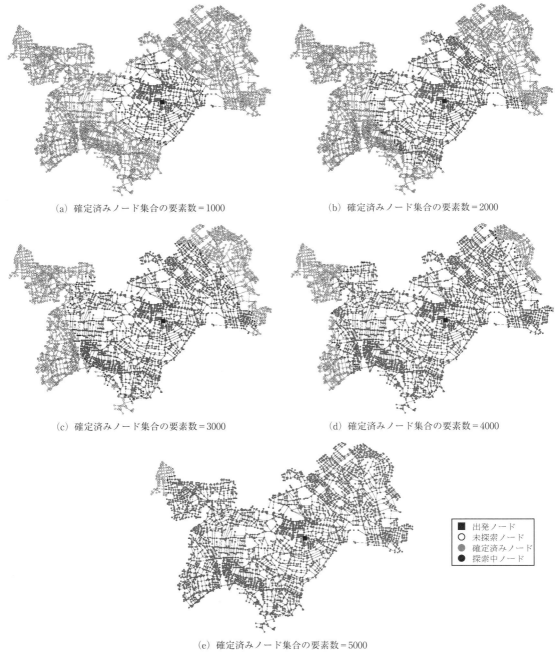

(a) 確定済みノード集合の要素数 = 1000
(b) 確定済みノード集合の要素数 = 2000
(c) 確定済みノード集合の要素数 = 3000
(d) 確定済みノード集合の要素数 = 4000
(e) 確定済みノード集合の要素数 = 5000

図 3.33 確定済みノード集合の拡がり

距離が最小のノードを見付ける」とありますが，大規模なネットワークでは多くの候補の中から選ぶことになるので，この手間を減らすことが重要です．そこで，**ヒープ**と呼ばれるデータ構造（セジウィック，2004）を利用して出発ノードからの距離を管理します．ヒープを利用することで，瞬時に出発ノードからの距離が最小のノードを見付けることができるようになります（その後のヒープの再構成の時間を含めても，線形探索より高速です）．計算時間の解析に関して深く知りたい方は，繁野（2010）をご覧ください．

■ 3.4.3 時空間ネットワークに対する最短経路探索

> **問題 3.12**
> 今度は鉄道を利用して出かけることにします．P駅を午前11時に出発してQ駅まで向かうのに，どの電車に乗って，どのように乗り継げば最も早くQ駅に辿り着けるでしょうか？

大都市圏では鉄道路線が発達しており，ある駅を出発して別の駅に向かうのに複数通りの行き方が存在する場合があります．また，鉄道を利用する場合は，自由に乗車時刻を決めることはできず，あらかじめ定められた時刻表に基づいて電車を選び乗車することになります．さらに，路線によっては停車する駅が限定された優等電車（急行や快速など）が設定されている場合があり，乗車時刻を遅らせた方が目的地にはかえって早く到着するということもあります．そのため，**鉄道ネットワーク**に対する所要時間をコストとした最短経路は，時刻によって異なります（距離や平均的な所要時間をコストとした場合は，道路ネットワークでの最短経路と同様に，最短経路は時刻に依存しません）．鉄道ネットワークで，単純に駅をノードとすると出発時刻の異なる電車を区別することができないので，同じ駅であっても電車に応じてノードを区別する必要があります．そのための具体的な手順を説明します．

まず，1本の電車の運行を表すネットワークを作成します．電車の各停車駅に対して，到着を表す**着ノード**と発車を表す**発ノード**を与えます．これらのノードは駅という空間情報とともに，時刻という時間情報を保持しています．そして，それらを**着発間リンク**で結びます．さらに発ノードと次の停車駅の着ノードとを**走行リンク**で結びます（図3.34）．

次に，1つの駅に着目して，いくつかの電車が到着，出発する様子をネットワークで表します．駅では乗客は次に出発する電車を待つという行動を行います．これを表すため，発ノードを出発時刻で並び替えし，隣り合うノード間を**待ちリンク**で結びます．また，優等電車が停車する駅では，電車の緩急接続が行われ，先に到着した普通電車を後から到着した優等電車が追い越す（先に出発する）ことがあります．このとき，それぞれの電車の乗客はもう一方の電車に乗り換えることができます．これを表すために，先に到着した電車の着ノードと，次に到着し，先に到着した電車よりも早く出発する電車の発ノードとを**待ち合わせリンク**で結びます．また，ある電車の終着駅がその路線の最終駅でない場合，その電車の着ノードと，その電車以降で最初にその駅を発車する電車の発ノードとを，同様に「待ち合わせリンク」で結びます（図3.35）．

さらに，駅で別の路線（徒歩で乗り換え可能な別の駅の路線も含む）へ乗り換える行動を表すために，乗り換えもとの着ノードと乗り換え先の発ノード（乗り換えに要する時間を考慮した最早の発ノード）とを**乗換リンク**で結びます（図3.36）．

空間情報と時間情報を持った着ノードと発ノードおよびそれらノードを結ぶリンク（着発間リンク，走行リンク，待ちリンク，待ち合わせリンク，乗換リンク）からなるネットワークを**(鉄道の) 時空間ネットワーク**と呼びます．時空間ネットワークにおけるリンクのコストは，そのリンク

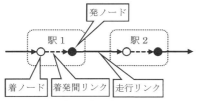

図 3.34　電車の運行を表すネットワーク

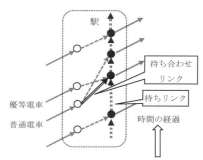

図 3.35　駅での待ちリンクと待ち合わせリンク

が接続しているノードの時間差で計算されます．

図3.37は路線aおよび路線bからなる鉄道ネットワークを表しています．2つの路線は中央の駅で乗り換え可能となっています．それぞれの路線に2本の電車が走行している状況で，図3.37を時空間ネットワークに拡張したものが図3.38です．図3.38では，着ノードと発ノードを1つのノードにまとめて表しています（したがって，着発間リンクは省略されています）．中央の駅には乗換リンクが設けられ，電車の乗り換えが可能となっています．

時空間ネットワークは，電車の運行本数に応じてリンクとノードの数が決まるので，大都市圏のような頻繁に電車が走っている地域を対象とすると，ネットワークの規模が大きくなってしまいます．一方で，時刻によって最短経路が異なる場合の最短経路問題をダイクストラ法で解くことができるという利点があります．実際に，東京首都圏の鉄道ネットワーク（図3.39）に対して，時空間ネットワークを構築した例を図3.40に示します．首都圏では平日1日に約4万本の電車が運行されています．この全ての電車を時空間ネットワークで表すと，ノード数が約75万個，リンク数が約305万本という規模になります．そのため，図3.40程度の大きさではノードとリンクの密度が高すぎて，ネットワークがまるで塊のように見えてしまいます．このような規模のネットワークであっても，ヒープを使うように工夫したダイクストラ法を実装し，2016年現在の一般的なノートパソコン上でこの時空間ネットワークにおける最短経路を求めると，その探索時間は1秒未満であり，十分実用に耐えうることが分かります．

時空間ネットワークを用いた経路探索の例を示します．例えば，埼玉県の大宮駅から東京都の品

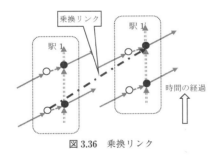

図3.36 乗換リンク

図3.37 鉄道ネットワーク

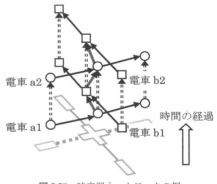

図3.38 時空間ネットワークの例

図3.39 東京首都圏の鉄道ネットワーク

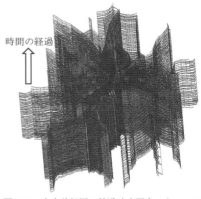

図3.40 東京首都圏の鉄道時空間ネットワーク

川駅までの最短時間経路を求めると，大宮駅を午前10時に出発するなら，「大宮駅10：00→（JR京浜東北線）→品川駅10：55」という経路になりますが，午前10時5分に出発するなら，「（大宮駅で2分待って）大宮駅10：07→（JR高崎線）→赤羽駅10：22→（乗り換え）→赤羽駅10：28→（JR京浜東北線）→品川駅10：58」と，先ほどとは異なる経路が選ばれます．このように，出発時刻に依存して，最短となる経路が変わるということを，時空間ネットワークを用いると簡単に表すことができます．

田口（2005）や鳥海（2008）は，東京首都圏の鉄道時空間ネットワークを利用して，電車の混雑状況や鉄道利用者の時空間分布などを分析していますので，より詳しく知りたい方にお勧めします．

鉄道のように，あらかじめ定められた時刻表に基づいて運行される交通機関であれば，この時空間ネットワークを構築することが可能です．ただし，バスのように周囲の状況に応じて所要時間が変化するときには，駅（停留所）ごとにノードを出発時刻で並べ替えることが難しくなるので注意が必要です．

[鳥海重喜]

3.5 ネットワークと最適化

■ 3.5.1 最大流問題

問題 3.13（最大流問題）

ある住宅地へ，少し離れた湖のそばに浄水場を建設し，水を供給しようとしています．下の図 3.41 は，浄水場から住宅地までの状況を模式的に表したネットワークで，ノード A は浄水場を，ノード F は住宅地を示しています．住宅地と湖の間にある丘などの地形上の制約から，水を浄水場から住宅地まで直接送ることができないため，途中に何箇所かポンプ場を設けて送水するよう計画しています．図の 4 つのノード B から E はポンプ場の建設候補地を表しており，ノードを結ぶ各リンクは，浄水場からポンプ場，ポンプ場間，ポンプ場から住宅地のどこからどこへ水を送ることができるかを示しています．ただし，それぞれの間に敷設できる水道管の径には制限があるため，（単位時間あたりに）どれだけの量の水を送ることができるかには上限があります．図には，この値がそれぞれのリンクの横に記されています．さて，このとき浄水場から住宅地まで，最大でどれだけの水を送ることができるでしょうか？

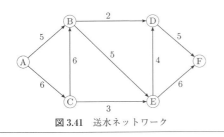

図 3.41　送水ネットワーク

a. フロー

ある地点から別の地点へと移動したり，させたりすることを考えてみましょう．移動するものは人や商品といった場合もありますし，水やガスのような液体や気体の場合もあります．さらには，発電所で発電した電気や，インターネット上を流れる情報のように「実体のない」モノの場合も考えられます．しかし，どのような種類のモノであっても，その移動を計画するためには，ある一時点にどこにどれだけモノがあるようにするかだけではなく，一定時間の間にどこからどこへモノを動かすかを定める必要があります．

ところで，遠く離れた地点へモノが移動する場合，いくつもの場所を経由することになるでしょう．このような一連の移動の繰り返しは，川の水が川上から川下へと次々に移動していくさまになぞらえて，流れと呼ばれます．モノの流れをネットワーク上で取り扱うための考え方がフロー (flow) と呼ばれるものです．以下では，このフローを用いて問題を見ていきます．

ネットワーク上では，「どこからどこへ」モノを動かすかは，リンクの始点（矢印の根元のノード）と終点（矢印の先端のノード）によって表すことができます．したがって，あとはそれぞれのリンクに沿って「どれだけの量」を動かすのか，より厳密にはリンクを「単位時間あたり」に通る量を定めることが，モノの移動を計画することとなります．このとき，リンクを通過するモノの流れを「リンクのフロー」といい，単位時間あたりに通過する量を「リンクのフロー量」あるいは「リンクの流量」といいます．問題のネットワークでは，例えばノード A から B へ単位時間あたりに送られる水が，リンク A→B のフローで，その量がフロー量ということになります．さらに，ネットワークを構成するリンクのフローを全てまとめたものを「ネットワークのフロー」あるいは単に「フロー」と呼び，ネットワークの始点となるノードから終点となるノードまで，単位時間あたりにどれだけ流れるかをネットワークのフロー量・流量といいます．

さて，このフローはどういった性質を持たなければいけないでしょうか．あるところで2本の水道管が合流する状況を考えてみましょう．すると，合流する前の2本の水道管を流れる量の合計は，合流後の水道管を流れる量に等しくなければいけません．逆に，1本の水道管が，複数の水道管に分かれるときには，分かれる前の水道管を流れる量と，分かれた後の水道管を流れる量の合計とは等しいはずです．もしこれが成り立たなければ，水は合流部分や分岐部分で淀んでしまうことになります．ネットワークでは，分岐部分や合流部分はノードとして表されます．そして，合流や分岐する前の部分は，そのノードを終点とするリンクのフローとして，合流や分岐をした後の部分は，そのノードを始点とするリンクのフローとして表されます．あるノードを始点とするフローを，そのノードから「流出」するフローと呼び，終点とするフローを，そのノードに「流入」するフローといいます．すると上のことは，特別なノードを除く全てのノードについて「流入するリンクのフロー量の合計」と「流出するリンクのフロー量の合計」が一致するということになります．このことを**流量保存則**といいます．

さらに，現実のモノの移動では，一定時間以内に移動させることができる量には上限があります．水道管であれば，問題にも書かれている通り，その径によって単位時間あたりに送水可能な量が定められています．また，製品などの移動では，運搬するトラックなどの台数や大きさによって，一日に移動させることのできる量が決まってくるでしょう．この上限を「容量」といいます．そして，各リンクの流量は，そのリンクに設定された容量以下でなくてはいけません．

あるネットワークに対してフローは様々に考えることができますが，上記の流量保存則と容量の制約を満たすフローだけが実現させられます．そういったフローを特に「**実行可能フロー**」あるいは「実行可能流」と呼びます．

b. 容量最大となる経路の探索

それでは，実際に問題について考えてみましょう．実行可能流のうち，フロー量が最大のものを**最大流**と呼び，最大流を求める問題を**最大流問題**といいます．この問題は，起点ノードから終点ノードまで流すことのできる最大量を求めるものです．最大流が求まればそのフロー量が問題の答えとなるので，以下では最大流問題を解くことを考えます．

図3.41には，起点のAから終点のFに至る様々な経路があります．そのような中で，いまA→B→D→Fという経路に注目し，どれだけのフローを流せるか，つまり経路の容量を考えます．経路の両端A→B，D→Fの容量は5ですが，中間のB→Dの容量が2であるため，2より大きいフローを流すことはできません．ある経路の容量は，その経路上の容量が最小のリンクのそれと等しくなります．そして，この経路上の容量最小のリンクを**ボトルネック**[1]といいます．

さて，いまフロー量を最大にしたいので，容量が最大となる経路を探し，そこへフローを割りあてていくことにしましょう．上のボトルネックのことから分かるように，ある経路の容量は，その経路上にあるノードへ至るまでの容量を超えることはありません．そのため，起点から始め，次々と中間ノードに至るまでの容量とその経路を定めていくことで，終点までの容量が最大となる経路を求めることができます．具体的には，次のような手続きになります．

この手続きの中では，各ノードについて，経路上でそこに至る直前に通るノードを上流ノードとして記録します．この上流ノードを順々に辿ったものを逆順に並べることで，そのノードまでの経路が得られます．また，手続きのある段階までで判明している各ノードへの最大の容量を経路容量ということにします．

① 全てのノードの状態を【未探索】にし，その上流ノードを空（カラ）に，経路容量を0とします．

② 起点の状態を【未探索】から【確定】に

---

[1] ワインボトルに水を入れたものを逆さにすることを思い浮かべてください．流れ出る水の量はボトルの口によって制限されます．ボトルのすぼまった部分をネック（首）ということに由来します．

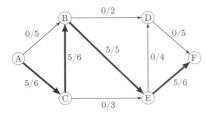

図 3.42 容量最大の経路へのフローの割りあて

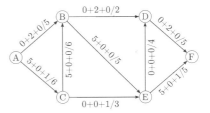

図 3.43 できるだけ割りあてた後のネットワーク

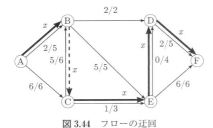

図 3.44 フローの迂回

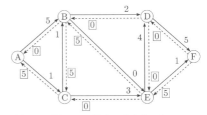

図 3.45 図 3.42 に対する残余ネットワーク

し，これを一時ノードとします．

③ 一時ノードを始点とする全てのリンクについて以下を行います．

③-a 一時ノードの経路容量と，そのリンクの容量のうち小さい方の値を暫定容量とします．

③-b 暫定容量がリンクの終点の経路容量より大きければ，終点の状態を【暫定】とし，経路容量を暫定容量の値とし，一時ノードとしているノードを上流ノードとして記録します．

④ 状態が【暫定】のノードの中から，そのノードを終点とする全てのリンクの始点の状態が【確定】であるものを1つ選び，その状態を【確定】にします．

⑤ 上で状態を【確定】にしたノードが終点ならば終了．そうでなければこれを一時ノードとして③に戻ります．

では，図 3.41 のネットワークを考えてみましょう．すると，A→C→B→E→F という経路に 5 だけ流すことができます．この様子を図 3.42 に示します．図では，○/□ という形で，○に割りあてたフローの量を，□にリンクの容量を示しています．残ったもののうち，流量が最大となる経路について考えると，A→B→D→F という経路に 2 だけ割りあてられます．さらに，A→C→E→F に 1 だけ流すと，もうこれ以上増やせず，合計で 8 となり図 3.43 のようになります．

図 3.43 を眺めてみると，まだ容量が一杯になっていないリンクが存在しています．そのうち A→B は，B から出るリンクがどちらも一杯になっているので，これ以上増やせそうにありません．しかし，B に入ってくるフローを見ると C から 5 だけ来ており，これを迂回させれば A→B にもっと流すことができそうです．

ここで，ノード C に注目すると，C→E にもまだ空きが残っています．そこで C→B の流量を少し減らして，C→E へ迂回させましょう．どれだけ迂回させられるかは分かりませんので，とりあえず x としておきます．ノード E から先の E→F は容量が一杯なので，E→D→F と流すことにし，さらにノード B へ流入する量が x だけ減るので，A→B も同じだけ増やします．すると，図 3.44 のようになります．図 3.44 では，流量が減る C→B は，B→C の破線で表しています．

具体的な x の値は，A→B→C→E→D→F にどれだけ流せるかによって決まります．順向きのリンク（A→B, C→E, E→D, D→F）では，容量からすでに流れている流量を引いた分だけ流すことができます．逆向きのリンク（B→E）では，流量を減らすことになるので，現在流れている流量だけ流すことができます．これらのうちで最小となる 2 が x の値となります．

3.5 ネットワークと最適化

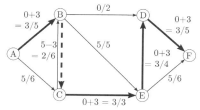

図 3.46 図 3.45 の最大容量経路へのフロー追加

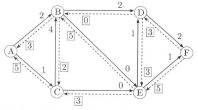

図 3.47 図 3.46 に対する残余ネットワーク

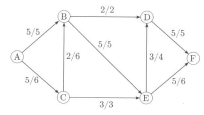

図 3.48 最大流問題の解

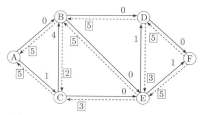

図 3.49 図 3.48 に対する残余ネットワーク

c. 残余ネットワーク

ここまで見てきたように，あるネットワークフローが与えられたとき，さらにフローを追加できるかの判断には，各リンクについてフローを「増やせるか」だけではなく，逆流・迂回させることで「減らせるか」も考える必要があります．そのために，次のような工夫をしましょう．

あるリンクのフローを「どれだけ増やせるか」は，もとのリンク容量からそのリンクの現在のフロー量を減ずることで求まります．そして，その向きはリンクのもとの向きと同じです．一方，リンクのフローを「どれだけ減らせるか」は，そのリンクの現在のフロー量そのものです．ただし，その向きはリンクとは逆向きになります．このようにして定めた容量付きの順向き，逆向きのリンクと，もとのネットワークのノードとで構成されるネットワークを**残余ネットワーク**といいます．

実際に残余ネットワークの例を見てみましょう．図 3.45 は，先ほど A → C → B → E → F に 5 だけのフローを割りあてたとき (図 3.42) の，残余ネットワークです．逆流となるリンクは破線で表し，その容量を枠で囲って表しています．また，容量一杯までフローが割りあてられている B → E や，全くフローが割りあてられていないリンクの逆向きのリンクについても，容量が 0 のリンクとして表しています．

この残余ネットワークで，A から F に至る経路のうち容量が最大となるものは，A → B → C → E → D → F でその容量は 3 です．このとき，割りあてられるフローは，順向きのリンクについてはフローが増加し，逆向きのリンク (B → C) についてはフローが減少します．その結果，図 3.46 のようなフローが得られます．

図 3.46 のフローに対して，さらに残余ネットワークを求めると図 3.47 となります．ここで，A → B → D → F にフローを 2 だけ流すと図 3.48 のようになります．図 3.48 の残余ネットワークは，図 3.49 となり，もはやこれ以上フローを追加することはできません．したがって，図 3.48 が最大流となることが分かります．

■ 3.5.2 最小費用流問題

問題 3.14 （最小費用流問題）

図 3.50 は浄水場から住宅地までの水の供給を模式的に表したネットワークで，ノード A は浄水場を，ノード F は住宅地を，ノード B から E

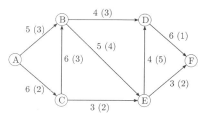

図 3.50 リンクにコストと容量のあるネットワーク

はポンプ場の候補地を表しています．浄水場からポンプ場，ポンプ場間，ポンプ場から住宅地へ単位時間あたりに送ることのできる水の量には上限があり，また送水するためには費用がかかります．あるところから別のところへ送水するのにかかる費用は，単位時間あたりに送る水の量に比例します．図 3.50 のリンクの横に書かれた数字はノード間の単位時間あたりの送水量の上限を，その横にある括弧の中の数字は，そのノード間の単位時間あたりの送水にかかる費用の比例定数を表しています．いま，浄水場から住宅地まで単位時間あたりに 8 だけの水を送る必要があるのですが，できるだけ安い費用で送水するにはどのように送ればよいでしょうか？

a. 実行可能性の確認

まず問題となるのは，はたしてノード A から F まで 8 だけのフローを流すことができるかです．これを確認するために，ひとまず費用のことは置いておき，前項の最大流問題を解きます．このときに折角なので，次に使えるようなフロー案も作成しておきましょう．

そのために，図 3.51 のような，出発点の A に接続するノード s と目的点の F から接続するノード t とを考えます．そして，$s \to A$，$F \to t$ のリンクの容量をそれぞれ 8 として，最大流問題を解きます．この最大流問題の答えが 8 未満であれば，最初からこのネットワークに 8 だけのフローを流すことはできません．反対に，もとのネットワークの最大流がどれだけ大きかろうとも，$s \to A$，$F \to t$ がボトルネックとなって，拡張したネットワークの最大流は 8 より大きくなることはありません．最大流問題の解は，図 3.52 のようになります．

b. 最小費用流問題

最大流問題を利用して，図 3.52 のように流すことで浄水場から住宅地まで，単位時間あたりに 8 だけの水を送れることが確認できました．では，このように流したときの費用はどうなるでしょうか．図 3.52 のノード A から B へのリンクに注目すると，そのフロー量は 2 となっています．一方，このリンクの単位時間あたりの送水にかかる費用の比例定数は 3 ですから，このリンクでは 2 × 3 = 6 だけの費用がかかることになります．ほかのリンクについても同様に計算し，合計することで総費用 86 が得られます．この問題では，フローをうまく振り替えることで，ネットワーク全体のフロー量が 8 のまま，費用が最小となるようなフローを求めることを考えます．このような問題を「最小費用流問題」と呼びます．

あるノードから別のノードまでの，費用が最小となる経路は，**ダイクストラ法**で探索できます．しかし，リンクに容量があるため，このような経路にフローを流すことができるとは限りません．

ここで，先ほどの最大流問題の解である図 3.52 を見てみましょう．このとき，ノード B を通過するフローが 6 だけありますが，$A \to B$ に余裕があるにもかかわらず，$A \to C \to B$ のように余計な費用がかかるようになっています．$A \to C \to B$ というフローを減らし，$A \to B$ へ振り替えれば，ネットワーク全体のフロー量を 8 としたままで，費用を減らすことができるはずです．このように，フローの一部を逆流させて迂回させることで，費用が少ないフローを探していくことができるわけです．そして，このようなフローの逆流を扱うには，最大流問題で用いた**残余ネットワーク**が役に立ちます．

さて，$A \to C \to B$ の経路を辿るフローを

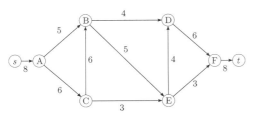

図 3.51 仮想ノードを追加したネットワーク

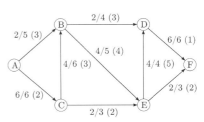

図 3.52 最大流問題の解

A → B に振り替えましょう．ここで，問題となるのは，どれだけの量を振り替えられるかです．図 3.53 は，先ほどの最大流問題で求めた最大フロー（図 3.52）に対する残余ネットワークです．A → C → B からはフローを取り除くのですから，残余ネットワーク（図 3.53）上の B ⇒ C ⇒ A という逆流経路となり，その容量の 4 だけ減らせます．一方で，A → B は 3 だけ増加させることができることが分かります．

フローを 8 のままに保つには，減らすフローと増やすフローの量が同じでなくてはなりませんから，これらのうち小さい方である，3 だけ変化させることが分かります．そして，フローの総費用は，86 から 80 へと 6 だけ減少します．図 3.54 に振替後の様子を，図 3.55 にそれに対する残余ネットワークを示します．

c. フローの置き換え

前項のように，フローを振り替えることで費用を小さくすることはできます．では，どのようにしたら振り替える候補を探せるのでしょうか．

ここで，再び残余ネットワーク（図 3.53）を見てみましょう．先ほどは，A → C → B という経路のフローを A → B へと振り替えました．これは，残余ネットワーク上の B ⇒ C ⇒ A と A → B に等しいだけのフローを流したこととなります．

振り替えをするのですから，もとの経路と新しい経路の，最初と最後のノードは同じでなくてはなりません．残余ネットワーク上では，フローを減らすもとの経路は，最初と最後のノードが入れ替わった経路となります．すると，残余ネットワーク上では，リンクを辿ってぐるりと一周する経路となり，この一周する経路にフローを流すことを考えることで，振り替えを表現できます．

次に，フローを振り替えることで費用が減少するかどうかについて考えましょう．A → C → B から A → B への振り替えは，残余ネットワーク上の B ⇒ C ⇒ A → B にフローを流すことです．逆向きのリンク（B ⇒ C，C ⇒ A）にフローを流すということは，いま流れているフローを減らすということなので，その分費用は減少することになります．したがって，一周する経路を辿っていき，逆向きリンクに流れることによる費用の減少が，順向きリンクに流れることによる費用の増加よりも大きいならば，振り替えにより費用が減少するということになります．

では，図 3.55 の残余ネットワークを見てみましょう．すると，一周するような様々な経路があることに気が付きます．その中で B → D ⇒ E ⇒ B という経路に注目しましょう．D ⇒ E ⇒ B を逆流することによる費用の減少は 5 + 4 = 9 です．それに対して，B → D に流すことによる費用の増加は 3 です．したがって「1」だけフローを振り替えると，差し引き 6 だけ費用が減少することになります．

図 3.55 より B → E → D（図中では逆向きリンクの D ⇒ E ⇒ B）の容量は 4，B → D の容量は 2 ですから，このうちの小さい方である 2 だけフローを置き換えることができます．すると，総費用は 80 から 6 × 2 = 12 だけ減少し，68 となります．

フロー変更後のネットワークは図 3.56 のように，変更後のネットワークに対する残余ネットワークは図 3.57 のようになります．

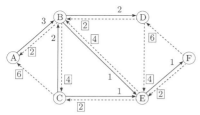

図 3.53 図 3.52 に対する残余ネットワーク

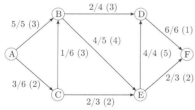

図 3.54 改善したフロー

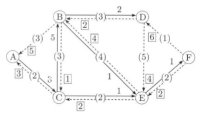

図 3.55 図 3.54 に対する残余ネットワーク

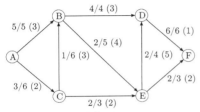

図 3.56 改善したフロー 2

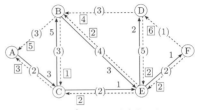

図 3.57 図 3.56 に対する残余ネットワーク

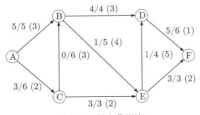

図 3.58 最小費用流

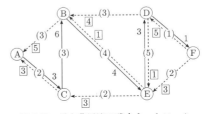

図 3.59 最小費用流の残余ネットワーク

図 3.57 を眺め，今度はノード C と E の間でフローを振り替えましょう．E⇒B⇒C→E を見ると，E⇒B⇒C が 4+3=7 減少するのに対し，C→E の増加は 2 です．この経路の容量（容量が最小のリンクの値）1 だけ振り替えることで，差し引き 5 だけ減少します．

振り替え後のネットワークに対する残余ネットワークを作成すると，F⇒D⇒E→F で，F⇒D⇒E の減少が 1+5=6 に対して，E→F の増加が 2 となります．ここを 1 だけ振り替えることで，さらに 4 だけ減少し，図 3.58 が得られます．このとき，総費用は 68 から 5+4=9 減って 59 となります．

図 3.58 の残余ネットワークを求めると，図 3.59 となります．図 3.59 を見ると，もはや費用を小さくする置き換えは見あたらないため，図 3.58 が最小費用流となります．

■ 3.5.3　輸送問題

問題 3.15　（輸送問題）

図 3.60 はある都市内の道路網を示しています．図中の A, B, C, D には工場があり毎日弁当を作っています．また，それぞれの工場で作られた弁当は，a, b, c, d, e にある店舗へと運ばれ，販売されています．それぞれの工場で 1 日に生産できる弁当の数には限りがあり，

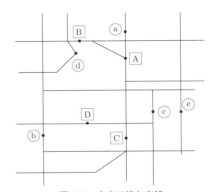

図 3.60 弁当工場と店舗

表 3.4　1 日の生産量

工場	A	B	C	D
生産量	10	10	6	8

表 3.5　1 日の販売量

店舗	a	b	c	d	e
需用量	8	7	4	8	7

表 3.4 のようになっています．また，それぞれの店舗では表 3.5 に示した数だけ，毎日弁当が売れることが分かっています．

ところで，工場から店舗まで弁当を運ぶには，その「運ぶ弁当の数」と「運ぶ距離」に比例した輸送費用がかかります．輸送費用の合計が最も安くなるようにするには，どの工場からどの店舗へどれだけ運ぶことにすればよいでしょうか？

a. 輸送量

輸送費用が「運ぶ弁当の数」と「運ぶ距離」に比例するというのは，輸送費用が，距離×運ぶ量に比例するということです．つまり，「10 個」の弁当を「3 km」運ぶときと，「3 個」の弁当を「10 km」運ぶときとで，輸送にかかる費用が等しくなるということになります．人や物が移動するとき，その移動の程度を表すには，このような**輸送量**の単位が用いられます．輸送量の単位は，運んだ物の単位と運んだ距離の単位を掛け合わせたものとなり，人などの旅客の輸送量であれば「人km」（ニンキロ），貨物の輸送量であれば「t km」（トンキロ）が用いられます．

さて，輸送費用が運ぶ量と運ぶ距離に比例するのですから，安くするためには道路網上を最も短い距離となるような経路で運ばなくてはいけません．このような経路は，3.4 節の最短路問題を解くことで得ることができます．工場 A–D から店舗 a–e までの，最短経路の距離をまとめたものが，表 3.6 になります．以下では，これを用いてどのようにすればよいかを考えていきましょう．

b. 輸送案の表現

この問題では，どの工場で生産したものをどの店舗にどれだけ運ぶかということを決めなくてはいけません．ここでは，それを輸送案と呼びましょう．輸送案は様々に考えられますが，ある輸送案は表 3.7 のように表すことができます．この表は，例えば工場 A から店舗 a へは 8 だけ運ぶということを示しています．輸送案では，各工場から運び出す量の合計（行の合計）は，各工場の生産量に等しく，各列へ運び込む量の合計（列の合計）は，各店舗の必要量に等しくなっていなければなりません．

こうして輸送案ができたら，総輸送費用が求められます．計算は単純で，輸送費用の表と輸送案の表で同じ位置（行・列）にある値どうしを乗じて，合計するだけです．例えば，表 3.7 の輸送案の場合には 143 になります．

c. たたき台の作成：北西隅の方法

それでは，輸送案を作ってみましょう．幸いにして，生産量の合計と必要量の合計は一致しているので，表の左上から始め，できるだけ割りあてて，生産量が足りなくなったら下の工場に，必要量を満たしたら右の店舗に割りあてていくことで輸送案を作成できます．

具体的な手続きは以下のようになります．まず工場 A と店舗 a について考えます．いちいち工場 A と店舗 a のところ，などと書くと煩雑になるので，A–a というように書きます．さて，工場 A の生産量 10 と店舗 a の必要量 8 を比較すると，店舗 a の必要量の方が少ないです．そこで，工場 A の生産量のうち 8 だけを店舗 a に割りあて，表の右，つまり A–b に移ります．A–b では，工場 A の残りの生産量 2 と店舗 b の必要量 7 とを比較します．すると，工場 A から店舗 b に 2 だけ割りあてることができます．そして，今度は下の工場 B に移ります．これを繰り返して，右下の D–e まで割りあてていきます．先ほどの表 3.7 の輸送案は，この方法で求めたものです．

ここで説明した方法は，表の左上から順に満たしていくということで，北を上にした地図になぞらえて**北西隅の方法**と呼ばれています．なお，とあるところでは，W メソッドと呼んでいるとのことです．

d. たたき台の作成：ハウザッカーの方法

北西隅の方法は，分かりやすいのですが，あまりに単純すぎで，ちょっと頭を使えば，もっとよ

表 3.6　工場と店舗間の最短経路距離

工場	店舗				
	a	b	c	d	e
A	1	6	3	3	4
B	2	5	5	1	6
C	4	5	2	5	3
D	5	2	3	5	6

表 3.7　北西隅の方法で得られる輸送案

工場	店舗					合計
	a	b	c	d	e	
A	8	2				10
B		5	4	1		10
C				6		6
D				1	7	8
合計	8	7	4	8	7	34

い案ができそうです．実際，輸送費が最も安い組合せから始め，一杯になったら（生産量，必要量のいずれかがなくなったら）次に安い組合せへ移ることで，もっとよい案を作り出すことができます．この方法は**ハウザッカーの方法**と呼ばれています．

この方法では，費用が最小で1のA-aから始め，店舗aの必要量8だけ割りあてます．次に，やはり費用が1のB-dにも8だけ割りあてます．

費用が1のところに割りあてた結果が表3.8です．表中の括弧内の数字は，対応する工場から店舗への最短経路距離で，1単位（弁当1個）を輸送した際の輸送費用を表しています．A-a，B-dに8だけ割りあてたので，工場A，Bの生産量の残りは2だけになります．また，店舗a，dは必要量を全て割りあてられたので，ほかの工場の部分は全て0となります．

次に費用が安い，2のところに注目すると，C-cに4，D-bに7だけ割りあてられます．このように，費用が小さい組合せから順に割りあてを行なっていきます．最後まで割りあてた結果は，表3.9になります．このとき，総輸送費用は70となり，北西隅の方法の143に比べると格段によくなっています．

e. 輸送案の改善：飛び石法

北西隅の方法にせよ，ハウザッカーの方法にせよ，作成した輸送案にはまだ改善の余地があるかもしれません．ここからは，どのようにしたら改善できるかを考えていきましょう．

改善の方法といっても，難しく考えることはありません．ある組合せを増やしたらどうなるかを見ていき，改善の効果があるところを変化させていくのです．ただし，工場の生産量と店舗の必要

量の合計が一定となるようにする必要があるため，ある組合せを増やそうとすると，別のところを減らさなくてはならず，そうするとまた別のところを……といったことを考えなくてはいけません．

先ほどのハウザッカーの方法で作った輸送案をたたき台にして考えてみましょう．表3.9の輸送案で，A-bを増やすことを試みます．工場Aはいま店舗bのほかに店舗a，eへと割りあてられており，そのどちらかを減らさなくてはなりません．そこで，A-eを減らすとしましょう．すると，今度は店舗eの必要量に足りなくなるので，工場Dからの割りあてを増やし，その分をD-bの割りあて分から回すことで対応します．表3.10にこの様子を示しました．これを見ると，同じ量だけA-b，D-eを増やし，A-e，D-bを減らすと，生産量，必要量が保たれたままになることが分かります．このように，ある輸送案で「輸送が割りあてられていない部分」について，すでに輸送が割りあてられているところだけを増やしたり，減らしたりすることで，帳尻の合う別の輸送案を作ることができます．この方法のことを**飛び石法**といいます．

それでは，ある組合せの割りあてを増やしたら，総輸送費用はどうなるのでしょう．先ほどのA-bを増やす場合で考えてみましょう．前述のように，A-b，D-eの増加量と，A-e，D-bの減少量が等しくなければいけません．1だけ変化させようとすると，

$$（A\text{-}b \text{の輸送費}）-（A\text{-}e \text{の輸送費}）$$
$$+（D\text{-}e \text{の輸送費}）-（D\text{-}b \text{の輸送費}）$$

で，総輸送費は$+4$だけ変化することになります．この変化は総輸送費が増加することを意味しますから，A-bを増やすことで目的を達成することはできません．

表 3.8 ハウザッカー法の途中経過

工場	店　　　舗					未割当
	a	b	c	d	e	
A	(1) 8	(6)	(3)	(3) 0	(4)	~~10~~ 2
B	(2) 0	(5)	(5)	(1) 8	(6)	~~10~~ 2
C	(4) 0	(5)	(2)	(5) 0	(3)	6
D	(5) 0	(2)	(3)	(5) 0	(6)	8
未割当	~~8~~ 0	7	4	~~8~~ 0	7	~~34~~ 18

表 3.9 ハウザッカー法による割りあて結果

工場	店　　　舗				
	a	b	c	d	e
A	(1) 8	(6) 0	(3) 0	(3) 0	(4) 2
B	(2) 0	(5) 0	(5) 0	(1) 8	(6) 2
C	(4) 0	(5) 0	(2) 4	(5) 0	(3) 2
D	(5) 0	(2) 7	(3) 0	(5) 0	(6) 1

3.5 ネットワークと最適化

表3.10 A-bへの割りあて増の影響

工 場	店 舗				
	a	b	c	d	e
A	(1) 8	(6) ↑0	(3) 0	(3) 0	(4) ↓2
B	(2) 0	(5) 0	(5) 0	(1) 8	(6) 2
C	(4) 0	(5) 0	(2) 4	(5) 0	(3) 2
D	(5) 0	(2) ↓7	(3) 0	(5) 0	(6) ↑1

表3.11 1単位増加させるときの総輸送費の変化

工 場	店 舗				
	a	b	c	d	e
A	(1) —	(6) 6	(3) 0	(3) 4	(4) —
B	(2) -1	(5) 3	(5) 0	(1) —	(6) —
C	(4) 4	(5) 6	(2) —	(5) 7	(3) —
D	(5) 2	(2) —	(3) -2	(5) 4	(6) —

表3.12 割りあての改善案店

工 場	店 舗				
	a	b	c	d	e
A	(1) 6	(6) 0	(3) 0	(3) 0	(4) 4
B	(2) 2	(5) 0	(5) 0	(1) 8	(6) 0
C	(4) 0	(5) 0	(2) 4	(5) 0	(3) 2
D	(5) 0	(2) 7	(3) 0	(5) 0	(6) 1

表3.13 表3.12で1単位変化させたときの総輸送費の変化

工 場	店 舗				
	a	b	c	d	e
A	(1) —	(6) 6	(3) 0	(3) 3	(4) —
B	(2) —	(5) 4	(5) 1	(1) —	(6) 1
C	(4) 4	(5) 6	(2) —	(5) 6	(3) —
D	(5) 2	(2) —	(3) -2	(5) 3	(6) —

上と同じようにして，ある組合せを1だけ増やそうとしたときに，どれだけ総輸送費が変化するかを，もとの輸送案（表3.9）で0となっている全ての組合せについて求めたものが表3.11です．もし，どの組合せを変化させても総輸送費が増加するようでしたら，もはや改善はできませんのでその案が最適ということになります．総輸送費が減少する組合せがある場合には，その減少する組合せを変化させます．表3.11では，B-aが負となるので，ここを変化させることにします．

変化させる組合せが決まったら，次はどれだけ変化させるかを定めます．このときに，どの割りあても負となってはいけません．B-aを増やそうとすると，↑B-a⇒↓B-e⇒↑A-e⇒↓A-aの順に変化するので，B-eとA-aを減らさなくてはなりません．変化させる量は，このうちの小さい方であるB-eの2を超えることはできません．そして，できるだけ総輸送費用を小さくしたいのですから，限界まで変化させましょう．すると，B-a，A-eを2増加させ，B-e，A-aを2減少させることとなり，表3.12が得られます．

さて，このとき総輸送費用はどれだけ変化するでしょう．表3.11では，B-aを1だけ増やすと，総費用は-1変化することになっています．したがって，いま2増やしたので，総費用の変化は-2になるはずです．実際に上の改善案で総費用を計算してみると68となり，2だけ減少している

ことが確認できます．

表3.12の改善案に対して，飛び石法によりさらに輸送費用の変化を求めると表3.13のようになります．今度は，↑D-c⇒↓D-e⇒↑C-e⇒↓C-cという変化の連鎖で，総輸送費用を減らすことができます．↓をつけた輸送量を減少させる組合せのうち，最も量が少ないのはD-eの1なので，1だけ変化させ，表3.14を得ます．この状態から割りあてを変化させても減少することはなく，これが最適案となり，このときの総輸送費用は66となります．

f. 輸送問題と最小費用流問題

ここまでで，総輸送費用が最小となるような輸送案を求めることができました．しかし，この節のほかの2つのネットワークフロー問題に比べるとやや毛色が違いました．たしかに，ネットワーク上の問題を考えていましたが，ネットワークを扱ったのは工場から店舗への最短経路問題を解くところだけで，最大流問題や最小費用流問題で取り扱ったフローは登場しませんでした．

しかし，実は輸送問題は最小費用流問題として解くことができるのです．このことを示して，本節を締めくくりましょう．

最小費用流問題になるということは，リンクにコストと容量があるネットワークが必要です．まずは，各工場と各店舗をノードとみなし，各工場から全ての店舗へと向かうようなリンクを考えま

表 3.14 割りあての最適案

工場	店舗									
	a		b		c		d		e	
A	(1)	6	(6)	0	(3)	0	(3)	0	(4)	4
B	(2)	2	(5)	0	(5)	0	(1)	8	(6)	0
C	(4)	0	(5)	0	(2)	3	(5)	0	(3)	3
D	(5)	0	(2)	7	(3)	1	(5)	0	(6)	0

す．つまり，4つの工場と5つの店舗を結ぶ，4×5＝20のリンクを考えるのです．そして，工場から店舗への最短経路距離を，対応するリンクに単位フローを流したときの費用とします．すると，リンクに流すフローの量を，そのリンクがつなぐ工場から店舗へと運ぶ弁当の数とみなすことができます．また，これにリンクのコストを乗じたものが輸送費となります．

続いて，工場の生産量と店舗の必要量を表現するために，仮想的なノード s と t を導入します．ノード s からは全ての工場へ向かい，接続する工場の生産量が容量であるようなリンクを接続します．また，ノード t へは全ての店舗から向かってきて，接続する店舗の必要量が容量であるようなリンクを接続します．

工場と店舗を結ぶリンクの容量は十分に大きな値であれば問題ありません．また，仮想ノードと工場，店舗を結ぶリンクのコストは 0 とします．このようにして，作成したネットワークを図 3.61 に示します．図では，全てのリンクのコストや容量を示すと分かりにくくなるため，一部のみを記しています．このネットワークで s から t まで，

輸送する弁当の数 34 を流すという最小費用流問題を解くことで，輸送問題を解くことができるのです．

■ 3.5.4 ネットワークと最適化

本節で見てきた最大流問題や最小費用流問題，輸送問題はいずれもネットワーク上のフローを取り扱うものでした．このような問題の持つ性質を調べ，効率よく（＝短い時間で）解くことを探っているのが**ネットワーク最適化**です．ネットワーク最適化は，**オペレーションズ・リサーチ**（**OR**：Operations Research）や計算機科学の分野で研究されており，様々な成果が出ています．

OR は現実社会の諸問題に対する解決策を数学的に探る分野で，都市や空間を分析するにあたっても様々な道具を提供してくれています．多くの書籍が入手可能ですが，興味を持った方は，OR 全般については例えば高井・真鍋（2000）や森・松井（2004），藤澤ほか（2011）などをご覧ください．

また，ネットワーク最適化は，離散最適化や組合せ最適化の一分野で，輸送問題のように多くの問題が離散最適化の別の問題と等価なものであることが知られています．穴井・斉藤（2015）では現実問題を取り扱うときによく現れる標準問題を定め，その定式化などについて書かれています．ネットワーク最適化や離散最適化を含む，数理最適化全般については，山下・福島（2008），田村・村松（2002），福島（2011），久野ほか（2012）などがあります．最後に，数理最適化の中でもネットワークに焦点をあてた書籍として，繁野（2010）や藤重（2002）が挙げられます．

これらの書籍の多くは数式を用いているものが多いのですが，本書では扱うことのできなかったアルゴリズム（計算手順）やネットワークの性質，証明などを知りたい方は，是非これらにも目を通してみてください．

［鵜飼孝盛］

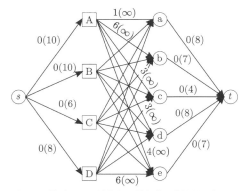

図 3.61 輸送問題に対応する最小費用流問題のネットワーク

3.6 配送計画

■3.6.1 配送計画問題とは

問題 3.16 （配送計画問題）
宅配便の荷物の配送センターで複数のトラックに荷物を積み，各家庭に荷物を配送するときに，どのトラックがどの家をどの順番で訪問すれば運送コストを最小にすることができるでしょうか？

この問題のように，宅配業者による家庭への荷物の配送が配送計画の最も身近な例です．「配送センター」などと呼ばれる拠点にはその担当地域の各家庭に届ける荷物が集められます．そしてそれらの配送を担当するトラックも集められます．毎朝，各配送トラックに，その日に届ける荷物を積み込み，配送センターを出発します．そして，順番に各家庭に荷物を届け終えたら，再び配送センターに戻ってきてその日の配送業務を終了します．

このとき，複数の荷物をどの組合せでどのトラックに積めばよいでしょうか．各荷物を届ける場所はバラバラです．また，届ける時間帯の指定があるものも混じっています．重いもの，軽いけれど体積の大きいもの，冷凍の必要なものなど，様々な条件を考慮する必要があります．このような組合せの中から，輸送費用が最も小さくなるものを求めたいのです．これを実現しようとすると手間がかかる上に，豊富な知識や経験が必要になります．そこで，これらの作業を数理やコンピュータの力を利用してうまくやることを目指します．本節では，この配送計画を数理モデルに基づいて行う方法を扱います．

配送計画で用いる輸送手段は，**運搬車**と呼ぶことにします．なにも陸上を走るトラックだけを指すわけではありません．複数の場所に複数の荷物を配達するものであれば，それはトラックでなく

ても運搬車と呼びます．配達先も家庭だけとは限りません．コンビニなどの店舗の場合もあります．これらの荷物の配達先のことを，ここでは**顧客**と呼びます．例えば，鉄板を届ける船舶が訪問する港の順序を決める問題も配送計画と見ることができますが，この場合の運搬車は船舶であり，訪問港が顧客にあたります．あるいは，航空機でいくつかの空港に精密機器を配送する問題も配送計画とみなすことができます．この場合の運搬車は航空機であり，発着する空港が顧客にあたります．

この運搬車の例のように，目の前にあって実際に触ることのできる「モノ」を抽象化・一般化して考察の対象とすることを，モデル化と呼ぶことにします．モデル化の利点として，個別のモノの些末なことがらにとらわれず，見通しよく対象を考察できることが挙げられます．ほかには，様々なモノに共通して適用できる理論や方法を作ることができる点が挙げられます．上の例でいうと，船や飛行機やトラックを，運搬車として抽象化・一般化し，モデル化して考察の対象とすることで，そこから導き出される計算手法は，船や飛行機やトラックの問題に共通して適用できるものとなります．

運搬車や顧客を表現する方法として，3.1 節で説明したグラフが用いられます．いま，a, b という 2 つのノードがあるとすると，ノード a からノード b への移動を表すリンクとして，リンク (a, b) を定めます．向きのあるリンクを有向リンクといい，向きのないリンクは無向リンクといいます．配送計画問題において，訪問する顧客をノードとして定め，ある顧客を訪問した直後に別の顧客を訪問する場合，これらの顧客を表す 2 つのノードを用いて**リンク**を定義します．そして，運搬車がこのリンク上をノードからノードへ移動する，というふうにモデル化することができます．例えば，

図 3.62 は，6つのノードと6つのリンクからなるグラフを表していて，左上のノード1を出発してノード2に配達し，次にノード2からノード3へと順に配達し，最終的にノード6からノード1に戻ってくる様子を表しています．

■ 3.6.2 配送計画問題の難しさ

本節で扱う配送計画では，複数台の運搬車で複数の場所に荷物を届けるための配送ルートを作成します．配送ルートの候補は何十万，何百万とあるので，計算によってその中から望ましいものを求めます．このとき問題となるのが，計算量です．**計算量**とは，おおざっぱにいって，問題の答えを求めるために必要な，足し算と掛け算（と引き算と割り算）の回数のことです（3.1節末のコラム参照）．計算量は，どのような計算手順（アルゴリズムと呼びます）を用いるかによって，違ってきます．効率的な計算手順を選べば現実的な計算回数（＝現実的な計算時間）で答えを求めることができますが，非効率的な計算手順を選ぶと，いつまで経っても計算が終わらず，答えを得ることができません．例えば，1箇月後の旅行プランを得るための計算に1年間かかるとしたら，そのアルゴリズムは使い物にならないでしょう．

本節で扱っている配送計画問題は，単純に組合せをチェックすることで答えを求めようとすると，**組合せ爆発**が問題となります．その困難を克服するために，様々な工夫が研究者によってなされてきました．それらの成果のおかげで，現在では実際の業務で出会う問題に対して，非常によい解（最適解に近い解）を現実的な時間で計算することができるようになっています．

■ 3.6.3 巡回セールスマン問題
a. 巡回セールスマン問題とは

配送計画問題を解くための準備として，まず，巡回セールスマン問題について知る必要があります．巡回セールスマン問題を，イメージしやすい例で説明すると，次のような問題になります．

問題 3.17（スタンプラリー問題）

n 個の駅をめぐるスタンプラリーで，全ての駅をちょうど1回ずつできるだけ短い距離で訪れるにはどうすればよいでしょうか？

いかがでしょう，問題のイメージがつかめたでしょうか．巡回セールスマン問題を記号を用いて定義すると，次のようになります．

問題 3.18（巡回セールスマン問題の定義）

n 個のノード（都市）から構成される無向グラフ $G=(V, E)$，リンク上の距離（重み，費用，移動時間）関数 $c: E \to \mathbb{R}$ が与えられたとき，全てのノードをちょうど1回ずつ経由する**巡回路**で，リンク上の距離の合計（巡回路の長さ）を最小にするものを求めよ．

ここで，$\mathbb{R}$は実数を表します．この定義では，無向グラフを用いています．これはリンクに向きがなく，都市Aから都市Bに向かう距離と都市Bから都市Aに向かう距離が等しいと仮定していることになります．これを，**対称巡回セールスマン問題**と呼びます．これに対して，有向グラフを用いて定義するものを，**非対称巡回セールスマン問題**と呼びます．非対称巡回セールスマン問題では，都市Aから都市Bに向かう距離と，都市Bから都市Aに向かう距離が異なります．距離を時間で測る場合を考えると，このような非対称性が求められる場合があることに納得できるでしょう．図3.63に，ノード（都市）の数が8である巡回セールスマン問題における2つの巡回路の例を示しました．セールスマンはノード1（四角で示した）から出発して，残り7つのノードをめぐってノード1に戻ってきます．これ以外にも，たくさんの

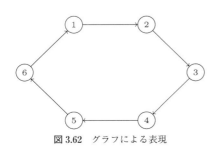

図 3.62　グラフによる表現

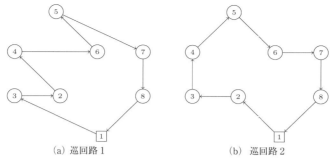

図 3.63 巡回セールスマン問題における巡回路の 2 つの例

巡回路が存在します．巡回セールスマン問題を解く最も単純な方法が，全ての巡回路を書き出して各々の移動距離を計算し，それが最も小さいものを選び出すものです．では，この方法はどれくらい現実的でしょうか．

都市数が n の巡回セールスマン問題の巡回路は，最初の都市が決まっている場合には $(n-1)!$ 本です．というのは，最初の都市の次にどの都市を訪問するかで $n-2$ 通り，さらにその次のどの都市を訪問するかで $n-3$ 通り，以下同様に，訪問のしかたとして $(n-1)!$ 通りあるからです．

ここで，**スターリングの公式**
$$n! \cong \sqrt{2\pi n}(n/e)^n$$
を見ると，$n!$ の大きさは，細かいところを無視するとだいたい n^n くらいなのが分かります．n^n は 2^n よりも（n が増えるに従って）高速で大きくなることが分かります．そのため，都市数 $n=80$ の巡回セールスマン問題の全ての巡回路を京コンピュータで確認しようとすると，3.1 節のコラムで述べた 980 円の例の計算時間と比較して，3.84 年よりもかなり長い時間がかかると見積もることができます．

巡回セールスマン問題には様々な応用がありますが，それらの場面で解きたいのは都市数が数百から数千に及ぶ大規模な問題です．したがって，全ての巡回路を書き出す解法は使えません．実際に用いられる主な方法として，数理計画ソフトを用いて解く方法と，ヒューリスティックを用いて解く方法があります．

b. 数理計画ソフトを用いて解く方法

様々な問題を，数式を用いてモデル化して解決する方法の 1 つに，数理計画があります．次に述べるのは，単純な数理計画の一例です．

問題 3.19 ミカンとリンゴの選び方問題

あなたの所持金は 300 円です．この 300 円を最大限に使って，友人にミカンとリンゴを差し入れしようと思います．ミカンを 1 個差し入れるうれしさを 2，リンゴを 1 個差し入れるうれしさを 3 とします．うれしさの合計を最も大きくするには，それぞれ何個ずつ買えばよいでしょうか．ただし，ミカンは 1 個 40 円，リンゴは 1 個 60 円とします．

この問題を，まず数式を用いて表し，次にその数式をうまく処理して最もよい答え（**最適解**と呼びます）を求めます．ミカンの個数を文字 $x_{ミカン}$ で，リンゴの個数を文字 $x_{リンゴ}$ で表します．ここでの目的は，$x_{ミカン}$ と $x_{リンゴ}$ の値を決めることであり，これらは**決定変数**と呼ばれます．ミカンとリンゴの購入代金は，300 円を超えてはなりません．これは，次の不等式で表されます．

$$40 \times x_{ミカン} + 60 \times x_{リンゴ} \leq 300$$

このように，変数のとる値に制約を付けるものを，**制約条件**と呼びます．ミカンとリンゴの選び方問題は，この制約条件を満たすという条件のもとで，うれしさ

$$2 \times x_{ミカン} + 3 \times x_{リンゴ}$$

を最大にするように，変数 $x_{ミカン}$ と $x_{リンゴ}$ の値を求めることが目的です．このように，最大に（または最小に）したい量を表した数式を，**目的関数**と呼びます．まとめると，ミカンとリンゴの選び方

問題は，次のように表すことができます．

> ### ミカンとリンゴの選び方問題
> ### ―数理計画問題としての定式化―
> 最大化　　$2x_{ミカン} + 3x_{リンゴ}$
> 制約条件　$40x_{ミカン} + 60x_{リンゴ} \leq 300$
> 　　　　　$x_{ミカン}$：0 以上の整数
> 　　　　　$x_{リンゴ}$：0 以上の整数

このように，目的関数も制約条件も 1 次の式，すなわち，変数を何倍かしたものを足したり引いたりしたものだけからなる数理計画問題を，**線形計画問題**と呼びます．ミカンとリンゴの選び方問題では，変数が整数であるという条件が加わっているので，**線形整数計画問題**，または単に**整数計画問題**と呼びます．

ここで，整数計画問題の一般的な表し方を述べます．決定変数が n 個あって，制約条件が m 個ある整数計画問題は，数式を用いて次のように表されます．

> ### 整数計画問題
> 最小化　　$c_1 x_1 + c_2 x_2 + \cdots + c_n x_n$
> 制約条件　$a_{i1} x_1 + a_{i2} x_2 + \cdots + a_{in} x_n \leq b_i$
> 　　　　　$(i = 1, \ 2, \ \ldots, \ m)$
> 　　　　　x_j：整数　$(j = 1, \ 2, \ \ldots, \ n)$
>
> $$(1)$$

整数計画問題は，理論的には，解くのが非常に難しいと考えられています．最悪の場合，宇宙誕生から現在までの長時間計算を行っても最適解が得られないかもしれません．しかし，実際には様々な計算上の工夫が開発されています．それらは数理計画ソフトウェアとして実現されています．したがって，数理計画ソフトウェアを用いることで，現実的な時間内に最適解もしくは最適解に近い解を求めることができます．

整数計画問題を解くことのできるソフトウェアとして，現在では，商用，非商用ともに様々なものが提供されています．代表的なものとして，Gurobi，CPLEX，SCIP が挙げられます．式 (1) に現れる a_{ij}，c_j，b_i を入力データとして与えると，これらのソフトウェアは最適解 x_j^* を出力してくれ

ます．数理計画ソフトウェアを用いて解く利点として，最適解に近い解（**近似最適解**）ではなく，厳密な最適解が得られることと，計算部分のプログラミングが必要ないことが挙げられます．欠点としては，定式化 (1) を上手にやらないと非常に長い計算時間がかかる可能性があること，商用ソフトウェアは一般に高価であることが挙げられます．上手な定式化にはそれなりの数学的知識が必要で，専門家との共同作業が求められます．

c. ヒューリスティックを用いて解く方法

巡回セールスマン問題は，組合せ最適化問題と呼ばれる問題の一種です．**組合せ最適化問題**とは，有限個の集合の中で目的関数が最大または最小になるものを見付ける問題の総称です．組合せ最適化問題には整数計画問題として定式化できるものが多いのですが，実際の問題を解くには定式化に様々な工夫を施す必要があります．そのためにはある程度の数学の知識が必要となる場合も少なくありません．一方で，整数計画問題としての定式化を用いずに解く方法も存在します．その 1 つがヒューリスティックを用いて解く方法です．この方法は特別な数学の知識なしでも，比較的簡単に実現できます．しかし，実際の問題に対してよい解（厳密な最適解に近い解）を得るには職人芸的な工夫が要求されます．したがって，最適解にごく近いよい解が必要とされる際には注意する必要があります．

ヒューリスティックとは，ある特定の計算手順を指す言葉ではなく，経験的にうまく行きそうなことが知られている手順の総称です．それらの手法には覚えやすいように印象的な名前が付けられていることが多いのです．模擬焼きなまし法，遺伝的アルゴリズム，大洪水法などがその例です．

組合せ最適化問題に対するヒューリスティックでは，**局所探索法**に基づくものが多くあります．局所探索法では，いま得られている解 x に対して，**近傍 $N(x)$** というものを考えます．これは，いまの解 x を「少し変更して」得られる解を集めてきたものです．巡回セールスマン問題では，いま得られている解 x はある巡回路，その近傍 $N(x)$ はその巡回路の一部を変更して得られる巡回路を集

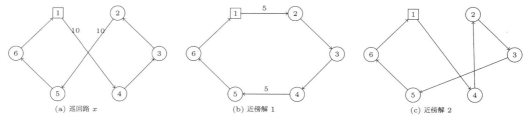

図 3.64 巡回セールスマン問題のある解とその近傍
四角は始点であることを表します.

めてきたものになります.例えば,ある巡回路 x として図 3.64（a）の巡回路が得られているとしましょう.この巡回路は,ノードを $1 \to 4 \to 3 \to 2 \to 5 \to 6$ の順に訪問した後,1 に戻ります.ここで,1 の次に 4 ではなく 2 を訪問するように巡回路を変更します.このためには,リンク (1, 4) と (2, 5) を取り除き,新たにリンク (1, 2) と (4, 5) を入れます.すると,図 3.64（b）の巡回路になります.こうして得られる巡回路のことを,近傍解とも呼びます.なお,リンクの入れかえに伴って,2 の次に訪問する顧客の順序も図の矢印の通りに変更します.

いまの例では,ノード 1, 2, 4, 5 の間のリンクを付けかえましたが,ほかにも付けかえるリンクの選び方は複数存在します.2 本のリンクを 1 組選び,同じように訪問順序を変更すると,もう 1 つの巡回路が得られます.例えば,図 3.64（a）の巡回路から,リンク (4, 3) と (2, 5) を取り除き,(4, 2) と (3, 5) を加えると,（c）に示したもう 1 つの異なる近傍解 2 が得られます.このようにして得られる複数の近傍解を集めてきたものが,(a) の巡回路 x の近傍 $N(x)$ となります（このように 2 本のリンクを取り除いてほかの 2 本を付け加えて得られる近傍は,**2-opt 近傍**と呼ばれます).

では,訪問順序を変更すると巡回路の移動距離はどう変化するでしょうか.いま,距離が対称（顧客 i から顧客 j への距離と顧客 j から顧客 i への距離が等しい）とします.(a) の巡回路からリンク (1, 4) と (2, 5) を取り除き,リンク (1, 2) と (4, 5) を付け加えることで (b) の巡回路が得られます.(a) の巡回路から (b) の巡回路に変更することで,総距離は次の量だけ減少しま

す.

[(1, 4) の距離] + [(2, 5) の距離]
  − ([(1, 2) の距離] + [(4, 5) の距離]) (2)

この値が正,すなわち,訪問順序を変えることで巡回路の長さが短くなるならば,その変更を実行することにします.図中の各リンクに付記した距離を式 (2) に代入すると,値は 10 と,正になります.そこでこのリンクの入れかえを実行し,図 3.64（a）の巡回路は（b）の巡回路になります.さて,新しく得られた巡回路,同図（b）の近傍を,(a) の x のときと同様に定めます.この近傍の中に移動距離がさらに短くなるものがあれば,同図（b）の巡回路からその巡回路に変更します.これを繰り返して解を改善していくのが,局所探索法の考え方です.これをフローチャートとして書くと,図 3.65 のようになります.

■ 3.6.4 配送計画問題
a. 配送計画問題再び

巡回セールスマン問題について学んだところで,

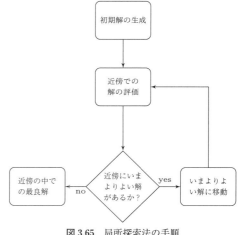

図 3.65 局所探索法の手順

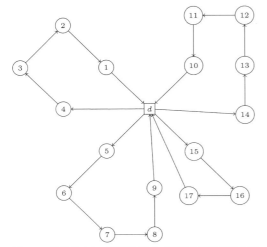

図 3.66 運搬車 4 台,顧客数 17 人の配送計画における配送ルートの例

本節の冒頭で説明した配送計画問題を思い出してください.配送計画問題とは,拠点から各運搬車に荷物を積み,各顧客や小売店などにものを配送するときに,どの運搬車がどの顧客をどの順番で訪問すれば一番よいものになるかを求める問題です.このとき,「よい」の基準はいろいろなものがありえるのですが,よく扱われるのは,コストの最小化や利益の最大化です.図 3.66 に,顧客の数が 17,運搬車の数が 4 の配送ルートの例を示します.なお,四角の d は拠点を表します.

b. 巡回セールスマン問題との関係

配送計画問題は,先ほど説明した巡回セールスマン問題と深い関係があります.具体的には,運搬車が 1 台の配送計画問題は,巡回セールスマン問題そのものです.したがって,配送計画問題は少なくとも巡回セールスマン問題と同じくらいには難しいことが分かります.実際には,配送計画問題では考慮すべき要素が増えるので,巡回セールスマン問題よりも難しいのです.いま,10 の顧客を 3 台の運搬車で訪問する配送計画があるとします.ここで,1 台目に 3,2 台目に 4,3 台目に 3 の顧客を割りあてたとします.各運搬車に割りあてられた顧客を最小の費用で訪問する順序を求める問題は,巡回セールスマン問題にほかなりません.すなわち,いったん顧客を各運搬車に割りあてれば,あとは台数分の巡回セールスマン問題を解けばよいことになります.そうして得られた巡回セールスマン問題の解(巡回路)が各運搬車の配送ルートになります.そして,配送計画の総費用は,これら配送ルートの費用の合計となります.

さて,顧客を各運搬車に割りあてるにはどうすればよいでしょうか.この,顧客を運搬車に割りあてる,という過程が巡回セールスマン問題にはなかったものです.実際,どの顧客をどの運搬車に割りあてるかによって,配送計画の総費用は変わります.そのため,考えられる割りあて方の中から最も望ましいものを選ぶ必要があります.

では,3 台で 10 の顧客を訪問する配送計画では,顧客の運搬車への割りあて方はどのくらいあるでしょうか.分かりやすいように,運搬車には A,B,C,顧客には 1,2,...,10 と順に名前を付けることにします.まず,顧客 1 を 3 つのどの運搬車に割りあてるかで,3 通りあります.その 3 つのそれぞれの場合に対して,顧客 2 の運搬車への割りあて方が同じく 3 通りあります.以下,顧客 3 から 10 までも同様に考えると,10 の顧客を 3 つの運搬車に割りあてる方法は,$10^3 = 1000$ 通りあることが分かります.このとき,配送計画の最適解を求める明らかな方法があります.すなわち,1000 通りの割りあて方を全て書き出して,そのそれぞれに対して巡回セールスマン問題を 3 台分解く方法です.こうすると,各場合に対する配送費用が分かるので,それが最も小さい割りあて方を採用することで,最適解が求まります.

さて,3 台の運搬車で 10 の顧客を訪問する配送計画を求めるために,この方法だと 3000 個の巡回セールスマン問題を解く必要があります.実際の場面で解きたい配送計画は,数十〜数百台で,数百〜数千の顧客を訪問する規模となります.このような大きなサイズに対しては,上で述べたような全ての割りあて方を書き出してそれぞれに対して巡回セールスマン問題を解く方法は現実的ではありません.計算時間がかかりすぎるからです.

c. 数理計画を用いて解く方法

配送計画問題を数理計画を用いて解く方法として,**集合分割問題**を用いた方法が挙げられます.

この方法は，運搬車の台数や配送先の顧客の数があまり大きくなると用いることが難しくなりますが，そうでない場合には有効な方法です．

集合分割問題は，先に説明した整数計画問題として表すことができます．つまり，c_1，c_2，...，c_n，a_{i1}，a_{i2}，...，$a_{in}(i=1, 2, ..., m)$，b_1，b_2，...，b_m の値を定めれば，整数計画ソフトウェアを用いて解くことができます．これらの値を定めるには，次のようにします．

いま，顧客のいる地点が6箇所だとして，2台の運搬車を用いた配送計画を作りたいとします．まず，それぞれの運搬車が1日のうちに配送できるルートを書き出します．そして，各ルートのコストを覚えておきます．例として，運搬車1には，ルート1からルート3までの3つ，運搬車2にはルート4からルート7までの4つのルートがあるとします．こうして書き出したルートの情報を用いて，整数計画問題の式（1）における c_j，a_{ij}，b_i の値を定めます．例えば，ルート1ではコスト10で顧客1と顧客3に配送を行い，ルート2ではコスト14で顧客1，顧客3と顧客6に配送を行うとします．整数計画問題での変数 x_1 をルート1に，変数 x_2 をルート2に対応させます．さらに，c_1 の値をルート1のコスト，c_2 の値をルート2のコストで定めます．また，a_{i1} は，ルート1で顧客 i に配送するとき1，しないとき0とします．ルート1では顧客1，3を訪問するので，$a_{11}=1$，$a_{31}=1$ とし，それ以外の顧客に対する値は，$a_{21}=a_{41}=a_{51}=a_{61}=0$ とします．同様に，ルート2に対しては，$a_{12}=1$，$a_{32}=1$，$a_{62}=1$ とし，それ以外の顧客に対しては $a_{22}=a_{42}=a_{52}=0$ とします．また，ルート1のコストによって $c_1=10$，ルート2のコストによって $c_2=14$ と定めます．同様に，合わせて7本のルートについてのデータを a_{ij}，c_j として定めたとします．これにより，集合分割問題としての定式化を次のように得ることができます．

最小化 　$10x_1+14x_2+\cdots+11x_7$ 　　　(3)

制約条件 　$x_1+x_2+x_3=1$ 　　　(4)

$x_4+x_5+x_6=1$ 　　　(5)

$x_1+x_2+x_3+x_4+x_5+x_7=1$ 　　　(6)

$x_5+x_6=1$ 　　　(7)

$x_3+x_6=1$ 　　　(8)

$x_1+x_3+x_7=1$ 　　　(9)

$x_1+x_2+x_3=1$ 　　　(10)

$x_4+x_5+x_6+x_7=1$ 　　　(11)

x_1，x_2，...，x_7 は 0 または 1 　　　(12)

制約条件式（4）から式（9）までは，それぞれ顧客1，2，...，6がいずれか1つの運搬車によって訪問されることを表しています．例えば，式（6）に注目してみましょう．これは，顧客3に対する制約を表しています．顧客3は，ルート1，2，3，4，5，7で配送を受けます．例えば，運搬車1がルート1で配送するときは運搬車1から配送を受け，運搬車2がルート7で運航するときは，運搬車2から配送を受けます．したがって，これらを足したもの（式（6）の左辺）が1ということは，顧客3はいずれか1つのルートで配送を受けることを表しています．したがって，これらの変数を足したものが1ということは，顧客3はルート1，2，3，4，5，7のいずれかから配送を受ける，ということを表しています．

制約条件式（10）は，運搬車1はルート1，2，3のうちのいずれか1つのルートで配送することを，式（11）は，運搬車2はルート4，5，6，7のうちのいずれか1つのルートで配送することを表しています．

こうして定義した集合分割問題を数理計画ソフトで解いて最適解 x_j^* が得られます．この中で，1となる x_j^* に対応したルートを採用します．

d. ヒューリスティックを用いて解く方法

大規模な配送計画問題，すなわち，運搬車の数や顧客の数が多い配送計画問題に対しては，ヒューリスティックを用いて解く方法が有効です．配送計画問題に対するヒューリスティックも，巡回セールスマン問題のときと同様に，近傍を用いた局所探索法に基づくものが有効であることが知られています．巡回セールスマン問題のときと同様に，いまある配送ルートを少し変更することによって，近傍を定めましょう．図3.67（a）に示したのは，2台の運搬車で6箇所に配送するルートの例です．実線で表したのが運搬車1のルート（$d \to 1 \to 5 \to 3 \to d$），点線で表したのが運搬車

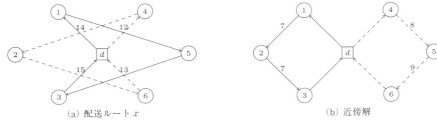

(a) 配送ルート x (b) 近傍解

図 3.67 配送計画問題のある解とその近傍

2 のルート ($d \to 4 \to 2 \to 6 \to d$) とします．ここで，$d$ は拠点を表します．これら 2 本のルートから得られる近傍を定めましょう．いま，運搬車 1 のルートでは 2 番目の配送先は顧客 5，運搬車 2 のルートでは 2 番目の配送先は顧客 2 です．これらの顧客をルート 1 とルート 2 の間で入れかえることによって，もう 1 組のルートを定めます．すなわち，運搬車 1 の 2 番目の配送先を顧客 2，運搬車 2 の 2 番目の配送先を顧客 5 とします．これにより新たに得られるルートは，図 3.67 (b) に示した通りです．すなわち，運搬車 1 のルートは $d \to 1 \to 2 \to 3 \to d$，運搬車 2 のルートは $d \to 4 \to 5 \to 6 \to d$ となります．

では，この入れかえによる距離の変化はいくつでしょうか．巡回セールスマン問題のときと同様に，リンクの距離は対称（顧客 i から j への距離と，逆向きの顧客 j から顧客 i への距離とは等しい）とします．2 つの顧客の入れかえによって削除されたリンクは，(1, 5)，(5, 3)，(4, 2)，(2, 6) の 4 本です．また，追加されたリンクは，(1, 2)，(2, 3)，(4, 5)，(5, 6) です．したがって，この入れかえによって総距離は次の値だけ減少します．

　　([(1, 5) の距離] + [(5, 3) の距離]
　　　 + [(4, 2) の距離] + [(2, 6) の距離])
　　 − ([(1, 2) の距離] + [(2, 3) の距離]
　　　 + [(4, 5) の距離] + [(5, 6) の距離])

この値が正であれば，入れかえを採用することにします．実際に図 3.67 の値を代入してみると，この値は

$(12 + 13 + 14 + 15) − (7 + 7 + 8 + 9) = 54 − 31 = 23$

となります．すなわち，この入れかえを実行すると，総距離は 23 だけ減ることになります．したがってこの入れかえを実行することにします．

このような入れかえを様々なルートの組合せと顧客の組合せに対して試みて，距離が減少する際にはその入れかえを実行することにします．これが配送計画問題に対する局所探索です．

配送計画問題に対する近傍としては，前に述べたもの以外にも様々なものが知られています．詳しくは，Toth and Vigo (2014) をご覧ください．

■ **3.6.5 応用例と，より詳しく学ぶために**

配送計画の応用例としては，小売店への製品の配送計画，スクールバスの巡回路決定，郵便や新聞の配達，ごみの収集，燃料の配送など，様々な身近な問題が挙げられます．もっと詳しく知りたい方は，巡回セールスマン問題について平易な文章で書かれた書籍（山本・久保，1997）や，配送計画問題を含むロジスティクスにおける様々な数理モデルを扱った書籍（久保，2001）などをご参照ください．

[小林和博]

4
さらに広い世界へ

4.1　スペースシンタックス

4.2　形態解析

4.3　観光行動分析と空間解析

4.4　カルトグラム

4.5　マルチエージェントシミュレーション

4.1 スペースシンタックス

■ 4.1.1 スペースシンタックス理論とは

問題 4.1

図 4.1 の建築平面図で，ある部屋からほかの全ての部屋に最短経路で移動するとき，その距離の合計が最も小さいのはどの部屋でしょうか．ただし，このときの距離は，目的の部屋に到達するまでに経由した部屋の数で計算し，外部も 1 つの部屋とみなします．

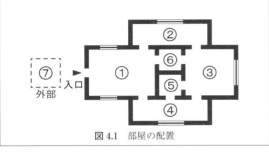

図 4.1　部屋の配置

都市や建築の空間解析では，ある指標に基づいて点や線，面といった空間単位が持つ値を計量し，その値によって空間構成を定量的に評価をすることがあります．**スペースシンタックス理論**（Space Syntax Theory，以下 SS 理論）もそのような解析に適用されます．SS 理論は，建築の内部空間や都市の街路，オープンスペースなどから線や面などの空間単位を抽出し，それらの位相幾何学的なつながり方を解析し，定量化する理論・分析体系です．シンタックスとは，言語学の分野では単語をつなげて文を作る文法をいいますが，単語に相当するのが**空間単位**です．部屋や街路などの空間単位相互のつながり方に基づく指標は，**グラフ理論**を援用して計量され，その値をもとに空間構成を記述し，読み解くことができます．

SS 理論はロンドン大学のヒリアー（B. Hillier）らによって提唱・開発され，1980 年代に彼らの著書（Hillier and Hanson, 1984）が出版されると広く知れわたるようになり，都市・建築空間解析の分野において，1 つの解析手法として定着しています．国際シンポジウムも定期的に開催され，様々な解析ソフトウェアの開発に伴い[1]，研究に限らず，実務の分野にも活用されるようになってきました（国土交通省，2014）．

SS 理論は多岐にわたりますが，主要な解析手法には，コンベックス分析・アクシャル分析・セグメント分析・可視グラフ分析があります．以下，SS 理論で用いられる計量指標を解説し，これら 4 つの解析手法の概要を紹介します．

■ 4.1.2　解析のプロセス
ーーグラフの作成と指標の計量

SS 理論による解析は，空間単位の抽出→グラフの作成→各種指標の計算→結果の描画（値の可視化）（日本建築学会編，2012），というプロセスで進みます．ここでは，この解析プロセスを図 4.1 の問題に沿って説明します．

最初に，図 4.1 の建築平面図において，空間単位を外部空間も含めた各部屋とし，グラフで表現します（グラフに関する詳細は 3.1 節を参照して下さい）．**グラフは頂点（ノード）と辺（エッジ）**の集合で構成されます．そこで，各部屋をグラフの頂点とし，部屋から部屋への動線があれば辺でつなぐと，図 4.2 のようなグラフが作成できます．

次にグラフ上の距離をもとに SS 理論特有の指標（MD，RA 値，RRA 値，Int 値，後述）を計算します．グラフ上の距離は，私たちが通常使うユークリッド距離とは異なり，1 つの頂点から別

---

[1] SS 理論に関する参考文献やソフトウェア（depthmap など）に関する様々な情報は，例えば http://www.spacesyntax.org/ の URL からリンクを辿ることで得られます．また，SS 理論の分析事例に関しては，参考文献（日本建築学会編，2012；2008）に紹介されています．

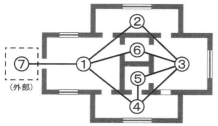

図 4.2 動線に基づくグラフ

の頂点に到達するまでに経由する頂点数を 1, 2 というように離散的に数えます。そして自分自身との距離は 0 として，**最短距離**を求めます。例えば，図 4.2 の頂点⑦（外部）から②までの距離は 2, ⑤までの距離は 3 です。SS 理論ではこのグラフ上の距離を**デプス**（Depth，深さ）または**ステップ**，奥行などと呼びます。

いま，頂点 i からほかの全ての頂点までのデプスの総和を TD_i（Total Depth）と表記します。図 4.2 の頂点⑤を例にすると，ほかの頂点までのデプスは図 4.3 のように表現できます。したがってデプスの総和 TD_5 は，距離×頂点数の和として，

$$TD_5 = 1 \times 2 + 2 \times 3 + 3 \times 1 = 11 \quad (1)$$

と計算できます。同様に①の頂点の TD_1 は，

$$TD_1 = 1 \times 4 + 2 \times 2 = 8 \quad (2)$$

です。この計算を全ての頂点について行うと，頂点①の TD_1 が最も小さいことが分かり，問題 4.1 の解答が得られます。ちなみに，グラフ理論では，距離の総和 TD_i の逆数は**近接中心性**と呼ばれることがあります。

一般にグラフの頂点数を n とすると，頂点 i からのデプスの平均 MD_i（Mean Depth）は，頂点 i 以外の $(n-1)$ 個の頂点までの距離の総和 TD_i を用いて，

$$MD_i = \frac{TD_i}{n-1} \quad (3)$$

と求められます。したがって，例えば頂点⑤のデプスの平均 MD_5 は

$$MD_5 = \frac{TD_5}{7-1} = \frac{11}{6} = 1.833 \quad (4)$$

となります。デプスの平均が小さい部屋ほかの部屋への移動効率がよいといえます。

式（3）の MD_i は，グラフの頂点数 n と頂点 i の位置に依存します。そこで SS 理論では，これを 0～1 の値になるように相対的な **RA 値**（Relative Asymmetry Value）に変換します。

RA 値の計算には，デプスの平均 MD_i の最小値と最大値を用います。まず，頂点数が n の様々なグラフの中で，MD_i が最小となるのは，グラフが図 4.4（a）のような**スター**（星形）**グラフ**のときで，かつ，頂点 i が中央の頂点（同図（a）の●）である場合です。建築の空間構成でいえばホール型で，中央のホールから全ての部屋はデプス 1 なので，MD_i の最小値 $\min MD_n$ は 1 となります。

一方，MD_i が最大となるのは，グラフが図 4.4（b）のような**パスグラフ**のときで，かつ，頂点 i がパスグラフの端点（同図（b）の●）である場合です。部屋がリニアに並んだ場合，端部の部屋が最も移動効率が悪いことは直感的にも理解できます。端点における距離の総和 TD_i は $n(n-1)/2$ ですから，式（3）にあてはめると MD_i の最大値 $\max MD_n$ は $n/2$ となります。

上記の $\min MD_n$ と $\max MD_n$ を用いると，頂点 i の RA 値は 0～1 の変域を持つように

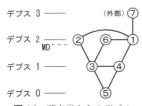

図 4.3 頂点⑤からのデプス

(a) スターグラフ

(b) パスグラフ

(c) ダイヤモンド型グラフ

図 4.4 指標の導出に用いるグラフ（$n=10$ の場合）

$$RA_i = \frac{MD_i - \min MD_n}{\max MD_n - \min MD_n}$$
$$= \frac{2(MD_i - 1)}{n - 2} \quad (5)$$

と求められます．この式を利用すると，例えば頂点⑤の RA_5 は

$$RA_5 = \frac{2(MD_5 - 1)}{7 - 2} = 0.333 \quad (6)$$

と計算できます．

　RA 値は 0～1 の値なので，グラフの頂点間の値を比較しやすい指標になっています．ただ，規模が異なるほかのグラフと比較する際にはあまり適しません．そこで，SS 理論ではさらに頂点数 n の影響を受けないように **RRA 値**（Real Relative Asymmetry）として，以下の D_n という値を用いて標準化します．

$$D_n = \frac{2\left[n\left\{\log_2\left(\frac{n+2}{3}\right) - 1\right\} + 1\right]}{(n-1)(n-2)} \quad (7)$$

D_n は，n 個の頂点が図 4.4（c）のようなダイアモンド型グラフ[2]のとき，デプスの平均が最大となる頂点（同図（c）の●）の RA 値です．問題 4.1 の場合は $n=7$ ですので，D_n は

$$D_7 = \frac{2\left[7\left\{\log_2\left(\frac{7+2}{3}\right) - 1\right\} + 1\right]}{(7-1)(7-2)} = 0.340 \quad (8)$$

となります．

　頂点 i の RRA 値は RA 値を D_n で除して標準化し，

$$RRA_i = \frac{RA_i}{D_n} \quad (9)$$

と定義されます．したがって頂点⑤の RRA_5 は

$$RRA_5 = \frac{RA_5}{D_7} = \frac{0.333}{0.340} = 0.981 \quad (10)$$

となります．RRA 値が小さいほどそのグラフの頂点の中心性が高いと解釈できます．

　さらに，SS 理論では RRA 値の逆数である **Int 値**（Integration Value，統合値）という指標もよく用いられます．逆数にするのは，値が大きいほど中心性も高いという感覚に合わせるためです．したがって，頂点 i の Int 値は D_n を用いて，

$$Int_i = \frac{1}{RRA_i} = \frac{n\left[\log_2\left(\frac{n+2}{3}\right) - 1\right] + 1}{(MD_i - 1)(n - 1)} \quad (11)$$

と導かれます．これにより頂点⑤の Int_5 は

$$Int_5 = \frac{1}{RRA_5} = \frac{1}{0.981} = 1.019 \quad (12)$$

と求められます．

　Int 値も RA 値と同様にデプスの平均 MD の値に基づいており，空間構成の「中心/周縁」，「近接/遠隔」を表す指標になっています．Int 値の大小によって，グラフの頂点に相当する空間単位は以下のように解釈できます．

① Int 値が大きい

　移動距離が短くアクセスが容易である（移動効率が優れている），つながりが強い，奥行が浅い，統合されている（integrate），中心である．

② Int 値が小さい

　移動距離が長くアクセスが困難である（移動効率が劣る），つながりが弱い，奥行が深い，分離されている（segregate），周縁である．

　ところで，Int 値にはグローバルとローカルがあります．グラフの全ての頂点からのデプスを計量範囲とする場合を**グローバルレベル**といいます．一方，グラフの各頂点からのデプスを限定した場合を**ローカルレベル**といい，そのときのデプスを**半径**（radius）といいます．グローバル/ローカルは解析の目的によって使い分けます．

　問題 4.1 で，各部屋の Int 値（グローバル）を求めて描画したのが図 4.5 です．Int 値が低い部屋ほど濃く表示しています．

---

[2] ダイアモンド型グラフは図 4.4（a）の一番下の頂点（root）から，順に頂点数が 2 の累乗で形作られます．

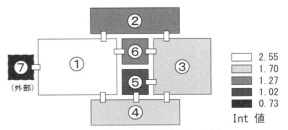

図 4.5 Int 値の計量結果と値の可視化

以上が空間単位の抽出から描画に至るまでの解析プロセスです．

■ 4.1.3 コンベックス分析

SS 理論の大きな特徴は，グラフ化する際の空間単位の設定方法にあります．問題 4.1 のように，壁で区切られた部屋などは比較的容易にかつ客観的に空間単位ごとに分割できますが，実際，スペースの分割の仕方は様々に考えられ，一意に定まりません．そこで，SS 理論では空間単位を抽出する際にいくつかのルールを設けます．その 1 つが**コンベックススペース**（Convex Space），すなわち**凸多角形**を基本として平面を分割するという方法です．

凸多角形は図 4.6 に示すように凹んだ部分がなく，全ての内角が 180 度未満です．凸多角形の大きな特徴は，多角形内の任意の 2 点を結ぶ線分が多角形からはみ出ないということです．つまり，凸多角形内では，任意の点から全ての範囲が可視であり，また，全ての点に迂回することなく直線で移動可能だということです．

凸多角形を空間単位として平面を分析するのが**コンベックス分析**（Convex Analysis）です．図 4.7 (a) は建物周囲のオープンスペースを凸多角形で分割した例です．分割の仕方は，個々の凸多角形の面積が最大で分割数が最小になるようにします．つまり，手順としては，最も大きな凸多角形から順に残りのスペースを大きく取れるように分割していきます．できあがった空間分割図を**コンベックスマップ**と呼びます．

コンベックスマップからグラフを作成するには，まず凸多角形をグラフの頂点とします．頂点どうしを辺で結ぶ場合は，移動できる／可視である／隣接しているなど，分析の目的によって異なります．図 4.7 (b) のグラフは，凸多角形間を移動できる場合を示しています．グラフができれば，RA 値，RRA 値，Int 値などを前述した手続きで求めることができます．

図 4.8 は寺院境内のオープンスペースを解析対象としたコンベックス分析の例です．塀や柵などの境界や外部床の素材，高低差などを加味して凸多角形に分割しています．解析の結果，アクセスしやすい／しにくい領域が可視化されています．濃く表示しているほど，Int 値が小さく，アクセスしにくい領域です．

■ 4.1.4 アクシャル分析

アクシャルライン（Axial Line；軸線）に基づく**アクシャル分析**は，最もよく用いられる SS 理論の手法です．**アクシャルライン**とは，視覚的に見通せる範囲を貫く直線，すなわち視線です．都市デザインでいう**ビスタ**（vista；見通し，眺望）に相当します．

アクシャル分析では，まずコンベックスマップを作成します．1 つの空間単位はコンベックススペースがつながったものと考え，軸線は最小の本数でコンベックスマップ上の全ての凸多角形を貫くように，最も長く引けるものから順次引いてい

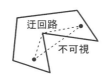

図 4.6 凸多角形（左）と非凸多角形（右）

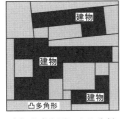
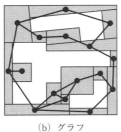

(a) 凸多角形による分割　　(b) グラフ

図 4.7 コンベックスマップとグラフ

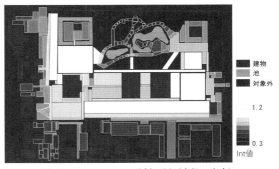

図 4.8 コンベックス分析の例（京都・東寺）

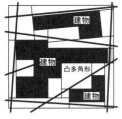
（a）アクシャルライン

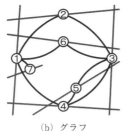
（b）グラフ

図 4.9 アクシャルマップの作成とグラフ

きます．図4.9（a）は，図4.7のコンベックスマップを用いてアクシャルラインを引いたもので，この図を**アクシャルマップ**（**軸線図**）と呼びます．

実は軸線図の作成方法はもう1つあります．例えばアクシャル分析を街路空間に適用する際には，コンベックスマップの作成を省略し，直接，街路上に長い順に軸線を引きます（図4.10（a））．街路上の見通せる範囲を1本の軸線で引いて空間単位とした方が，街路のつながりを自然に表現でき，合理的だからです．この軸線の引き方の方が一般的であり，街路に限らず建築平面図の分析にも適用されることがあります．

軸線図からグラフを作成する際には，1本の軸線をグラフの頂点とし，軸線どうしがつながっている場合に両者を辺で結びます（図4.9（b））．通常の道路ネットワークは，交差点をグラフの頂点に，また街路を交差点間の辺としてグラフを作成しますが，アクシャル分析では，逆に街路がグラフの頂点になっていることに注意してください．

図4.7と図4.9は同一のオープンスペースの解析ですが，アクシャル分析では凸多角形を貫通する軸線を空間単位としてまとめているので，グラフの頂点が縮約され単純になっていることが分かります．軸線図上のデプスは，1つの軸線からほか

の軸線まで到達するのに必要な最小折れ曲がり回数を表しているといえます．

グラフが作成できれば，MD や RA 値，Int 値などは式（3），（5），（9），（11）を用いて計算できます．図4.10（b）の軸線図は線の太さで Int 値の大きさを表していますが，アクセス性がよく中心性の高い軸線が可視化されています．なお，図4.9（b）のグラフは，図4.2のグラフと全く同じなので各指標の値も同じになります．

都市空間の街路を対象としたアクシャル分析では，Int 値と歩行者数との相関をみることが少なくないのですが，半径が3や5などのローカルレベルの場合は，歩行者数と相関関係を示すといわれています．それに対してグローバルレベルもしくは大きな半径の場合は，自動車交通量と相関関係を示すといわれています．Int 値は，グローバルの場合は対象地域全体の中心性を表し，ローカルの場合は各地域内での中心性を表す数値といえます．

図4.11は広域な都市街路を対象としたアクシャル分析の例です．グローバルの Int 値によって街路網の中心／周縁の様相を可視化しています．

■ 4.1.5　セグメント分析

実際の都市空間において歩行者がどの経路を選択するかを考えるとき，通常はできるだけ短い距離で，かつ直線的な経路を，すなわち折れ曲がる角度が小さい経路を選ぶと考えられます．セグメント分析あるいは**アンギュラーセグメント分析**（Angular segment analysis）はアクシャル分析を

（a）アクシャルライン

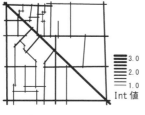
（b）Int 値による描画

図 4.10 アクシャル分析

図 4.11 アクシャル分析の例（神戸市）

発展させて，このような人間の移動行動をモデル化し，より一層現実の事象に適用できるようにした分析です．この分析では，アクシャルラインの交点間を**セグメント**（線分）に細分し，さらにセグメントどうしの接続角度も解析に用います．例えば図 4.12 のセグメント a, b, f, g は 1 本のアクシャルラインとなっていますが，セグメント分析では，セグメントを空間単位として交差点間ごとに分割し，また曲がりくねった道も分割します．つまり実際の街路の線形を単純化したようになっています．

接続角度をもとにした場合のデプスの数え方は，これまでのグラフ上の数え方と異なります．あるセグメントから隣接するセグメントへ移動する際，直進方向は 0，交差角度が 90 度の場合は 1，45 度と 27 度の場合にはそれぞれ 0.5，0.3 というように，90 度に対する比で数えます．あるセグメントからほかのセグメントまでの最適経路（必ずしも最短距離ではない）は，デプスの合計，すなわち累積**屈折角度**が最小となる経路とします．例えば図 4.12 の線分 a から j までの最適経路は，b, h を経由するので，デプスは，0 + 0.5 + 0.5 = 1 となります．

このようにして，それぞれのセグメントのデプスの平均が求められるので，アクシャル分析と同様に RA 値や int 値を計算することができるのですが，アンギュラーセグメント分析で最も重要な指標が，**チョイス値**（choice）と呼ばれるものです．チョイス値とは解析範囲内の全てのセグメントどうしを総あたりで最適経路を求めたとき，当該のセグメントが途中経路として何回使われたかを数えたものです．いわば使われやすさ，通り掛かりやすさを表す指標といえます．

グラフ理論では頂点間の最短経路を総あたりで求めたとき，当該頂点が何回最短経路として通ったかを**媒介中心性**といいますが，SS 理論ではこれに屈折角度も加味したものとなっているのが特徴です．

図 4.13 はチョイス値を可視化した分析例（大学キャンパス内の道路ネットワーク）です．全てのセグメントから全てのセグメントへ人が移動したとき，どのセグメントの通行量が多いかが見てとれます．なお，セグメント分析では 1 つのセグメントのデプスを求める場合，解析の範囲を実際の距離で限定することがよくあります．

■ 4.1.6　可視グラフ分析

最後に，視覚的広がりを対象とした**可視グラフ分析**（VGA；Visibility Graph Analysis）を紹介します．SS 理論では**アイソビスト**（isovist）という空間把握の概念がよく用いられます．アイソビストとは，ある点から見ることができる範囲，すなわち可視領域あるいは**可視多角形**のことです．図 4.14 (a) には点 P からの**可視領域**（領域 D_1）を示しています．

可視領域のデプスの数え方は，図 4.14 (a) の点 P を例にすると，P の可視領域 D_1 はデプス 1，

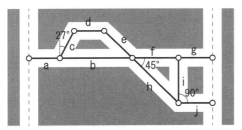

図 4.12　セグメント分析

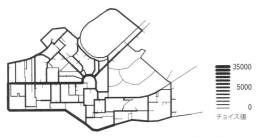

図 4.13　アンギュラーセグメント分析の例

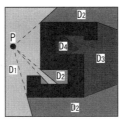

(a) 可視領域とデプス

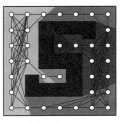

(b) 可視グラフ

図 4.14　可視グラフ分析

D_1 内の全ての点からの可視領域で D_1 以外の領域 D_2 がデプス 2 というように順に数えます．デプスは視線を切り替えた最小の回数，つまり目的の場所に行くには何回視線を切り替えなければならないかを意味します．

実際はデプスを全ての点で計量するのは困難なので，グラフ化する際には，図 4.14（b）のように，解析領域を**メッシュ**に分割します．メッシュの中心を空間単位の代表点とし，これを可視グラフの 1 つの頂点とします．その代表点からほかのメッシュの中心が見えればグラフの辺で結びます．

メッシュは細かい方が分析の精度が上がるので，可視グラフの頂点は多くなりますが，MD や RRA 値，Int 値など，視覚的な近接性はこれまでと同様に求めることができます．デプスが深いということは，入り組んだ空間で，辿り着くまでの視線の変化が大きいといえます．また，逆に視線の切り替えが少なく，どこからでも見えやすい場所はデプスが浅いということになります．

図 4.15 は小学校の外部空間に可視グラフ分析を適用した例です．見えにくいところが濃く表示され

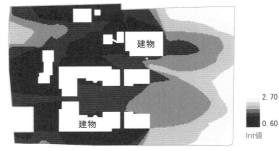

図 4.15 可視グラフ分析例（滋賀県・若葉小学校）

た領域であり，防犯上の危険な場所が分かります．

以上のように，SS 理論を用いると，空間単位相互のつながり方を近接性指標あるいは媒介性指標によって数値化し，空間構成の特性を記述できます．指標の根底にあるのは，主に人間の「見える」と「行ける」，すなわち，可視と移動です．

近年はアンギュラーセグメント分析のように，位相的な隣接関係に加えて，従来からのユークリッド距離や角度も加味するなど，空間単位の設定方法や指標がいろいろ提案されています．SS 理論は進化の過程にあるといえるでしょう．

［及川清昭］

4.2 形態解析

問題 4.2

図 4.16 は，ある地区の街区を示したものです．様々な形の街区をいくつかの似た形の街区のグループに分類するには，どうすればよいでしょうか．

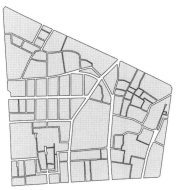

図 4.16 様々な形の街区（国土地理院の基盤地図情報より作成）

似た形を見付けるには，「形が似ている」ことを定量的に示す必要があります．1 つの方法は，形態の特徴を表す量的指標（特徴量）を設定し，それを使って形態同士の隔たりを測り近いものを似た形態として分類する，というものです．

■ 4.2.1 特徴量

街区のような閉じた 2 次元図形の形態的特徴を表す代表的な特徴量を示します（図 4.17）．

① 面積

大きさを表す特徴量（図 4.17（a））．

② 周囲長

外周の長さ（図 4.17（a））．

③ 円形度

円に近い度合いを示し，$4\pi \times 面積/\{周囲長\}^2$ などが用いられます．このとき 0 より大きく 1 までの値をとり，対象図形が円のときに 1 になります（図 4.18）．形態の**コンパクトさ**を表す特徴量とし

てよく使われます．

④ アスペクト比，矩形度

対象図形内に描ける線分の最大長さを主軸長，その軸を主軸，主軸の傾きを主軸角といいます．主軸に直交する軸を短軸，短軸方向の成分を短軸幅といいます（図 4.17（b））．また，主軸・短軸方向の辺を持ち対象図形を内包する最小の長方形が外接長方形です．この長方形の縦横比，すなわち {短軸幅／主軸長} がアスペクト比です．アスペクト比は，0 より大きく 1 までの値をとり，細長いほど小さい値をとります．伸長度を表す特徴量の 1 つです．矩形度は {対象図形の面積／外接長方形の面積} で示され，長方形に近い度合いを表す特徴量です．

⑤ 凸度，稠密度

対象図形を内包する最小の凸多角形を凸包といいます（図 4.17（c））．凸包を用いた特徴量としては，{凸包の周囲長／対象図形の周囲長} や {対象図形の面積／凸包の面積} があり，それぞれ凸度，稠密度などと呼ばれます．これらは 0 より大きく

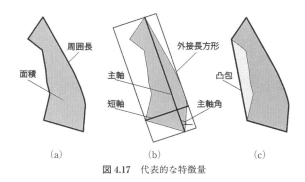

(a) (b) (c)

図 4.17 代表的な特徴量

円形度：1.00　円形度：0.79　円形度：0.50　円形度：0.13

図 4.18 形態による円形度の違い

1 までの値をとり，ともにある種のコンパクトさを表す特徴量といえます．例えば，図 4.19 に示すように，袋小路の路地がたくさん入り込んだような街区は稠密度は大きく凸度は小さくなり，L 字型街区のように空隙を抱えるような形態の街区では凸度は大きく稠密度は小さくなります．

⑥ **慣性モーメント，正規化慣性モーメント**

慣性モーメントは，もともとは物理的な意味で質量の分散の度合いを示す指標で，以下の式で表されます．

$$I = \sum_{i \in A} a_i d_i^2$$

ここで，A は対象図形を構成する微小な部分図形の集合，a_i は部分図形 i の面積，d_i は対象図形の重心から部分図形 i までの距離です．図形の部分図形が重心から離れた位置に多く分布しているほどこの値は大きくなるので，この値が小さいほど重心に近い位置にまとまったコンパクトな形態ということになります．慣性モーメントは，スケールに依存する特徴量ですが，慣性モーメントを面積の 2 乗で割って正規化すると，スケールに依存しない特徴量となります．図 4.20 は 3 種類の街区形態の慣性モーメントと正規化慣性モーメントを示したものです．左と中央の街区の面積は等しいのですが，後者は重心から細長く伸びており，慣性モーメントは左の街区よりも大きくなります．また，中央と右の街区は相似形で，小さい右の街区の方が慣性モーメントは小さいのですが，正規化された慣性モーメントの値はどちらも等しくなります．この例からも，正規化慣性モーメントはスケールに依存しない特徴量であることが分かります．

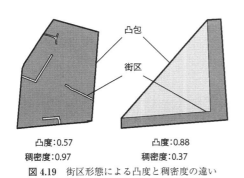

図 4.19　街区形態による凸度と稠密度の違い

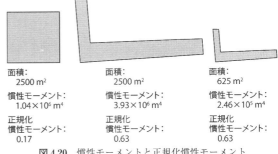

図 4.20　慣性モーメントと正規化慣性モーメント

図 4.16 の全街区を，各特徴量の大小で並べたのが図 4.21 です．それぞれの特徴量でどのような形態が大きい値・小さい値をとりやすいかが分かります．これらの特徴量のうち，円形度，アスペクト比，凸度，稠密度，慣性モーメント，正規化慣性モーメントはいずれもある種のコンパクトさを表し，それぞれ表 4.1 のような値をとるときにコンパクトであることを示します．図 4.21 を見ると，コンパクトの持つ意味が異なることが，形態の順序に見ることができます．

また，面積，周囲長，慣性モーメントはスケールに依存する特徴量であるのに対して，それ以外はスケールに依存しない特徴量ですので，異なる大きさでも相似形に近ければ，同じような値をとります．

1 つの特徴量で形態どうしが似ていることが表せる場合には，その特徴量の値によって適宜分けていくことで似た形態のグループに分類することができます．それでは次に，形態どうしが似ていることをより複合的に定義して分類する方法を見ていきます．

■ **4.2.2　分　類**

対象と目的に応じて適切な n 個の特徴量を設定します．これらを用いて似た形態に分類するために，設定した n 個の特徴量を座標にした空間において，形態どうしの隔たり（形態間距離）を定義します．特徴量の組を n 次元ユークリッド空間のベクトルと考えます．この空間を特徴空間，ベクトルを**特徴ベクトル**といいます．各形態は，特徴空間上の 1 点として表されます．適切な特徴量の組を設定していれば，似た形態どうしは互いに近

4.2 形態解析

表 4.1 コンパクトであることを示す各特徴量の値

円形度	大
アスペクト比	大
凸度	大
稠密度	大
慣性モーメント	小
正規化慣性モーメント	小

くに位置するはずです．直観的に分かりやすいように3次元の特徴空間で形態間距離を表したのが図4.22です．

特徴ベクトルを使って分類する方法はいくつかあります．形態のグループを代表する標準形態が与えられているときは，標準形態との距離に基づいて各形態がどのグループに割り振られるかを決めます．事前に標準形態が与えられていないときの代表的な方法は，形態の集合を部分集合（クラスター）に分類する**クラスタリング**です．クラスタリングには，階層的に合併してクラスターを形成する階層的手法とクラスターの数を決めておいて適した分割を決める非階層的手法があります．

ここでは，階層的手法を用いた方法を説明します．まずは，特徴量として円形度，アスペクト比，面積の3つを設定し，図4.16の街区をクラスタリングした結果を図4.23（a）に示します．3次元特徴空間でウォード法を用いてクラスタリングしました．ウォード法は，**階層的クラスタリング**の1つで，距離の近いクラスターを順次合併していくときに，合併後のクラスター内の分散と，合併前の各クラスター内の分散の和との差が最小に

図 4.21 各特徴量で並べた街区

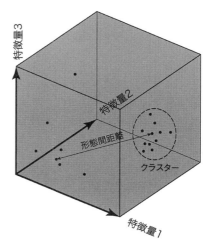

図 4.22 特徴空間における形態の特徴ベクトル

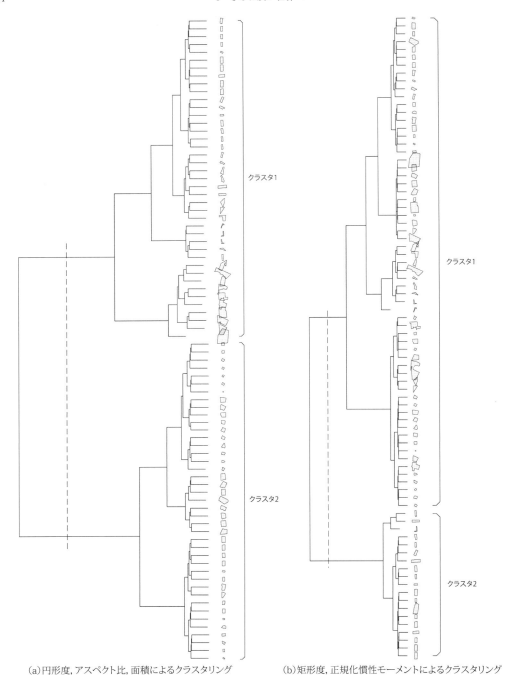

(a) 円形度, アスペクト比, 面積によるクラスタリング　　(b) 矩形度, 正規化慣性モーメントによるクラスタリング

図 4.23　図 4.16 の街区をクラスタリングした結果を示す樹形図

なるクラスターの対を併合する方法です．図 4.23 (a) のように段階的にクラスターが合併されていく様子を示した図を**樹形図**といいます．クラスターどうしが合併されている位置がクラスター間の距離です．用いた特徴量から，複雑さ，細長さ，大きさの違いによって段階的に分類されているよ

うに見えます．図 4.23 (a) では，破線の入っている距離で樹形図を切った結果，2 つのクラスターに分かれました．樹形図を切る位置に関する決まった方法はなく，その都度判断することになりますが，判断のためのいくつかの指標も提案されています（Tufféry, 2011）．

利用する特徴量の組によって，クラスタリングの結果も異なります．図4.23（b）は，矩形度と正規化慣性モーメントを用いて同様にクラスタリングした樹形図です．この2つの特徴量はともにスケールに依存しないので，図4.23（a）とは異なり，必ずしも同じような大きさの街区が近い分類とはなっていません．

■ **4.2.3 形態間距離の選び方**

このように，拡大縮小しても形態の性質が変わらないと考えられる場合はスケールに依存しない特徴量を用い，大きさが本質的だと考えられる場合はスケールに依存する特徴量を用います．

また，例えば南北に長いことと東西に長いことは異なるなど，回転させると形態の性質が変わってしまうと考えられる場合は，主軸角など向きに依存する特徴量を用います．2つの図形を重ね合わせたときに重なる面積の割合で形態同士の距離を測る方法も提案されています（浅見・丹羽，2011）．図4.24は，多角形XとYの重心を点Gに重ね合わせた状態を示しています．2次元多角形Xの面積を$A(X)$で表すと，XとYの積集合の面積は$A(X \cap Y)$，和集合の面積は$A(X \cup Y)$で表されます．ここで，

$$D(X, Y) = [A(X \cup Y) - A(X \cap Y)] / A(X \cup Y)$$

をXとYの形態間距離と定義する考え方です．D

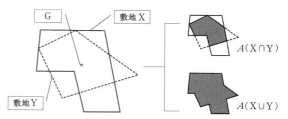

図4.24 2図形の重ね合わせ（浅見・丹羽，2011）

(X, Y) が**距離の公理**（距離の関数が非負になること，距離0の場合に同一となること，対称性を満たすこと，三角不等式が成り立つこと）を満たすことが証明されています．これはn次元ユークリッド空間とは異なる距離空間です．この距離空間のクラスタリングでは，回転させないまま向きを考慮に入れた形態の分類ができます．

「形が似ている」ことを定量化するには，ここに挙げた特徴量のほかにも様々な特徴量が考えられます．対象の性質や分類の目的に応じて，適切な特徴量を用います．ただし，むやみに多くの特徴量を取り入れればよいというものではなく，特徴量の数を適切に絞ることも大切です．また，先に述べたように，形態間距離の取り方もn次元ユークリッド空間での距離以外にも定義できます．

こうした形態解析の方法は，主に**画像処理**の分野で発展してきています．より具体的な手順や方法のバリエーションについては，画像処理の文献も参照してください．

［伊藤香織］

4.3
観光行動分析と空間解析

問題 4.3

近年，あなたの住む街に外国人観光客の姿がたくさん見られるようになりました．彼らが街のどこをどの程度の頻度で訪れているかを知るには，どのような調査を行い，どのような分析をしたらよいのでしょうか．

現在，日本では観光立国に向けた様々な取り組みが功を奏し，外国人観光客の数が急増しています．このような状況の中で，観光誘客，旅行商品造成，観光ガイド，交通，防災など様々な分野において，外国人観光客の行動への関心が高まっています．そもそも観光による人々の移動は日常の交通流動とは異なった様相を見せるため，対象が日本人・外国人にかかわらず，その実態把握には研究者も実務者も興味を寄せてきました．このような観光客の行動について，空間解析の立場からはどのようなアプローチができるでしょうか．

■ 4.3.1 移動履歴データの取得

古来，人々の行動を知るには**日誌調査**（activity diary）と呼ばれる手法が行われてきました．これは人々に，いつ，どこで，どんな行動を行ったかを，紙面上に逐一記載してもらうものです．この方法は，その面倒さから回収率が悪くなり，得られた回答も不精確なものになりがちです．特に観光客を相手にした場合は，現地の地理的知識の乏しさや多忙さのために，よい調査結果はなかなか得られません．

そこで近年は日誌調査に代わる手法として，被験者となる観光客に **GPS ロガー**を携行してもらう手法がよく用いられてきました．GPS ロガーは，所持者の位置情報を高頻度で記録することができる小型軽量のデバイスです．また最近では観光客自身も GPS センサの組み込まれたスマートフォン

を持ち歩いているため，彼らのスマートフォンに調査用のアプリをインストールし，位置情報を自動送信してもらう，という方法もよく行われています．GPS を用いるメリットは，時空間精度の高い移動履歴データが得られることです．例えば筆者らの行った動物園での調査では，来園者が各動物展示の前でどれくらい滞在していたかを計測することができました（川瀬ほか，2011）．一方で，GPS による位置計測は屋内では不可能であり，ビル街や渓谷でも誤差が発生しやすいという問題があります．また，GPS ロガーを配付する場合は，バッテリーの持続時間や回収方法にも考慮が必要です．もし対象地がイベント会場，ショッピングモール，博物館といった屋内空間に限られるのであれば，GPS の代わりに Bluetooth や Wi-Fi を利用した屋内測位技術も利用可能です．また，もし対象地が都市圏のような広域に及び，かつ精度がさほど要求されない場合は，携帯電話会社の販売するデータも選択肢の1つです．各携帯電話会社は，携帯電話と携帯基地局との交信履歴をもとに，各時点での利用者分布や推定人口分布のメッシュデータを作成・販売しています．ローミング利用者のものに限定したデータが得られれば，外国人短期滞在者の分布をある程度知ることもできます．ただし，購入可能なデータはプライバシー保護のため通常，秘匿化処理が施されているので，個々人の移動を追うことができません．広域にわたる観光客の動きを知りたい場合は，観光客の同意を得て，交通系 IC カードの利用履歴データを収集するという方法も考えられます．首都圏のような都市部では駅が高密度に分布しているため，**交通系 IC カード**での利用履歴のみから，都市内の各地域にいつどれくらい滞在していたかを推定することができます（矢部・倉田，2013）．さらに，機器回収やバッテリーの心配もなく，長期にわた

る移動データを捕捉できるというGPS調査にはないメリットもあります．

最後に，いま期待を多く集めている方法として，旅先でSNSに高頻度で投稿している利用者のデータを利用し，その移動履歴を推定するという手法を紹介します．TwitterやFlickrといったSNS運営会社の多くは開発者・研究者向けにAPI（Application Programming Interface）を提供しており，これに対応したプログラムを作成すれば，条件に合った投稿データを大量取得することが可能になります．SNSの投稿データを用いるメリットは，移動履歴だけではなく，各時点における観光客の興味の対象や感想がある程度分かるということです．ただし，分析対象が大量に投稿する利用者に限られることや，必ずしも時間的に連続でないという点には注意をしなければなりません．

■ 4.3.2　分析の前処理

前項に挙げた何らかの方法で，観光客の移動履歴データを取得できたとしても，そのデータはそのままでは使えないことがほとんどです．例えばGPSデータの場合は，移動軌跡を歩道上に位置補正したり，屋内滞在中に生じたデータ飛びを削除したりする必要があります．またSNSデータの場合は，観光客以外が投稿したと思しきデータを削除する必要があります．観光客か現地在住者かの推定には，各投稿者が対象地域で投稿した日数が一定期間に収まるかどうか，あるいは普段投稿の多い地域が対象地域と相異するかといった基準が用いられています．また，もし目視判定で構わないのであれば，ツイート内容や撮影内容から観光客か否かを判定することも可能でしょう．

■ 4.3.3　移動履歴データの単純な分析

移動履歴データを手にしたら，まず行われるのがアニメーション化でしょう．例えばGoogle Earthを用いれば，GPSで計測した移動履歴データを直ちにアニメーション化することができます．ただ，多数の観光客の移動パターンをじっくり検討するにはアニメーションは向きません．そこでアニメーション化に加え，よく行われるのは**カー**

ネル平滑化（詳しくは1.1節をご参照ください）です．例えばGPSデータは1秒おきといった間隔で位置が記録された，大量の**ポイントデータ**です．そこでもし1人の観光客のGPSデータをカーネル平滑化すれば，この観光客がどこに長く滞在していたかを可視化することができます．同様に多人数のデータをカーネル平滑化した場合，周囲の通路上よりも相対的に濃い色で表示される部分は，①多くの人が訪れた箇所，②少数の人が長時間滞在した箇所，もしくは，③多くの人が長時間滞在した箇所のいずれかとなります（図4.25）．さらに時間を区切ってカーネル平滑化を行えば，各時間帯にどこに滞在の集中箇所が現れたのか，またそのような滞在集中箇所がどのように発生・移動・解消していくのかを目で見ることができます．もっとも，この手法はたくさんの地図を並べて表示することになりますので，全てに目を通すのは大変ですし，全体像を把握するのは簡単ではありません．

滞在集中箇所の発生・移動・解消をもっと手際よく，1枚の区の中で表現できる方法が，時空間パス図（図4.26）です．**時空間パス**とは，3次元空間の底面に地図を配置し，垂直軸を時刻として，個々の移動者の各時刻の位置をXYZ座標に表現

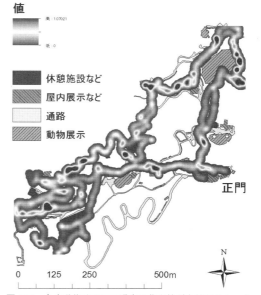

図4.25　多摩動物公園での滞在の集中箇所を描いたカーネル密度図（川瀬純也氏提供；口絵4参照）

したもので，個々人の移動がまるで天高く昇り行く「のろし」の煙のように表現されます（類似した概念として，3.4 節でご紹介した時空間ネットワークがあります）．これを複数人数いっぺんに表現すると，典型的な移動パターンが見えてくることがあります．例えば図 4.26 は，動物園の夜間開館時に調査したときの事例ですが，夕方は手前のエリア（アジアゾーン）に多くの人が訪れ，夜が更けると奥のエリア（アフリカゾーン）に人々が移動する傾向が見てとれます．

■ **4.3.4 エリアデータを使った分析**

多数の観光客の移動履歴データが得られたときによく行われるのは，対象地域内の各エリアにどれくらいの割合の観光客が訪れ，平均何分くらい滞在していたかという分析です．これにより各エリアの人気の度合いを把握することができます．さらに観光客の属性を用いて**クロス集計**を行えば，「20 代女性に人気のエリア」「訪日中国人に人気のエリア」といった分析も可能でしょう．また，**平均訪問時刻**を用いれば，そのエリアが朝型なのか夜型なのかも分かります．実際に矢部・倉田 (2013) は，外国人旅行者の IC 乗車券の履歴データを用いて，東京の築地が朝型エリア，六本木や東京タワー周辺が夜型エリアであることを示しました．

また，多数の観光客の移動履歴データを用いれば，交通分野でいう OD データ（あるエリアから別のエリアへの移動量を，全てのエリアどうしの組合せについて集計したもの．2.6 節で紹介した空間相互作用モデルの推定にも用いられます）を作成し，**ネットワーク分析**を行うことができます．例えば図 4.27 は，新宿のあるホテルに宿泊した外国人観光客の GPS ログデータをもとに算出された，首都圏の各エリア間のネットワークフロー図です．この図では，矢印の大きさによって，観光客の流動量が表現されています．よく見ると，新宿-明治神宮，明治神宮-原宿，原宿-渋谷間のように，一方向の移動が卓越している箇所があるのも興味深いところです．さらにこの図では，関係性の強いエリアほど近くに配置され，円の大きさによって各エリアのネットワーク上での中心性が

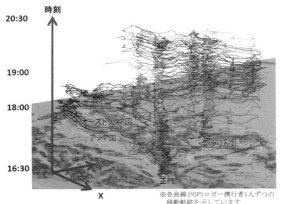

図 4.26 多摩動物公園夜間開館時の人々の移動を描いた時空間パス図（矢部ほか, 2010 より一部改変；口絵 5 参照）

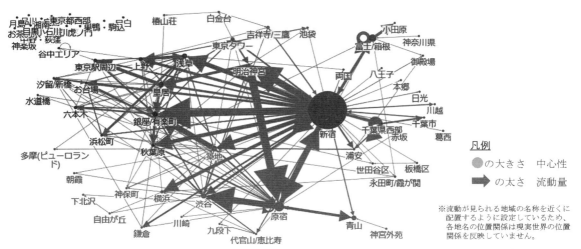

図 4.27 新宿に宿泊した外国人の GPS データをもとに作成したネットワークフロー図（原ほか, 2012 より）

表現されています.

さらに，多数の観光客の移動履歴データを用いて，観光客の行動パターンを自動類型化することも検討されています．矢部ほか（2010）が提案した方法は，遺伝子の**配列解析**手法を援用し，一定間隔ごとに被験者がいたエリアを識別子とする「記号配列」を考え，その類似性をもとにクラスタリングを行うというものです．しかし，時間間隔やエリアの設定によって得られる結果やその解釈に差が生じる可能性があり，どのように時間間隔やエリア設定をすべきかは研究の余地が残されています.

なお，以上のような分析を行う前提として，対象地域をあらかじめいくつかのエリアに区切っておく必要があります．しかし，最初から固定観念のもとでエリア設定をしてしまうと，観光客が訪れている意外なエリアを見過ごす可能性があります．これを防ぐために，4.3.3項で述べたカーネル平滑化によって，想定外の訪問集中箇所がないかを事前に調べておくとよいでしょう．また，単純にエリアポリゴンと移動軌跡が重なるか否かで訪問の有無を判定してしまうと，たまたま通り過ぎただけ，あるいは乗換え待ちをしていただけのケースも「訪問した」と誤判定してしまう可能性があります．これを防ぐため，訪問したか否かを判別する基準となる，最低滞在時間の閾値を設けておくとよいでしょう.

■4.3.5 行動内容の推定

いままでの議論では，「各エリアへの訪問の有無や滞在時間の長さ」に焦点があてられてきました．しかし，観光行動を分析する上で注意すべきなのは「訪問や滞在は必ずしも観光活動を意味しない」ということです．例えば渋谷のハチ公像前での観光客の**平均滞在時間**が長いからといって，どの観光客もハチ公や渋谷の街並みを鑑賞していたわけではなく，ほかの人と待ち合わせていた，あるい

はタバコを吸っていただけの観光客もいるかもしれません．この問題は，ミクロエリア（例えば動物園やイベント会場）を分析対象とする場合には，深刻な影響を及ぼす可能性があります.

観光客が各地点各時刻に観光をしているか否かの判定は，1人1人，観察調査すれば分かりますが，それには莫大なコストがかかります．そこで，少数被験者を対象に詳細に調べた実行動データとセンサデータをもとに，センサデータのみから「観光しているのか否か」を推定する推定式を作成し，これを大人数のセンサデータに適用する，という方法が考えられます．例えば川瀬ほか（2016）は，動物園来園者の歩行速度や加速度や動物展示までの距離などから，GPS機器を所持した来園者が，各瞬間に最寄りの動物展示を観覧しているのか否かを推定する推定式の開発に取り組みました．また，相ほか（2016）は，歴史的街並みの観光地を事例に，スマートフォン備え付けの加速度センサの情報と速度情報を組み合わせ，観光客が散策移動中なのか単純移動中なのかを推定する試みを行っています.

最近はウェアラブル技術の進展とともに，様々な生体センサの利用可能性が高まりつつあります．そこでGPSなどの位置センサに加え，ほかのセンサの出力を組み合わせることで，観光客の行動や興味をより深く知ることもできそうです．例えば発汗センサや心拍センサを併用すれば，観光客がどこでどれくらい興奮したのかが分かるかも知れません．単にスマートフォン備え付けのマイクを使うだけでも，どこで感嘆の声があがったか，あるいは同行者との会話がなされたか，といったことが分かりそうです．もし観光客の興味や飽きの状態がリアルタイムで分かるようになれば，後から解析して役立てるだけでなく，よりスマートな観光ガイドシステムの開発も可能となることでしょう.

[倉田陽平]

4.4 カルトグラム

■ 4.4.1 カルトグラムとは？

問題 4.4

図 4.28 は，関東 1 都 6 県の地理的な形状の概略を表しています．各都県の図上の面積が人口と比例するようにこの図を変形するには，どのようにすればよいでしょうか．

2015 年時点での人口（1000 人）	
茨城県	2918
栃木県	1975
群馬県	1973
埼玉県	7261
千葉県	6224
東京都	13514
神奈川県	9127

図 4.28 関東 1 都 6 県の地理的な形状

カルトグラムは，市区町村の人口や都市間の移動に要する時間など，地域や地点間に与えられた空間データを**可視化**する方法の 1 つです．通常の可視化では，地図の上にグラフを描くなどの表現を用いますが，カルトグラムは，地域形状や地点配置を示す地図を，可視化するデータに合わせて意図的に変形して表現します．

市区町村の人口や各国の GDP のように，地域の属性データを可視化する場合は，各地域を表す面の図上の面積が，**属性データ**に比例するように面の形状を変形します．

また，都市間の移動に要する時間のように，地点間の近接性を表すデータを表現する場合は，各地点を表す点を結ぶ図上の直線距離が，地点間に与えられた近接性データに比例するように地点配置を変形します．

図上の地域形状や地点配置が日常見慣れた地理的な地図と異なることに，読図者が気付き注目する過程を通して，表現されたデータの空間分布特徴を直観的に理解することを狙う可視化手法です．

■ 4.4.2 面積カルトグラム

面積カルトグラムとは，面積が属性データに合うように各地域（面）を変形する方法です．

面積カルトグラムの一種である，非連続面積カルトグラムは，面の**隣接関係**を捨象して表現する簡易的な方法です．その作成は，形状を歪めずに各地域を表す面の面積をデータに合わせて拡大・縮小した後，重ならないように再配置するだけです．図 4.29 は，図 4.28 を非連続面積カルトグラムによって変形した一例です．読図者が地域の形状になじみがある場合は，注目する地域を表す面を探して表現されたデータの特徴を読み取ることができます．しかし非連続面積カルトグラムでは，面の隣接関係が保持されないため，データの全体的な空間分布の傾向を読み取ることはそれほど簡単ではありません．

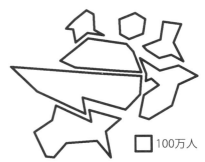

図 4.29 非連続面積カルトグラムによって表現した関東 1 都 6 県の人口

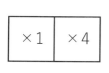
(a) 地理的形状

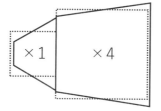
(b) カルトグラム上形状

図 4.30 倍率の異なる隣接形状の変形例

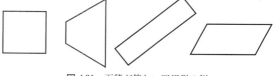
図 4.31 面積が等しい四辺形の例

図 4.32 連続面積カルトグラムによって表現した関東1都6県の人口

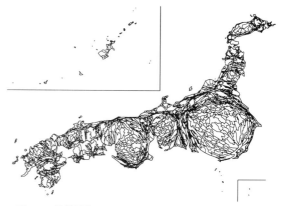
図 4.33 連続面積カルトグラムによって表現した全国市区町村人口（2015年国勢調査）

地域の隣接関係を保持する面積カルトグラムは連続面積カルトグラムと呼ばれます．残念ながら，隣接関係と面の形状を同時に保つことはできませんので，連続面積カルトグラムでは面の形状を変形することで隣接関係を保持します（図4.30）．ただし，面積が同一の面の形状は無数にあります（図4.31）ので，面の形状を1つに定めるには，データに面積を合わせるという条件に加えて，変形方法を制御する条件が必要になります．

ここで，読図者がカルトグラムを見てデータを判読する場面を考えてみましょう．読図者は，日常見慣れた地理的な地図上の地域形状とカルトグラム上の地域形状の比較を通して歪みを認識し，表現されたデータの空間分布の特徴を把握します．もしデータの表現に必要な最低限の変形を越えて面が変形されていたら，地理的な地図上とカルトグラム上の面形状の対比が難しくなり，表現されたデータの特徴が分からなくなります．

そこで清水・井上（2008）は，カルトグラム上の面の面積をデータに合わせると同時に，カルトグラム上と地理的地図上での各辺の方位角のずれを抑える**最適化問題**として，連続面積カルトグラムの作成方法を定式化しています．図4.32はこの方法による作図結果です．各地域の形状が変わるため，図4.29よりもそれぞれの地域を認識することが難しくなる反面，南関東の都県に人口が偏在する様子を，面の変形を通してより明確に確認することができます．

図4.33は，全国の市区町村人口を表す連続面積カルトグラムです．各市町村の人口をこの図から読み取ることは困難ですが，3大都市圏や地方中核都市圏への人口集中という，分布上の特徴は読み取りやすくなっています．

4.4.3 距離カルトグラム

問題 4.5

図4.34に示す5都市について，都市間の移動時間を図上の直線距離で表す地図を作るには，どのようにすればよいでしょうか．

	鉄道による移動時間
東京-大阪	2時間30分
東京-長野	1時間30分
長野-金沢	1時間30分
金沢-大阪	2時間30分
金沢-和倉温泉	1時間

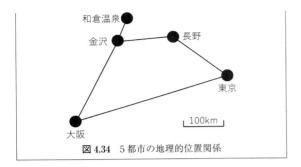

図 4.34 5都市の地理的位置関係

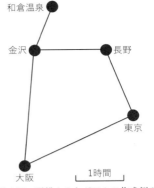

図 4.35 距離カルトグラムの作成例 1

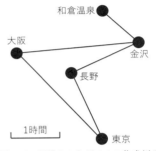

図 4.36 距離カルトグラムの作成例 2

距離カルトグラムは，図上の地点間距離が**近接性**を反映するように，各地点を配置する**可視化**手法です．地点間距離が所要時間を表す距離カルトグラムは**時間地図**と呼ばれており，最も代表的な距離カルトグラムの1つです．

問題 4.5 に示した地点間距離が所要時間に比例するように，地点を配置する場合を考えましょう．

いま，東京・長野・金沢・大阪の4地点を結ぶ四辺形の辺に対して所要時間が与えられていますので，その図上の長さが決まります．しかし，4辺の長さがそれぞれ一致する四辺形は無数に存在するため，辺長の条件だけから図上の地点の配置を定めることはできません．また，金沢・和倉温泉を結ぶ辺も，長さを与えられただけでは，方向を定めることができません．面積カルトグラムの場合と同様に，地点間距離を近接性に合わせるという条件だけでは，距離カルトグラム上の地点配置を一意に定めて図を作成することはできません．

ここで，地点間距離が所要時間に比例するように各地点の配置を定めた例を図 4.35 と図 4.36 に示します．図 4.35 では，距離カルトグラム上の地点配置と地理的な地点配置が似ているため，地点の対応関係を把握しやすく，在来線区間の所要時間が相対的に長いという，所要時間データの特徴を読み取ることができます．一方，図 4.36 は，各辺の長さは図 4.35 と等しいので，全ての所要時間データが正確に表現されていますが，図上の地点配置が地理的な地点配置と大きく異なっているため，表現されている所要時間データの特徴を読み取ることが困難です．距離カルトグラムは，地理的な地点配置との対比を通してデータの特徴を把握することを読図者に促す可視化手法ですので，可能な限り地理的な地点配置に近い配置を得られる作

図が望ましいといえます．

そこで清水・井上（2008）は，連続面積カルトグラムと同様に，各辺の長さを所要時間に合わせると同時に，各辺の方位角のずれを抑える**最適化問題**として距離カルトグラムの作成方法を定式化しています．この手法を用いて，全国主要都市間の鉄道所要時間を可視化した例を図 4.37 に示します．

図 4.37（a）は，東海道新幹線開業直後の 1965年における所要時間（国土交通省のデータベースTRANET による）を表現した図です．東京-大阪間の所要時間が大幅に短縮し，沿線の都市が近接して配置される一方，連絡船による往来であった北海道や四国は遠く配置されており，その所要時間の長さが分かりやすく表現されています．

図 4.37（b）は，東北新幹線や九州新幹線が全通した後の，2011年の所要時間（TRANET に記録された1995年の鉄道所要時間データに基づき，その後の鉄道整備を踏まえて作成）を可視化したものです．各新幹線沿線の都市が近接している一方，高速鉄道サービスが提供されていない北海道

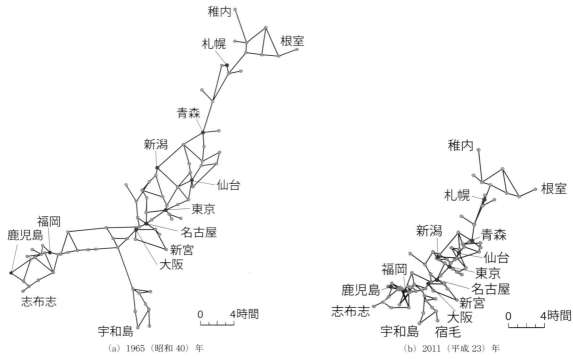

図 4.37 全国鉄道所要時間の可視化（口絵 6 参照）

や，新潟以外の日本海側，紀伊半島，四国，東九州などの地域では，都市間が離れて配置されており，交通サービス水準の**地域格差**がよく分かります．

2つの図はいずれも等しい縮尺で作成されており，この期間に実現した所要時間の短縮を確認することができます．交通基盤整備を通じて日本が小さくなったといわれることがありますが，まさしくその様子を表現した図といえるでしょう．

［井上　亮］

4.5 マルチエージェントシミュレーション

■ 4.5.1 マルチエージェントとは何か？

> **問題 4.6**
> 火災時の避難計画を考えるには，そのときの人々の動きを予測する必要があります．コンピュータ上で火災時の行動を再現するには，どのようにすればよいでしょうか．

近年，エージェントという用語が，多くの研究分野で使われています．自分が置かれた環境を理解し，意思決定を行い，目的を達成するために主体的に行動する者（物）を**エージェント**と呼んでいます．仮に，個々のエージェントの行動原理は単純であっても，複数のエージェント（**マルチエージェント**）が相互に影響を及ぼし合うと，それらの挙動は非常に複雑なものとなります．複数のエージェントが，ある種の環境を形成し，この環境がエージェントの行動に影響を及ぼすという**循環系（フィードバック）**が形成されるためです．ここに，マルチエージェントの面白さがあります．

■ 4.5.2 歩行者エージェントを例に考えてみよう

歩行者をエージェントとみなして，群集化した歩行者の複雑な挙動を表現・分析しようとする試みがあります．図4.38は，歩行者行動の決まり方を整理したものです．以下では，歩行者（エージェント）の行動を例に，エージェントのモデル化について考えてみましょう．

歩行者は周辺環境から様々な情報を受けとっています．例えば，柱や壁など物的な障害だけでなく，周辺のほかの歩行者エージェントの存在も重要な環境情報となります．特に，ほかの歩行者エージェントの位置情報は，時々刻々と変化しており，これを見落とすと衝突してしまいます．

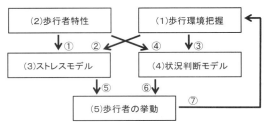

<枠内の説明>
(1) ほかの歩行者や障害物等の環境情報を取得
(2) 歩行者の属性（性別，年齢，身長）と心理状態
(3) 歩行者の移動をストレスモデルで表現
(4) ある状況が成立すると出現する行動を表現（先読み，後追い，立止り，追越し）
(5) 歩行者の挙動（次の移動地点）が決まる

<矢印の例>
① 子供・老人は他者ストレスを受けにくい
② 混雑時は他者ストレスを受けにくい
③ 高密度下では後追い行動が発生する
④ 歩行速度の差で追越しが発生する
⑤ ストレスが最小となる地点に移動する
⑥ 状況判断に基づく行動が発生する
⑦ 歩行者群が新しい歩行環境を形成する

図 4.38 歩行者モデルの概要

次に，獲得した環境情報をもとに，どのように意思決定を行い，具体的な歩行行動につなげるかは，ある種のルール（モデル）で記述されます．ただし，このルールは単純明快であることが求められます．マルチエージェントの面白さは，単純なルールに従い行動する複数のエージェントが，相互に影響し合うことで，複雑な行動として現れ，またときには，規則性を持った**群集行動**となって現れる点にあります．

歩行者モデルには，必ず，エージェントの動きを規定するパラメータ（係数）が含まれます．例えば，図4.39に示すように，ほかの歩行者から受ける心理的な抵抗（他者ストレス）と，自分の進みたい方向からそれることによる抵抗（目的地ストレス）を定める係数もその1つです．パラメータの値は，過去の研究ですでに得られている場合も，観測データをもとに推定する場合もあります．後者の場合，歩行者モデルを構築する視点に立って「パラメータ推定（モデル推定）過程」と呼ぶこともありますが，エージェント自身の視点に立って「**学習過程**」と呼ぶこともあります．歩行者エージェントの動きが徐々にスムースになり，実際の歩行者のように挙動するようになる様子を観察していると，まさにエージェントが自ら学習し

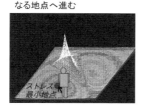

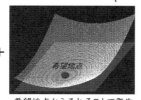

図 4.39　ストレスモデルの例

(a) 歩行者密度が低い場合

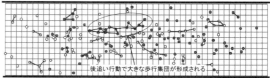
(b) 歩行者密度が高い場合

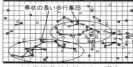
(c) 歩行者が女性のみの場合

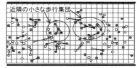
(d) 歩行者が高齢者のみの場合

図 4.40　歩行者シミュレーションの実行結果（口絵 7 参照）

ているように見えます．

■ 4.5.3　シミュレーションとは何か？
a.　シミュレーションの原理

シミュレーションとは，現象を簡略化（モデル化）して，コンピュータ上で実行する「模擬実験」のことです．例えば，危険を伴うため実験などで試すことが困難，または不可能な場合や，試すことは可能でも膨大な費用や時間がかかるような場合に，シミュレーションはその威力を発揮します．図 4.40（a），（b）には，歩行者密度が異なる場合のシミュレーション結果の例を示してあります．密度が高まると，後追い行動が発生し，大きな歩行者集団が形成されることが確認できます．また，図 4.40（c），（d）は，歩行者が女性のみの場合と高齢者のみの場合の結果です．歩行者エージェントの特性とエージェント間の相互作用の結果，密度は同じでも，形成される歩行者集団は大きく異なることが分かります．

シミュレーションにおいては，どうなるか不確かで，事前には決めておけない条件が必ず存在します．こうした不確実性を組み込んだシミュレーションの 1 つが，1.4 節で説明した**モンテカルロ・シミュレーション**です．例えば図 4.40 では，歩行者エージェントが通路に侵入してくる位置とそのタイミングをランダムに設定しています．すなわち，形成される歩行者集団の大きさや形は，サイコロの目の出方（偶然性）にも依存します．

b.　広域避難シミュレーションを例に考える

もう少し複雑な例として，大地震を想定したシミュレーションを考えましょう．例えば，個々の建物が地震で倒壊するか否かを正確に予言することは不可能です．そこで，過去に発生した大地震の被害調査データから，築年次別，構造別，地震強度別の倒壊確率（全壊確率）を求め，これを用いてモンテカルロ・シミュレーションを行います．また，火災についても同様です．火災の発生のしやすさは，建物の用途，時刻，季節，地震強度などに依存していることが知られています．しかし，火災の発生件数や出火場所を正確に予言することは不可能です．そこで，確率的に推定することになります．すなわち，サイコロの目の出方次第では，家屋倒壊・道路閉塞・出火件数は増減することになります．

■ 4.5.4　マルチエージェントシミュレーションで何が分かるか？
a.　エージェントは人だけではない

広域避難シミュレーションにおいては，エージェントは歩行者（避難者）だけではありません．図 4.41 には，広域避難シミュレーションに登場するエージェントとそれらの相互作用の関係を示してあります．普段は状態が変化しない静的な要素

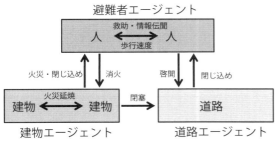

図 4.41 広域避難シミュレーションにおけるエージェント間の相互作用

とみなせる建物も，大地震時となるとそうはいきません．火災や倒壊があるからです．火災延焼の可能性は，建物の防火構造（耐火造，準耐火造，防火造，木造），隣棟建物までの距離，風向き，建物が倒壊しているか否かなど，多くの条件に依存しています．ですが，基本的には，隣の建物（エージェント）との**相互作用**によって自らが火災となるかどうかが決まり，逆に，自らの火災が隣の建物（エージェント）に延焼するかどうかが決まることになります．つまり，建物エージェント間の相互作用が，**延焼被害**の大きさを決定付けるという枠組みになっています．同様に，道路は倒壊建物の影響を受けて閉塞しますから，道路もエージェントとみなしてモデル化します．さらに，ここで興味深いのは，避難者エージェント，建物エージェント，道路エージェントが，それぞれ相互作用を及ぼし合うということです．避難者は，倒壊家屋の中に，ある確率で閉じ込められ，また，避難中に道路閉塞に遭遇すると避難経路を変更することになります．さらに，火災の発生は，避難開始の契機ともなり，閉じ込められた状態で建物が火災となれば，焼死することになります．さらに，避難者エージェントは，建物エージェントや道路エージェントから一方的に影響を受けるだけではありません．例えば，火災を見付けると延焼しないように消火活動を行い，また，**閉塞道路**や**倒壊建物**に働きかけ，閉じ込められた人を救出します．もちろん，避難者は，先の歩行者エージェントの例でも見たように，密度が増してくれば歩行速度は低減し，また，避難者間では**情報伝聞**を行うなど，多くの相互作用を行っています．

図 4.42 には，**物的被害**と**人間行動**を記述する総合的なマルチエージェントシミュレーションモデルの概念図を示してあります．シミュレーションの中では，避難者，建物，道路の各エージェントは，同種エージェント間，異種エージェント間で，相互に影響を及ぼし合いながら，常に状態を遷移させます．「避難者は閉塞箇所を通過できない」など，1つ1つのルールは単純であっても，様々な事象が確率的に発生し，複数のエージェント間で影響を及ぼし合うため，具体的な結果を予言することは不可能です．また，建物の倒壊や火災，道路閉塞を実際の市街地に再現し，避難行動を観察することも不可能です．まさに，マルチエージェントシミュレーションがその能力を発揮する分析対象なのです．

b. 何回も実行して平均値・分散から知る

マルチエージェントシミュレーションの醍醐味は，なんといっても，複数のエージェントが不確定な状況下で相互作用を繰り返すという点に集約されます．そのため，シミュレーションは，通常，何度も繰り返し実行され，その結果は，以下の視点（統計量）から解釈されることが一般的です．

まず，その1つは，平均的に得られる結果です．シミュレーション結果がある数量として得られる場合には，**平均値**と**分散**がこれに相当します．つまり，「平均的には，このような結果となる」，また，「その揺らぎは，この程度である」といったように，不確定で複雑な相互作用の結果を総括するための統計量です．

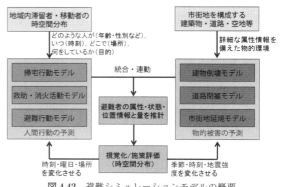

図 4.42 避難シミュレーションモデルの概要

先に示した大地震時における広域避難シミュレーションの例でこのことを確認してみましょう．図 4.43 は，建物倒壊，道路閉塞，火災延焼，そして，消火・救助・避難を行う人々を記述したシミュレーションの1コマです．こうしたシミュレーションを何度も繰り返し行い，その結果を地図上にプロットすれば，どのような場所で，何が原因となって被害が大きくなるのかを把握することが可能となります．

例えば，図 4.44 に示した結果は，1991 年と2006 年の地域の状態（建物や道路の状態）を入力データとして，広域避難シミュレーションの結果を比較したものです．**避難困難率**（避難しようとした人の中で，家屋倒壊・道路閉塞が原因で避難できなかった人の割合）は，1991 年時には，広域避難場所に近いエリアでも，非常に高いことが分かります．最近まで，**広域避難場所**に近いエリアは，避難が比較的容易で安全であると考えられて

いました．しかし，このシミュレーション結果を見ると，倒壊しやすい建物と狭隘な道路が影響して道路閉塞が発生し，避難が困難になっていることが分かります．

一方，2006 年の結果を見ると，避難困難率は大きく低減したことが分かります．1995 年に発生した**阪神・淡路大震災**を契機に，この地域では，建物の耐震化・不燃化，そして，道路の拡幅などを図る事業が推進されました．その成果が明確に現れていることが分かります．

マルチエージェントシミュレーションを事前に実行すれば，**木造住宅密集地域（木密地域）**などにおける各種事業の効果を前もって評価することも可能です．地域防災計画の分野においては，地域住民・行政・事業施工者間での意見調整や相互理解のためのツールとしての役割が期待されています．

c. 何回も実行して特殊なケースから知る

もう1つの注目すべき統計量は，**最大値**（また

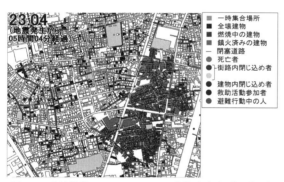

図 4.43 広域避難シミュレーションの実行画面（口絵 8 参照）

図 4.44 避難困難率の空間分布

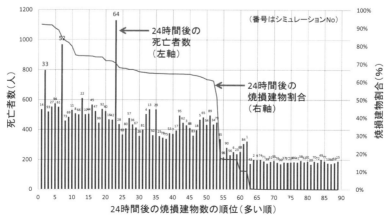

図 4.45 死亡者数と焼損建物割合

は，**最小値**）です．小さな確率で発生する事象が偶発的に同時生起することで，特殊な結果（事態）となる場合があります．大地震災害に備えるためには，平均値だけでは不十分です．確率的には小さな現象でも，発生しうる極端なケースについても検討しておくことが必要です．いわゆる「想定外」をなくすためです．

図 4.45 には，ある木密地域において実行した計 90 回のシミュレーション結果を示してあります．焼損建物数が多くなると死者数が増加する傾向を読み取ることができます．しかし，シミュレーション No.64 は突出して死者数が多いことが分かります．詳細は割愛しますが，重要な避難路が閉塞してしまい，多くの避難者が街区内に閉じ込められ，そこに延焼が及んだことが原因です．このように，**偶発的**に発生する事象が重なり，複数のエージェントの相互作用と相まって，特殊なケースが発生する可能性があります．その要因を分析することで，いままで知られていなかった危険性（可能性）を示すことは，マルチエージェントシミュレーションの重要な役割の 1 つといえるでしょう．

[大佛俊泰]

文　　献

第1章

1.1

谷村　晋・金　明哲：地理空間データ分析（R で学ぶデータサイエンス 7），共立出版，2010.

古谷知之：R による空間データの統計分析（シリーズ〈統計科学のプラクティス〉5），朝倉書店，2011.

Silverman, B.W.：*Density estimation for statistics and data analysis*（*Monographs on Statistics and Applied Probability*）. Chapman & Hall/CRC, 1986.

1.2

貞広幸雄：可変単位地区問題．杉浦芳夫編：地理空間分析（シリーズ〈人文地理学〉3），pp.48-60，朝倉書店，2003.

総務省統計局：地域メッシュ統計の概要，第 2 章総務省統計局における地域メッシュ統計の作成，pp.23-47，http://www.stat.go.jp/data/mesh/pdf/gaiyo2.pdf（2017 年 9 月 30 日閲覧）

中谷友樹：空間分析におけるスケール．浅見泰司ほか編：地理情報科学 GIS スタンダード，pp.120-125，古今書院，2015.

1.3

浅見泰司ほか編：地理情報科学— GIS スタンダード，pp.79-83，古今書院，2015.

伊藤智章：地図化すると世の中が見えてくる，pp.52-53，ベレ出版，2016.

今木洋大・岡安利治編著：QGIS 入門 第 2 版，pp.142-145，古今書院，2015.

岡部篤行・鈴木敦夫：最適配置の数理（シリーズ〈現代人の数理〉3），pp.9-51，朝倉書店，1992.

河端瑞貴：経済・政策分析のための GIS 入門— ArcGIS 10.2 & 10.3 対応，pp.48-60，古今書院，2015.

橋本雄一編：GIS と地理空間情報 初版，pp.81-88，古今書院，2011.

村山祐司・柴崎亮介編：GIS の理論（〈シリーズ GIS〉1），pp.71-84，朝倉書店，2008.

1.4

張　長平：点パターン分析．地理情報システムを用いた空間データ分析，pp.49-68，古今書院，2009.

古谷知之：空間点過程．R による空間データの統計分析（シリーズ〈統計科学のプラクティス〉5），pp.92-109，朝倉書店，2011.

引用文献

Clark, P. J. and Evans, F. C.：Distance to Nearest Neighbor as a Measure of Spatial Relationships in Population. *Ecology*, 35(4)：445-453, 1954.

Ripley, B. D.：The Second-order Analysis of Stationary Point Process. *Journal of Applier Probability*, 13：255-266, 1976.

Thomas, R.W.：*Introduction to Quadrat Analysis*（*Concepts and Techniques in Modern Geography* 12），Geo Abstracts, 1977.

第2章

2.1

伊理正夫監修：計算幾何学と地理情報処理 第 2 版，pp.15-24，共立出版，1993.

奥平耕造：都市・地域解析の方法，pp.151-279，東京大学出版会，1982.

高橋重雄ほか編：事例で学ぶ GIS と地域分析— ArcGIS を用いて，pp.1-2 古今書院，2005.

矢野桂司：地理情報システムの世界— GIS で何ができるか，pp.91-94，ニュートンプレス，1999.

引用文献

石坂公一：土地利用変化の方向と地域特性との関連分析．日本建築学会計画系論文集，459：79-88，1994.

大方潤一郎：土地利用計画の課題と展望：居住にかかわる都市的市街地の再構築をめざして．新都市，48(1)：48-58，1994.

小方　登：パーソナルコンピュータを用いたラスター型地理データ処理システム．奈良女子大学情報処理センター広報，6：11-17，1994.

奥野隆史：都市と交通の空間分析，pp.5-15，大明堂，1996.

大佛俊泰・倍田賢一：マルコフ連鎖型土地利用予測モデルの改良．地理情報システム学会講演論文集，4：71-74，1995.

金　俊栄ほか：土地利用遷移行列による都市の土地利用用途転換の分析．日本建築学会計画系論文報告集，424：69-78，1991.

小出　治：土地利用混合度の適用並びにその検定．日本都市計画学会学術研究論文集，12：79-84，1977.

総務省統計局：地域メッシュ統計の特質・沿革，p.15，http://www.stat.go.jp/data/mesh/pdf/gaiyo1.pdf（2016 年 10 月 4 日閲覧）

玉川英則：土地利用の秩序性の数理的表現に関する考察．日本都市計画学会学術研究論文集，17：73-78，1982.

恒川篤史ほか：土地利用混在の定量化手法．環境情報科学，

20(2)：115-120，1991.

吉川　徹：メッシュデータに立脚した土地利用の集塊性の把握手法について．日本建築学会計画系論文集，495：147-154，1997.

吉川　徹：メッシュデータに立脚した同種・異種土地利用の集塊性の把握手法．日本建築学会計画系論文集，520：227-232，1999.

吉川　徹・田中利幸：小規模対象地域における同辺率の挙動―メッシュデータに立脚した土地利用の集塊性の把握手法　その3．日本建築学会計画系論文集，556：273-278，2002.

吉川　徹ほか：用途地域指定の趣旨からみた土地利用遷移の分析．日本都市計画学会学術研究論文集，25：373-378，1990.

2.2

石川　晃：市町村人口推計マニュアル，古今書院，1993.

井上政義：やさしくわかるカオスと複雑系の科学，日本実業出版社，1996.

国立社会保障・人口問題研究所：人口統計資料集，http://www.ipss.go.jp/（2018年3月9日閲覧）

総務省編：情報通信白書　平成27年版，2015.

山口喜一ほか：生命表研究，古今書院，1995.

山口昌也：カオスとフラクタル，筑摩書房，2010.

引用文献

国際連合，UNdata，http://data.un.org/（2016年8月閲覧）

鈴木継美ほか：人類生態学，東京大学出版会，1990.

リヴィ-バッチ，M. 著，速水　融・斎藤　修訳：人口の世界史，東洋経済新報社，2014.

2.3

瀬谷　創・堤　盛人：空間統計学―自然科学から人文・社会科学まで，朝倉書店，2014.

Cressie, N. A. C.：*Statistics for Spatial Data* 2nd Edition, Wiley, 1993.

Schabenberger, O. and Gotway, C. A.：*Statistical Methods for Spatial Data Analysis*, Chapman & Hall / CRC, 2005.

Wackernagel, H. 著，青木謙治監訳：地球統計学，森北出版，2003.

Webster, R. and Oliver, M. A.：*Geostatistics for Environmental Scientists*, Wiley, New York, 2007.

引用文献

間瀬　茂：地球統計学とクリギング法―RとgeoRによるデータ解析，オーム社，2010.

2.4

Durbin, J. and Watson, G.：Testing for Serial Correlation in Least Squares Regression. I, *Biometrika*, 37(3-4)：409-428, 1950.

GeoDa, http://geodacenter.github.io/index.html

Getis, A.：A history of the concept of spatial autocorrelation: a geographer's perspective,

Geographical Analysis, 40(3)：297-309, 2008.

Griffith, D.：*Spatial Autocorrelation and Spatial Filtering*, Springer, 2003.

John Snow Bicentenary, http://johnsnowbicentenary.lshtm.ac.uk/about-john-snow/

Moran, P. A. P.：A test for the serial dependence of residuals. *Biometrika*, 37(1-2)：178-181, 1950.

Tamesue, K. *et al.*：Income disparity and correlation in Japan. *Review of Urban and Regional Development Studies*, 25(1)：2-15, 2013.

アルビア，G. 著，堤　盛人監訳：Rで学ぶ空間計量経済学入門，勁草書房，2016.

瀬谷　創・堤　盛人：空間統計学―自然科学から人文・社会科学まで（統計学ライブラリー），朝倉書店，2014.

竹内　啓ほか編：統計学辞典，東洋経済新報社，1989.

中谷友樹：空間分析におけるスケール，浅見泰司ほか編：地理情報科学，pp.120-125，古今書院，2015.

中谷友樹ほか：保健医療のためのGIS，古今書院，2004.

丸山祐造：空間的自己相関に関するモランの修正型 *I* 統計量，CSIS Discussion Paper No.130，2014，http://www.csis.u-tokyo.ac.jp/japanese/research_activities/publications/dp/dp.html#no130（2014年11月30日閲覧）

村上大輔・堤　盛人：固有ベクトル空間フィルタリングに基づく面補間．土木学会論文集，68(1)：59-69，2012.

山田育穂：空間相関分析，浅見泰司ほか編：地理情報科学，pp.114-119，古今書院，2015.

引用文献

Anselin, L.：Local indicators of spatial association ―LISA. *Geographical Analysis*, 27(2)：93-115, 1995.

Anselin, L.：The Moran scatterplot as an ESDA tool to assess local instability in spatial association, In Fischer, M.M. *et al.* eds., *Spatial analytical perspectives on GIS*. pp.111-125, Taylor and Francis, 1996.

2.5

浅見泰司ほか編：地理情報科学―GISスタンダード，古今書院，2015.

坂元慶行ほか：情報量統計学（情報科学講座A・5・4），共立出版，1983.

杉浦芳夫編：地理空間分析（シリーズ〈人文地理学〉3），朝倉書店，2003.

瀬谷　創・堤　盛人：空間統計学―自然科学から人文・社会科学まで（統計ライブラリー），朝倉書店，2014.

谷村　晋：地理空間データ分析（Rで学ぶデータサイエンス7），共立出版，2010.

中谷友樹：空間的回帰モデリング．杉浦芳夫編：地理空間分析，pp. 32-48，朝倉書店，2003.

古谷知之：Rによる空間データの統計分析（シリーズ〈統計科学のプラクティス〉5），朝倉書店，2011.

蓑谷千凰彦：線形回帰分析（統計ライブラリー），朝倉書店，2015.

geographically-weighted-regression, https://gwrtools.

github.io/

2.6

青木義次：建築計画・都市計画の数学，数理工学社，2006.

北村隆一，森川高行：交通行動の分析とモデリング，技報堂，2002.

杉浦芳夫編：地理空間分析（シリーズ〈人文地理学〉3），朝倉書店，2003.

野上道男，杉浦芳夫：パソコンによる数値地理学演習，古今書院，1986.

Fotheringham, A. S. *et al.* : *Quantitative Geography: Perspectives on Spatial Data Analysis*, SAGE Publications, 2000.

Roy, J. R. : *Spatial Interaction Modelling — A Regional Science Context —*, Springer, 2004.

Wilson, A. G. : *Complex Spatial Systems : The Modelling Foundations of Urban and Regional Analysis*, Prentice Hall, 2000.

引用文献

石川義孝：空間的相互作用モデル―その系譜と体系―，地人書房，1988.

2.7

Daskin, M. S. : *Network and Discrete Location : Models, Algorithms, and Applications*, 2nd Edition, John Wiley & Sons, 2013.

Drezner, Z. and Hamacher, H. W. eds. : *Facility Location: Applications and Theory*, New York, Springer, 2001.

Hodgson, M. J. : A flow-capturing location-allocation model. *Geographical Analysis*, 22(3) : 270-279, 1990.

久保幹雄ほか：Python 言語によるビジネスアナリティクス―実務家のための最適化・統計解析・機械学習，近代科学社，2016.

栗田 治：都市モデル読本（造形ライブラリー 5），共立出版，2004.

田中健一：数理最適化入門（4）：施設配置の数理モデル．応用数理，23(4) : 178-183，2013.

岡部篤行・鈴木敦夫：最適配置の数理（シリーズ〈現代人の数理〉3），朝倉書店，1992.

第3章

3.1

鈴木 努：ネットワーク分析（R で学ぶデータサイエンス 8），共立出版，2009.

増田直紀・今野紀雄：複雑ネットワーク―基礎から応用まで，近代科学社，2010.

引用文献

伊理正夫・小林 隆：ネットワーク理論（OR ライブラリー 12），日科技連出版社，1976.

田口 東・大山達雄：ネットワーク構造に基づく道路の重要度評価―都市内道路網への適用例．オペレーションズ・リサーチ，38(9) : 465-470，1993.

藤重 悟：グラフ・ネットワーク・組合せ論（工系数学講座 18），共立出版，2002.

コラム

久保幹雄ほか編：応用数理計画ハンドブック（普及版），朝倉書店，2012.

湊 真一，フカシギの数え方―組合せ爆発に立ち向かう最先端アルゴリズム技術，http://www.nii.ac.jp/userimg/openhouse/2013/lec_minato.pdf，2013（2018 年 3 月 10 日閲覧）.

3.2

腰塚武志編：計算幾何学と地理情報処理 第 2 版，共立出版，1993.

山田育穂・岡部篤行：ネットワーク空間における K 関数法．GIS ―理論と応用，8 : 75-82，2000.

Okabe, A. and Sugihara, K. : *Spatial Analysis along Networks: Statistical and Computational Methods*, John Wiley & Sons, 2012.

SANET, http://sanet.csis.u-tokyo.ac.jp/index_jp.html

3.3

杉原厚吉：FORTRAN 計算幾何プログラミング，岩波書店，1998.

杉原厚吉：データ構造とアルゴリズム，共立出版，2001.

杉原厚吉：なわばりの数理モデル―ボロノイ図からの数理工学入門，共立出版，2009.

高木隆司：形の数理（シリーズ〈現代人の数理〉1），朝倉書店，1992.

古山正雄：造形数理（造形ライブラリー 1），共立出版，2002.

村山祐司・柴崎亮介編集：GIS の理論（シリーズ GIS 1），朝倉書店，2008.

Langetepe, E. and Zachmann, G. 著，鈴木宏正監訳：空間的データ構造とアルゴリズム，ボーンデジタル，2007.

Okabe, A. *et al.* : *Spatial Tessellations : Concepts and Applications of Voronoi Diagrams.* : John Wiley & Sons, 2000.

引用文献

岡部篤行・鈴木敦夫：最適配置の数理（シリーズ〈現代人の数理〉3），朝倉書店，1992.

山本芳嗣・久保幹雄：巡回セールスマン問題への招待（シリーズ〈現代人の数理〉12），朝倉書店，1997.

渡部大輔：交差点間の近接性に着目した都市内道路網形態の解析．都市計画論文集，40(3) : 133-138，2005.

渡部大輔：近接グラフ（OR 事典 Wiki）．オペレーションズ・リサーチ，55(1) : 58-59，2010.

Concorde-03.12.19, http://www.math.uwaterloo.ca/tsp/concorde.html（2018 年 2 月 28 日閲覧）

GeoSteiner5.0.1, http://www.geosteiner.net/（2018 年 2 月 28 日閲覧）

Warme, D. M. *et al.* : Exact algorithms for plane Steiner tree problems : a computational study. In Du, D.-Z. *et al.* eds. : *Advances in Steiner Trees*, pp.81-116, Kluwer

Academic Publishers, 2000.

3.4

繁野麻衣子：ネットワーク最適化とアルゴリズム（応用最適化シリーズ 4），朝倉書店，2010.

田口　東：首都圏電車ネットワークに対する時間依存通勤交通配分モデル．日本オペレーションズ・リサーチ学会和文論文誌，48：85-108，2005.

鳥海重喜ほか：首都直下地震による鉄道利用通勤・通学客の被害想定．オペレーションズ・リサーチ，53：111-118，2008.

引用文献

セジウィック，R. 著，野下浩平ほか訳：アルゴリズム C・新版，近代科学社，2004.

3.5

穴井宏和・斉藤　努：今日から使える！組合せ最適化―離散問題ガイドブック，講談社，2015.

久野誉人ほか：数理最適化，オーム社，2012.

繁野麻衣子：ネットワーク最適化とアルゴリズム（応用最適化シリーズ 4），朝倉書店，2010.

高井英造・真鍋龍太郎：問題解決のためのオペレーションズ・リサーチ入門― Excel の活用と実務的例題，日本評論社，2000.

田村明久・村松正和：最適化法（工系数学講座 17），共立出版，2002.

福島雅夫：新版　数理計画入門，朝倉書店，2011.

藤澤克樹ほか：Excel で学ぶ OR，オーム社，2011.

藤重　悟：グラフ・ネットワーク・組合せ論（工系数学講座 18），共立出版，2002.

森　雅夫・松井知己：オペレーションズ・リサーチ（経営システム工学ライブラリー 8），朝倉書店，2004.

山下信雄・福島雅夫：数理計画法（電子情報通信レクチャーシリーズ C-4），コロナ社，2008.

3.6

久保幹雄：ロジスティクス工学（経営科学のニューフロンティア 8），朝倉書店，2001.

山本芳嗣・久保幹雄：巡回セールスマン問題への招待（シリーズ〈現代人の数理〉12），朝倉書店，1997.

Toth, P. and Vigo, D. eds.：*Vehicle Routing：Problems, Methods, and Applications*, 2nd Edition, MOS-SIAM Series on Optimization, SIAM, 2014.

第4章

4.1

国土交通省国土技術政策総合研究所都市研究部都市施設研究室：戦略的ストリート形成のための賑わいづくり施策「発見」マニュアル，資料編，2014，http://www.nilim.go.jp/lab/jcg/index.files/nigiwai.pdf（2016 年 9 月 2 日閲覧）

日本建築学会編：スペースシンタックス―空間解析理論の応用，都市・建築の感性デザイン工学，朝倉書店，

2008.

日本建築学会編：視覚化する―グラフ・地図・スペースシンタックス．建築・都市計画のための調査・分析方法　改訂版，井上書院，2012.

Hillier, B. and Hanson, J.：*The Social Logic of Space*, Cambridge University Press, 1984.

4.2

岡崎彰夫：はじめての画像処理技術　第 2 版，pp.54-94，森北出版，2015.

齋藤堯幸・宿久　洋：関連性データの解析法―多次元尺度構成法とクラスター分析法，共立出版，2006.

藤岡　弘・中前幸治：画像処理の基礎，pp.119-133，オーム社，2014.

O'Sullivan, D. and Unwin, D. J.：*Geographic Information Analysis* 2nd edition, pp.195-197, John Wiley & Sons, 2010.

Romesburg, H. C. 著，西田英郎・佐藤嗣二訳：実例クラスター分析，内田老鶴圃，1992.

Shirabe, T.：Classification of Spatial Properties for Spatial Allocation Modeling. *GeoInformatica*, 9(3)269-287, 2005.

引用文献

浅見泰司・丹羽由佳理：戸建て住宅地における形状からみた典型敷地の推定手法．季刊　住宅土地経済，2011 年秋季号：21-27，2011.

国土地理院：基盤地図情報，www.gsi.go.jp/kiban（2016 年 9 月閲覧）

Tufféry, S.：*Data Mining and Statistics for Decision Making*, pp.244-246, Wiley, 2011.

4.3

引用文献

相　尚寿ほか：GPS ログを用いた歩行散策行動の自動判別―歩行速度の個人差を考慮した判別ルール修正―．観光科学研究，9：75-82，2016.

川瀬純也ほか：GPS を用いた来園者行動調査とその課題―多摩動物公園での調査から―．第 8 回観光情報学会全国大会，2011.

川瀬純也ほか：時空間行動を表す複数の説明変数を用いた観覧行動推定―多摩動物公園における GPS 調査実験をもとに―．GIS 理論と応用，24(1)：1-12，2016.

原　辰徳ほか：サービス工学は観光立国に貢献できるか？― GPS ロガーを用いた訪日旅行者の行動調査とその活かし方―．情報処理学会デジタルプラクティス，3(4)：262-271，2012.

矢部直人：GPS データに対する配列解析の援用．第 19 回地理情報システム学会学術研究発表大会，2010.

矢部直人ほか：GPS を用いた観光行動調査の課題と分析手法の検討．観光科学研究，3：17-30，2010.

矢部直人・倉田陽平：東京大都市圏における IC 乗車券を用いた訪日外国人の観光行動分析．GIS 理論と応用，21(1)：35-46，2013.

4.4

井上　亮・清水英範：連続エリアカルトグラム作成の新手法—GIS 時代の統計データの視覚化手法—. 土木学会論文集, (779/IV-66)：147-156, 2005.

清水英範・井上　亮：時間地図作成問題の汎用解法. 土木学会論文集, (765/IV-64)：105-114, 2004.

引用文献

清水英範・井上　亮：カルトグラムの作成手法と応用可能性—統計 GIS の発展と利活用に向けて—. 土木計画学研究・論文集, 25(1)：1-15, 2008.

4.5

大内　東ほか：マルチエージェントシステムの基礎と応用—複雑系工学の計算パラダイム, コロナ社, 2002.

沖　拓弥, 大佛俊泰：住民による救助活動を組み込んだ大地震時における木密地域の広域避難シミュレーション分析. 日本建築学会計画系論文集, 724：1345-1353, 2016.

大佛俊泰・沖　拓弥：広域避難の困難性からみた木造住宅密集地域整備事業の評価. 日本建築学会計画系論文集, 696：47-444, 2014.

大佛俊泰・佐藤　航：心理的ストレス概念に基づく歩行行動のモデル化. 日本建築学会計画系論文集, 573：41-48, 2003.

情報処理学会：《特集》マルチエージェントシミュレーション, 情報処理 2014 年 6 月号別刷, 2014.

高玉圭樹：マルチエージェント学習—相互作用の謎に迫る, コロナ社, 2003.

索　引

欧　文

AIC　61
DEM　25
GeoDa　58, 66
GIS　2, 104
GPS ロガー　146
GWR　64, 66
Int 値　136
Jenks の自然分類　5
K 関数法　19
OR　124
RA 値　135
RRA 値　136
SANET　98
SEM　63
SLM　63
SNS　147
spdep　58
S 字曲線　36

ア　行

アイソビスト　139
赤池情報量規準　61
アクシャル分析　137
アクシャルマップ　138
アクシャルライン　137
アスペクト比　141
アンギュラーセグメント分析　138
按分　6

移動率　40
インターセクト　14

ウェイツフェルドの方法　73
ウェーバー問題　73
運搬車　125

エージェント　154
エッジ　134
円形度　141
延焼被害　156
エントロピー　70
エントロピー・モデル　69

オイラー閉路　88
オイラー路　88
オペレーションズ・リサーチ　73, 124

カ　行

回帰クリギング　49
回帰係数　60
階層的クラスタリング　143
カオス理論　37
学習過程　154
拡張最短距離木　94
確定済みノード　107
確率場　45
可視化　150, 152
可視グラフ分析　139
可視多角形　139
可視領域　139
仮説検定　17
画像処理　145
カーネル　3
カーネル平滑化　3, 147
カバー　76
ガブリエルグラフ　103
可変単位地区問題　8
カラージョイン分析　31
カルトグラム　150
慣性モーメント　142
完全空間ランダム　16

木　88, 100
幾何ネットワーク　100
棄却限界値　18
基準地域メッシュ　28
逆距離加重法　44
共分散関数　47
局所探索法　128
距離カルトグラム　151
距離の公理　145
均衡解　70
近似最適解　128
近接グラフ　103
近接性　152
近接性データ　154
近接中心性　89, 135
近傍　128

空間回帰モデル　63
空間誤差モデル　63
空間集計単位の変換　6
空間集計データ　4
空間単位　134
空間的異質性　52
空間的依存性　52
空間的自己相関　45
空間的自己相関分析　58
空間内挿　43
空間補間　43
空間ラグモデル　63
偶発的　158
区画法　2, 16
矩形度　141
屈折角度　139
組合せ最適化問題　128
組合せ爆発　91, 126
クラスカル法　101
クラスタリング　143
クラス値　30
グラフ　85, 134
グラフ理論　134
クランプ規模　29
クランプ数　29
繰り返し計算　70
クリギング　44
クリギング分散　49
クリップ　14
クールスポット　56
クロス集計　148
グローバル・モラン統計量　55
グローバルレベル　136
群集行動　154

経験バリオグラム　48
経済センサス　28
計算量　126
ゲイリーの *C* 統計量　58
経路　84, 106
経路探索　84
決定係数　61
決定変数　127
ゲーム理論　70
限界人口　35
現在ノード　107

広域避難シミュレーション　155
広域避難場所　157
合計特殊出生率　38
交差点　104
格子点　24
交通系 IC カード　146
交通不便地域　10
効用　71
　　──の確定項　71
顧客　125
国勢調査　28
国土数値情報　29
5 歳階級人口　39
誤差項　60
コスト　86, 106
コバリオグラム　47
コーホート変化率法　41
コーホート法　38
コーホート要因法　39
コロプレス地図　4
コンパクトさ　141
コンベックススペース　137
コンベックス分析　137
コンベックスマップ　137
ゴンペルツ関数モデル　38

サ 行

最近隣距離法　18
最近隣勢力圏　97
最近隣補間法　43
最小木　100
最小全域木　100
最小値　158
最小 2 乗法　60
最小包囲円問題　74
最大カバー問題　76
最大値　157
最大流　115
最大流問題　115
最短距離　135
最短距離木　94
最短経路数え上げ問題　90
最短経路問題　106
最短路木　109
最適解　127
最適化問題　151, 152
細分方眼　28
差分方程式　37
残余ネットワーク　117, 118

ジオコーディング　2
視覚的な分析　5

時間地図　152
事業所・企業統計　28
事業所統計　28
時空間パス　147
軸線図　138
時系列　53
次数　87
次数中心性　89
指数表示　91
指数モデル　34
施設配置問題　73
実行可能フロー　115
実測値　68
死亡率　35
シミュレーション　155
社会移動　40
社会流動　67
弱定常性　47
集合分割問題　130
重心　75
従属変数　60
集中量　69
住民基本台帳人口　39
重力モデル　45, 67, 68
樹形図　144
シュタイナー木　100, 101
シュタイナー点　101
出生率　34
需要点　73
純移動率　40
巡回セールスマン問題　126
巡回路　126
循環系（フィードバック）　154
ジョイン分析　30
商圏　98
衝突点　93
情報伝播　156
上流ノード　107
初等的な経路　87
人口推計　33

垂直二等分線　12
推定値　68
数値標高モデル　25
数理計画法　101
スターグラフ　135
スターリングの公式　127
ステップ　135
ストレスモデル　155
スペースシンタックス　134

正規化慣性モーメント　142
生残率　39

整数計画問題　76, 128
生存率　39
成長曲線　36
制約条件　127
世界測地系　28
セグメント　139
セグメント分析　138
セミバリオグラム　47
線形回帰モデル　60
線形計画問題　128
線形整数計画問題　128

相関関係　51
相関係数　51
走行リンク　111
相互作用　156
相対近傍グラフ　103
属性データ　150
ソーシャル・ネットワーク　87

タ 行

第 1 次地域区画　28
ダイクストラ法　107, 118
第 3 次地域区画　28
対象空間のモデル化　81
対称巡回セールスマン問題　126
第 2 次地域区画　28
多重リングバッファ　11
多目的最適化　82
探索中ノード　107

地域格差　153
着ノード　111
着発間リンク　111
稠密度　141
チョイス値　139
直径　87
地理学の第一法則　52
地理的加重回帰モデル　64

通常型クリギング　48

定式化　73
定数項付き指数モデル　38
ティーセンポリゴン　12
ディゾルブ　11, 15
ディリクレポリゴン　12
定量的分析　5
鉄道ネットワーク　111
（鉄道の）時空間ネットワーク　111
デプス　135
転出率　40

転入率　40
店舗選択確率　99

倒壊建物　156
等間隔分類　5
統計的検定　60
等高線　73
統合地域メッシュ　28
等式で表される制約式　77
等比分類　5
同辺率　30
等量分類　5
道路網　104
特徴ベクトル　142
特徴量　141
独立　51
独立変数　60
土地利用
　——の集塊性　29
　——の隣接・混在　29
土地利用遷移　32
土地利用遷移行列　32
凸計画問題　73
凸多角形　137
凸度　141
飛び石法　122
トリチェリの作図法　101
トレンド推計　33
ドロネー三角形分割　13
ドロネー三角図　103

ナ　行

内挿　43
ナゲット　47
ナップサック問題　76

2-opt 近傍　129
2 乗距離和最小化問題　74
日誌調査　146
2 変量のローカル・モラン統計量　57
日本測地系　28
人間行動　156

根　94
ネットワーク　84, 92, 100, 106
　——の直径　87
ネットワーク K 関数法　95
ネットワークカーネル平滑化　96
ネットワーク空間　92
ネットワーク空間解析　92
ネットワーククロス K 関数　95
ネットワーク最近隣距離法　95

ネットワーク最適化　124
ネットワーク分析　148
ネットワークボロノイ図　98

ノード　85, 106, 134
　——の次数　88
　——の中心性　89
乗換リンク　111

ハ　行

媒介中心性　89, 139
配送計画問題　125, 129
配置候補地　77
配列解析　149
ハウザッカーの方法　121
パスグラフ　135
発生量　69
発ノード　111
バッファ　10
バッファリング　10
ハフ・モデル　68
バリオグラム　47
バリオグラム雲　48
半径　136
阪神・淡路大震災　157
万有引力　67

ピアソンの積率相関係数　51, 59
ピクセル　24
非集計行動モデル　70
非集計ロジット・モデル　71
ビスタ　137
非線形計画問題　81
非対称巡回セールスマン問題　126
非定常　49
避難困難率　157
ヒープ　110
微分方程式　34
ヒューリスティック　128
標準地域メッシュ　28

フェヒナーの法則　71
フェルマーの問題　100
普及率　36
物的被害　156
不等式で表される制約式　77
部分グラフ　103
部分的シル　47
普遍型クリギング　49
プリム法　101
フロー　86, 114
フロー捕捉型配置問題　79

分散　156

平滑化　3
平均滞在時間　149
平均値　156
平均訪問時刻　148
閉塞道路　156
平面　92
平面グラフ　100
平面上の単一施設の配置問題　72
閉路　87
ベクター（型）データ　27
ベクターモデル　24
ベクタライズ　25
ベクトル化　25
辺率　31

ポイントデータ　147
補間　43
補間点　85
北西隅の方法　121
歩行者モデル　154
ホットスポット　56
ホテリングの立地モデル　70
母点　10
ボトルネック　115
ポリゴンメッシュ　25
ボロノイ図　12, 98
ボロノイ分割　12, 44
ボロノイポリゴン　12
ボロノイ領域　103

マ　行

マクロ混在・ミクロ純化　29
マージ　14
待ち合わせリンク　111
待ちリンク　111
マルコフ連鎖　32
マルサス　35
マルチエージェント　154
マルチパートポリゴン　15

密度　87
ミニマックス問題　74
魅力度　68

メッシュ　3, 24, 140
メッシュデータ　6, 25, 27
面積カルトグラム　150

木造住宅密集地域（木密地域）　157
目的関数　127

最寄り　12
モラン散布図　56
モランの I 統計量　54
モンテカルロ・シミュレーション　20,
　　155

ヤ 行

有意水準　17
有効レンジ　48
誘致圏　11
輸送量　121
ユニオン　14

容量　86
予測正確度　45

ラ 行

ラスター（型）データ　27
ラスターモデル　24

離散型モデル　76, 81
離心中心性　89
流量保存則　115
領域分割　24, 27
領域分析　97
利用圏　98

理論バリオグラム　48
リンク　85, 106, 125
　　——の容量　86
リンクコスト　86
隣接関係　12, 150

レンジ　47
連続型モデル　76, 81

ローカル・モラン統計量　55
ローカルレベル　136
ロジスティック関数　36
ロジスティック曲線　36
ロジスティックモデル　35

編集者略歴

貞 広 幸 雄
1966 年　東京都に生まれる
1991 年　東京大学大学院工学系研究科都市工学専攻博士課程中途退学
現　在　東京大学空間情報科学研究センター教授
　　　　博士（工学）

山 田 育 穂
1974 年　東京都に生まれる
2004 年　米国ニューヨーク州立大学バッファロー校地理学専攻博士課程修了
現　在　中央大学理工学部人間総合理工学科教授
　　　　Ph.D.（地理学）

石 井 儀 光
1971 年　鹿児島県に生まれる
1999 年　筑波大学大学院社会工学研究科都市・地域計画学専攻博士課程修了
現　在　国土交通省国土技術政策総合研究所都市研究部都市開発研究室長
　　　　博士（都市・地域計画）

空 間 解 析 入 門
　　―都市を測る・都市がわかる―　　　　　　　定価はカバーに表示

2018年 8 月 5 日　初版第 1 刷
2022年 2 月 10 日　　　第 4 刷

　　　　　　　　　　　編集者　貞　広　幸　雄
　　　　　　　　　　　　　　　山　田　育　穂
　　　　　　　　　　　　　　　石　井　儀　光
　　　　　　　　　　　発行者　朝　倉　誠　造
　　　　　　　　　　　発行所　株式会社　朝　倉　書　店
　　　　　　　　　　　　　　　東京都新宿区新小川町 6-29
　　　　　　　　　　　　　　　郵 便 番 号　　162-8707
　　　　　　　　　　　　　　　電　話　03（3260）0141
　　　　　　　　　　　　　　　Ｆ Ａ Ｘ　03（3260）0180
〈検印省略〉　　　　　　　　　https://www.asakura.co.jp

ⓒ 2018〈無断複写・転載を禁ず〉　　　　　　　　　Printed in Korea

ISBN 978-4-254-16356-8　C 3025

JCOPY ＜出版者著作権管理機構 委託出版物＞
本書の無断複写は著作権法上での例外を除き禁じられています．複写される場合は，
そのつど事前に，出版者著作権管理機構（電話 03-5244-5088，FAX 03-5244-5089，
e-mail: info@jcopy.or.jp）の許諾を得てください．

◈ よくわかる観光学〈全3巻〉 ◈
これからの観光立国のために

前帝京大 岡本伸之編著
よくわかる観光学 1
観 光 経 営 学
16647-7 C3326　　A 5 判 208頁 本体2800円

観光関連サービスの経営を解説する教科書。観光産業の経営人材養成に役立つ。〔内容〕観光政策／まちづくり／観光行動と市場／ITと観光／交通，旅行，宿泊，外食産業／投資，集客／人的資源管理／接遇と顧客満足／ポストモダンと観光

首都大 菊地俊夫・帝京大 有馬貴之編著
よくわかる観光学 2
自 然 ツ ー リ ズ ム 学
16648-4 C3326　　A 5 判 184頁 本体2800円

多彩な要素からなる自然ツーリズムを様々な視点から解説する教科書。〔内容〕基礎編：地理学，生態学，環境学，情報学／実践編：エコツーリズム，ルーラルツーリズム，自然遺産，都市の緑地空間／応用編：環境保全，自然災害，地域計画

首都大 菊地俊夫・立教大 松村公明編著
よくわかる観光学 3
文 化 ツ ー リ ズ ム 学
16649-1 C3326　　A 5 判 196頁 本体2800円

地域における文化資源の保全と適正利用の観点から，文化ツーリズムを体系的に解説。〔内容〕文化ツーリズムとは／文化ツーリズム学と諸領域（地理学・社会学・建築・都市計画等）／様々な観光（ヘリテージツーリズム，聖地巡礼等）／他

◈ シリーズGIS〈全5巻〉 ◈
日常生活全般に浸透する地理情報システム(GIS)の理論・技術・実務を解説

筑波大 村山祐司・東大 柴崎亮介編
〈シリーズGIS〉1
G I S の 理 論
16831-0 C3325　　A 5 判 200頁 本体3800円

科学としてのGISの概念・原理，理論的発展を叙述〔内容〕空間認識とオントロジー／空間データモデル／位置表現／空間操作と計算幾何学／空間統計学入門／ビジュアライゼーション／データマイニング／ジオシミュレーション／空間モデリング

東大 柴崎亮介・筑波大 村山祐司編
〈シリーズGIS〉2
G I S の 技 術
16832-7 C3325　　A 5 判 224頁 本体3800円

GISを支える各種技術を具体的に詳述〔内容〕技術の全体像／データの取得と計測方法（測量・リモセン・衛星測位等）／空間データベース／視覚的表現／空間情報処理ソフト／GISの計画・設計，導入と運用／データの相互運用性と地理情報基準／他

筑波大 村山祐司・東大 柴崎亮介編
〈シリーズGIS〉3
生 活・文 化 の た め の GIS
16833-4 C3325　　A 5 判 216頁 本体3800円

娯楽から教育まで身近で様々に利用されるGISの現状を解説。〔内容〕概論／エンターテインメント／ナビゲーション／スポーツ／市民参加・コミュニケーション／犯罪・安全・安心／保健医療分野／考古・文化財／歴史・地理／古地図／教育

筑波大 村山祐司・東大 柴崎亮介編
〈シリーズGIS〉4
ビジネス・行政のためのGIS
16834-1 C3325　　A 5 判 208頁 本体3800円

物流〜福祉まで広範囲のGISの利用と現状を解説〔内容〕概論／物流システム／農業／林業／漁業／施設管理・ライフライン／エリアマーケティング／位置情報サービス／不動産／都市・地域計画／福祉／統計調査／公共政策／費用効果便益分析

東大 柴崎亮介・筑波大 村山祐司編
〈シリーズGIS〉5
社会基盤・環境のためのGIS
16835-8 C3325　　A 5 判 196頁 本体3800円

様々なインフラ整備や環境利用・管理など多岐にわたり公共的な場面で活用されるGISの手法や現状を具体的に解説〔内容〕概論／国土空間データ基盤／都市／交通／市街地情報管理／土地利用／人口／森林／海洋／水循環／ランドスケープ

前首都大 杉浦芳夫編
シリーズ〈人文地理学〉3
地 理 空 間 分 析
16713-9 C3325　　A 5 判 216頁 本体3800円

近年の空間分析に焦点を当てて数理地理学の諸分野を概説。〔内容〕点パターン分析／空間的共変動分析／可変単位地区問題／立地−配分モデル／空間的相互作用モデル／時間地理学／Q−分析／フラクタル／カオス／ニューラルネットワーク

前首都大 杉浦芳夫編著
地 域 環 境 の 地 理 学
16350-6 C3025　　A 5 判 208頁 本体3600円

環境をめぐる諸問題に地理学からアプローチ〔内容〕ヒートアイランド／地震災害／市民運動／農村／山村／里山／野生動物／食の安全／フードデザート／子供と都市／学校適正配置／伝染病／歴史的環境／エコツーリズム／受動禁煙／環境正義

◆ 応用最適化シリーズ〈全6巻〉 ◆

複雑になる一方の実際問題を「最適化」で解決

東邦大 並木　誠著
応用最適化シリーズ 1

線　形　計　画　法

11786-8 C3341　　　　A 5 判 200頁 本体3400円

工学，経済，金融，経営学など幅広い分野で用いられている線形計画法の入門的教科書。例，アルゴリズムなどを豊富に用いながら実践的に学べるよう工夫された構成〔内容〕線形計画問題／双対理論／シンプレックス法／内点法／線形相補性問題

流経大 片山直登著
応用最適化シリーズ 2

ネットワーク設計問題

11787-5 C3341　　　　A 5 判 216頁 本体3600円

通信・輸送・交通システムなどの効率化を図るための数学的モデル分析の手法を詳説〔内容〕ネットワーク問題／予算制約をもつ設計問題／固定費用をもつ設計問題／容量制約をもつ最小木問題／容量制約をもつ設計問題／利用者均衡設計問題／他

九大 藤澤克樹・阪大 梅谷俊治著
応用最適化シリーズ 3

応用に役立つ50の最適化問題

11788-2 C3341　　　　A 5 判 184頁 本体3200円

数理計画・組合せ最適化理論が応用分野でどのように使われているかについて，問題を集めて解説した書〔内容〕線形計画問題／整数計画問題／非線形計画問題／半正定値計画問題／集合被覆問題／勤務スケジューリング問題／切出し・詰込み問題

筑波大 繁野麻衣子著
応用最適化シリーズ 4

ネットワーク最適化とアルゴリズム

11789-9 C3341　　　　A 5 判 200頁 本体3400円

ネットワークを効果的・効率的に活用するための基本的な考え方を，最適化を目指すためのアルゴリズム，定理と証明，多くの例，わかりやすい図を明示しながら解説。〔内容〕基礎理論／最小木問題／最短路問題／最大流問題／最小費用流問題

早大 椎名孝之著
応用最適化シリーズ 5

確　率　計　画　法

11790-5 C3341　　　　A 5 判 180頁 本体3200円

不確実要素を直接モデルに組み入れた本最適化手法について，理論から適用までを平易に解説した初の成書。〔内容〕一般定式化／確率的制約問題／多段階確立計画問題／モンテカルロ法を用いた確率計画法／リスクを考慮した確率計画法／他

京大 山下信雄著
応用最適化シリーズ 6

非　線　形　計　画　法

11791-2 C3341　　　　A 5 判 208頁 本体3400円

基礎的な理論の紹介から，例示しながら代表的な解法を平易に解説した教科書〔内容〕凸性と凸計画問題／最適性の条件／双対問題／凸2次計画問題に対する解法／制約なし最小化問題に対する解法／非線形方程式と最小2乗問題に対する解法／他

前慶大 森　雅夫・東工大 松井知己著
経営システム工学ライブラリー 8

オペレーションズ・リサーチ

27538-4 C3350　　　　A 5 判 272頁 本体4200円

多くの分析例に沿った解説が理解を助けるORの総合的入門書。〔内容〕ORの考え方／線形計画モデル／非線形計画モデル／整数計画モデル／動的計画モデル／マルコフモデル／待ち行列モデル／シミュレーション／選択行動のモデル／他

南山大 福島雅夫著

新版 数　理　計　画　入　門

28004-3 C3050　　　　A 5 判 216頁 本体3200円

平明な入門書として好評を博した旧版を増補改訂。数理計画の基本モデルと解法を基礎から解説。豊富な具体例と演習問題（詳しい解答付）が初学者の理解を助ける。〔内容〕数理計画モデル／線形計画／ネットワーク計画／非線形計画／組合せ計画

海洋大 久保幹雄監修　東邦大 並木　誠著
実践Pythonライブラリー

Pythonによる 数理最適化入門

12895-6 C3341　　　　A 5 判 208頁 本体3200円

数理最適化の基本的な手法をPythonで実践しながら身に着ける。初学者にも試せるようにプログラミングの基礎から解説。〔内容〕Python概要／線形最適化／整数線形最適化問題／グラフ最適化／非線形最適化／付録:問題の難しさと計算量

筑波大 手塚太郎著

しくみがわかる深層学習

12238-1 C-3004　　　　A 5 判 180頁 〔近　刊〕

深層学習（ディープラーニング）の仕組みを，ベクトル，微分などの基礎数学から丁寧に解説。〔内容〕深層学習とは／深層学習のための数学入門／ニューラルネットワークの構造を知る／ニューラルネットワークをどう学習させるか／他

USCマーシャル校 落海　浩・神戸大 首藤信通訳

Rによる 統　計　的　学　習

12224-4 C3041　　　　A 5 判 440頁 〔近　刊〕

ビッグデータに活用できる統計的学習を，専門外にもわかりやすくRで実践。〔内容〕導入／統計的学習／線形回帰／分類／リサンプリング法／線形モデル選択と正則化／線形を超えて／木に基づく方法／サポートベクターマシン／教師なし学習

日本建築学会編

都市・建築の 感性デザイン工学

26635-1 C3052　　　　B 5 判 208頁 本体4200円

よりよい都市・建築を設計するには人間の感性を取り込むことが必要である。哲学者・脳科学者・作曲家の参加も得て，感性の概念と都市・建築・社会・環境の各分野を横断的にとらえることで多くの有益な設計上のヒントを得ることができる。

神戸芸工大 西村幸夫編著

ま ち づ く り 学
—アイディアから実現までのプロセス—

26632-0 C3052　　　　B 5 判 128頁 本体2900円

単なる概念・事例の紹介ではなく，住民の視点に立ったモデルやプロセスを提示。〔内容〕まちづくりとは何か／枠組みと技法／まちづくり諸活動／まちづくり支援／公平性と透明性／行政・住民・専門家／マネジメント技法／サポートシステム

神戸芸工大 西村幸夫・工学院大 野澤　康編

まちの見方・調べ方
—地域づくりのための調査法入門—

26637-5 C3052　　　　B 5 判 164頁 本体3200円

地域づくりに向けた「現場主義」の調査方法を解説。〔内容〕1.事実を知る（歴史，地形，生活，計画など），2.現場で考える（ワークショップ，聞き取り，地域資源，課題の抽出など），3.現象を解釈する（各種統計手法，住環境・景観分析，GISなど）

神戸芸工大 西村幸夫・工学院大 野澤　康編

ま ち を 読 み 解 く
—景観・歴史・地域づくり—

26646-7 C3052　　　　B 5 判 160頁 本体3200円

国内29カ所の特色ある地域を選び，その歴史，地形，生活などから，いかにしてそのまちを読み解くかを具体的に解説。地域づくりの調査実践における必携の書。〔内容〕大野村／釜石／大宮氷川参道／神楽坂／京浜臨海部／鞆の浦／佐賀市／他

丹後俊郎・横山徹爾・髙橋邦彦著
医学統計学シリーズ 7

空 間 疫 学 へ の 招 待
—疾病地図と疾病集積性を中心として—

12757-7 C3341　　　　A 5 判 240頁 本体4500円

「場所」の分類変数によって疾病頻度を明らかにし，当該疾病の原因を追及する手法を詳細にまとめた書。〔内容〕疫学研究の基礎／代表的な保健指標／疾病地図／疾病集積性／疾病集積性の検定／症候サーベイランス／統計ソフトウェア／付録

慶大 古谷知之著
シリーズ〈統計科学のプラクティス〉5

Rによる 空間データの統計分析

12815-4 C3341　　　　A 5 判 184頁 本体2900円

空間データの基本的考え方・可視化手法を紹介したのち，空間統計学の手法を解説し，空間経済計量学の手法まで言及。〔内容〕空間データの構造と操作／地域間の比較／分類と可視化／空間的自己相関／空間集積性／空間点過程／空間補間／他

神戸大 瀬谷　創・筑波大 堤　盛人著
統計ライブラリー

空 間 統 計 学
—自然科学から人文・社会科学まで—

12831-4 C3341　　　　A 5 判 192頁 本体3500円

空間データを取り扱い適用範囲の広い統計学の一分野を初心者向けに解説〔内容〕空間データの定義と特徴／空間重み行列と空間的影響の検定／地球統計学／空間計量経済学／付録（一般化線形モデル／加法モデル／ベイズ統計学の基礎）／他

前医大 蓑谷千凰彦著
統計ライブラリー

線 形 回 帰 分 析

12834-5 C3341　　　　A 5 判 360頁 本体5500円

幅広い分野で汎用される線形回帰分析法を徹底的に解説。医療・経済・工学・ORなど多様な分析事例を豊富に紹介。学生はもちろん実務者の独習にも最適。〔内容〕単純回帰モデル／重回帰モデル／定式化テスト／不均一分散／自己相関／他

前中大 杉山髙一・前広大 藤越康祝・
三重大 小椋　透著
シリーズ〈多変量データの統計科学〉1

多 変 量 デ ー タ 解 析

12801-7 C3341　　　　A 5 判 240頁 本体3800円

「シグマ記号さえ使わずに平易に多変量解析を解説する」という方針で書かれた'83年刊のロングセラー入門書に，因子分析，正準相関分析の2章および数理の補足を加えて全面的に改訂。主成分分析，判別分析，重回帰分析を含め基礎を確立。

前北大 佐藤義治著
シリーズ〈多変量データの統計科学〉2

多 変 量 デ ー タ の 分 類
—判別分析・クラスター分析—

12802-4 C3341　　　　A 5 判 192頁 本体3400円

代表的なデータ分類手法である判別分析とクラスター分析の数理を詳説，具体例へ適用。〔内容〕判別分析（判別規則，多変量正規母集団，質的データ，非線形判別）／クラスター分析（階層的・非階層的，ファジイ，多変量正規混合モデル）／他

岡山大 長畑秀和著

Rで学ぶ 多 変 量 解 析

12226-8 C3041　　　　B 5 判 224頁 本体3800円

多変量（多次元）かつ大量のデータ処理手法を，R（Rコマンダー）を用いた実践を通して身につける。独習にも対応。〔内容〕相関分析・単回帰分析／重回帰分析／判別分析／主成分分析／因子分析／正準相関分析／クラスター分析

岡山大 長畑秀和著

Rで学ぶ デ ー タ サ イ エ ン ス

12227-5 C3041　　　　B 5 判 248頁 本体4400円

データサイエンスで重要な手法を，Rで実践し身につける。〔内容〕多次元尺度法／対応分析／非線形回帰分析／樹木モデル／ニューラルネットワーク／アソシエーション分析／生存時間分析／潜在構造分析法／時系列分析／ノンパラメトリック法

上記価格（税別）は 2022年 1月現在